姚吉庆◎著

赢家

第一品牌方法论

南方日报出版社
NANFANG DAILY PRESS
中国·广州

图书在版编目（CIP）数据

赢家 / 姚吉庆著. — 广州 ： 南方日报出版社, 2014.2
ISBN 978-7-5491-1036-0

Ⅰ. ①赢… Ⅱ. ①姚… Ⅲ. ①企业－企业管理－中国－当代 Ⅳ. ①I207.5

中国版本图书馆 CIP 数据核字(2013)第 313619 号

赢家　　姚吉庆 著

出版发行：南方日报出版社
地　　址：广州市广州大道中 289 号
电　　话：（020）83000502
经　　销：全国新华书店
印　　刷：广州怡升印刷有限公司
开　　本：889mm×1194mm　1/16
印　　张：15.5　彩　插：0.5
字　　数：300 千字
版　　次：2014 年 2 月第 1 版
印　　次：2014 年 2 月第 1 次印刷
定　　价：39.80 元

投稿热线：（020）83000503　读者热线：（020）83000502
网址：http://www.nfdailypress.com/

两权分离后，时任华帝总经理姚吉庆（右）与华帝原董事长邓新华在一起

时任华帝总经理姚吉庆在华帝独家研制九运会火炬捐赠新闻发布会上

时任华帝市场总监姚吉庆（左一）与华帝原董事长邓新华、现任董事长黄文枝、副董事长潘权枝在一起

时任威莱音响CEO姚吉庆（左二）在VTT联盟新闻发布会上

时任奥克斯空调总经理姚吉庆在奥奥联盟启动仪式上

冠军联盟首任秘书长、时任欧派营销总裁姚吉庆在冠军联盟最佳商业模式颁奖仪式上

冠军联盟首任秘书长姚吉庆在中国住交会上发表演讲

慕思总裁姚吉庆在2012世界睡眠日全球健康睡眠高峰论坛上讲话

慕思总裁姚吉庆（左三）在2013全国睡眠科学技术大会暨中国睡眠大会上

慕思总裁姚吉庆（右二）与《艳遇》主创人员

慕思总裁姚吉庆与蔡琴互动，参加慕思全球睡眠文化之旅上海站活动

慕思总裁姚吉庆获2013中国娱乐营销年度领袖人物奖

慕思总裁姚吉庆携手刘德华举办2013慕思之夜刘德华中国巡回演唱会

慕思总裁姚吉庆与古天乐在第四届全球睡眠文化之旅启动仪式上

时任欧派营销总裁姚吉庆与欧派代言人蒋雯丽

慕思总裁姚吉庆与John Brash签署慕思品牌国际化战略合作项目

目录　CONTENTS

序一

真正的赢，是共赢

陈朝华（南都全媒体副总裁兼《南都周刊》主编）

姚吉庆的普通话并不标准，但这并不影响他上台一开口就hold住全场，他的激情和自信，他的通透与练达，总能让人在瞬间记住他。

是的，姚吉庆必须被记住。在中国营销界，姚吉庆是一个绕不开的名字。

这十多年来，他见证了中国企业品牌和营销流变的很多关键词——比如两权分离、万华联盟、VTT联盟、冠军联盟等。

祖籍山西、60后、导弹发射架专业、曾就职于军工企业——如果只论及这些标签，怎么也不会与“中国第一职业经理人”这个称呼画上等号。但传奇总有其内在逻辑，姚吉庆后来的一系列职业经历，证明了他的实至名归。

从乐百氏、华帝、威莱、奥克斯、欧派，直到现任全球健康睡眠资源整合者——慕思寝具总裁。这个不安分的家伙，总在到达一个顶峰之后，又开始迷恋另一座山峰。他不像是在挑战自己的极限，而是在不断挑战自己的释放。

他每一次华丽转身，都有些刻意的低调，但每进入一个行业，总能有让人眼前一亮的大策划、大动作，搅起春水一片，引领新的浪潮，就像一个著名导演去演绎了不同类别的大片——功夫片、娱乐片、艺术片，而且每一部片子都很叫座。确实令人刮目相看，心服口服。

他曾任华帝集团总经理，使华帝燃具连续五年保持中国销量第一；创立威莱数码（中山）任执行董事兼CEO，两年内做到中国专业音响品牌前三名；出任奥克斯空调总经理，成功实现品牌战略转型和快速增长；2008年出任欧派集团营销总裁，四年内实现了欧派集团从中国橱柜第一品牌到中国整体厨房第一品牌的跨越。

瞬息万变的市场，如何才能成就一个行业的第一品牌？美国《连线》总编辑安德森的《长尾理论》，尝试解释了这个问题。他提出的罕见的观点，就是让人们以全新的方式思考看似熟悉的消费领域。

长尾理论的精华之处，在于指出了商业和文化的未来，不在于传统需求曲线上的那个代表“畅销商品”的头部，而是那条代表“冷门商品”的经常被人遗忘的长尾。

如果说20世纪60年代，风靡全球的革命是“想象力夺权”，在当下经济一体化的时代，则是“消费者夺权”。营销的核心就是满足消费者需求，长尾理论既抓住了营销的核心，更从方式上进行了与时俱进的创新。

姚吉庆巧妙地抓住了这个长尾，他无疑在不经意间，成为“长尾理论”在中国最见实效的实践者之一。在慕思品牌的营销过程中，他就巧妙整合了国际高端资源，并利用微博、微信、微电影等种种新的营销手段和策略，在看似传统的寝饰家居行业，闯出了一片自己独有的蓝海。

企业领导者的决策陷阱，往往会因为自信而陷入自欺，因为人人都对自己的愿望信以为真。姚比较可贵的一点，就是在职业生涯中，始终清醒地避开了自欺的沼泽，始终以市场需求及营销实效为导向，始终做到与团队共赢、与老板共赢、与消费者共赢。他能够一直站立在中国营销和品牌潮流的前端，其核心秘籍，就在于对“赢”这一个古老汉字的精准洞察与深刻理解。

“赢”是一个象形字，由“亡”“口”“月”“贝”“凡”这五个字构成，实质上蕴藏着五种达至成功的理念。“亡”，是在提醒要时刻有危机感，人如果没有了危机感就没有压力，就不会去突破自我的极限，取得更大的成就；“口”是在提醒必须学会沟通与言说，在当下社会，沟通就是财富，言说才能创造机会；“月”指向的是时间，提醒要做好任何事情都必须专注与勤奋，都必须有时间的积淀，要有耐心，经得起寂寞与诱惑；“贝”就是一种广义的筹码，也是一种创新精神，一个人要不断为自己增加筹码，就必须不断学习、完善自我，形成个人独特的核心竞争力；“凡”指向的是要有一颗平常心，要有合作精神，不侥幸，不抱怨，从低处入手，踏实做事。

我觉得，姚吉庆的危机意识、创新精神、沟通能力、学习毅力与谦卑人品，一直贯穿于职场，很好地诠释了这一个“赢”字。

被誉为“全球第一CEO”的杰克·韦尔奇，在他著名的《赢》中也写道，赢不仅仅是“好”，而且是真正的“伟大”。要做到赢，人是决定一切的因素，而赢家，不仅仅要做到尊重每一个人及其思想，更关键的是，要有一种把人的思想付诸实践的力量！

姚吉庆就拥有这种力量。他在操盘过的诸多公司中，身体力行实践了杰克·韦尔奇的理念。与每个企业的合作，都将共赢的特质体现得淋漓尽致，即使离开了，跟合作过的老板都成为好朋友，而非对手。

这正是姚吉庆的可怕之处——润物细无声，共赢得天下。这或许也是他这本新书《赢家》的真知妙义：有道论衡，以术克敌，创新共赢。

姚吉庆的职业生涯，精彩纷呈，犹如登越不同山峰的商业旅行，领略了每一座山峰的别样风光。他可谓是中国民营企业发展和变革的活化石，是中国营销进程的推进者，是中国职业经理人界的常青树。

这本书正是他多年实践经验的总结和提炼，相信读者可以从书中分享到他不同登峰过程中的精彩瞬间和路线方法。相信姚吉庆先生这本书的出版，也能在与读者的互动中创造另一种共赢。

序二

中国企业成就第一品牌的道与术

江南春（分众传媒董事长）

2012年9月的一天，在东莞嘉华大酒店，我与姚吉庆先生有了第一次的会面。

记忆犹新的是，当时由于大局不明，家居行业普遍处于低迷状态，而姚吉庆先生操盘的慕思却能顺利实现原定计划，让人眼前一亮。

而2013年中国家居市场依然在寒冬中，慕思却逆势增长50%以上，专卖店达到1600家。现在，慕思已稳居中国健康睡眠系统第一品牌的地位。

瞬息万变的市场中，我们如何去成就一个行业中的第一品牌呢？

对于这个问题，不管是企业研究者还是实践者，应该都在不断地思考。

姚吉庆先生不仅是思考者，更是成功的实践者。

老子说："道可道，非常道。"

所有的事物，都有"规律"可循，有道可循，任何成功的企业，一定有在市场环境中打造出来符合规律的独特道法。

先让我们看一组数据：

在全球经济相当不明朗的大环境里，根据IDC和Gartner的统计数据，2013年第三季度联想在全球PC市场的份额再创新高超过17%，这已经是联想连续第17个季度保持超越大市的增长速度；前不久公布的2013年《财富》世界500强，华为的排名超过了全球第一大电信设备商爱立信，排名第315位；刚过去的2013年双十一，阿里巴巴旗下的天猫淘宝销售额突破350亿元，五年间增长了700倍，成为了中国，甚至亚太地区最大的网络零售商；而凭借QQ和微信两大品牌产品，腾讯成为了中国最大的互联网媒体平台，有消息称腾讯微信的用户数量已经超过了6亿，将对手易信、来往远远地抛在了身后。

有人统计过，企业成为第一品牌的概率只有千分之一，所有成为第一品牌的企业都绝非偶然，都有一定的规律可循，即有道可循，联想、华为如此，阿里巴巴和腾讯，亦如此。

姚吉庆先生操盘过或正在操盘的领导品牌，如华帝、欧派、慕思、冠军联盟、奥克斯等，很好地说明了在中国成就第一品牌的道与术。

成为第一品牌，首先需要考虑的是进入行业的选择，如何选择和进入一个行业是企业成功的第一步，这一步走错了，后面的选择都是错的，费再大的劲也不可能取得很大的成功，选择比努力更重要。

开创蓝海，进入全新的行业，这是最好的一种方法，当然难度比较大，比如说姚吉庆先生操作过的欧派是1994年成立的，欧派实际上就是进入一个全新的行业，当时内地还没有橱柜企业，是欧派率先将欧洲“整体厨房”概念引入中国，开创了中国工业化生产现代橱柜的先河。

在行业进入高速成长期，但行业还处在群雄争霸，没有龙头的时候，也是进入的好时机，比如姚吉庆先生操作过的华帝，当时灶具市场处在高速发展期，市场也一片混乱，当华帝进入灶具行业后，率先引入VI，再加上操作得当，就容易成功，再如欧派进入衣柜行业，也是在这种时机进入的，现在欧派衣柜每年的增长都在50%以上。

行业很成熟，霸主也有，但是进入了技术更新时期，比如PC行业，从电脑、个人PC、手机电脑到今天的平板电脑，在不同的阶段都会进入市场，姚吉庆先生在《赢家》里谈到的联想就做得很好，所以在技术转型时期进入市场，也可以成功。

有些在国外已经是成熟的行业，但在国内还没做过，比如百度，它和google（谷歌）是一类产品，在国外很成熟，将国外的商业成功模式发展到国内，这也是一种好的选择。

行业已经成熟，但恰到好处的细分市场，也是机遇，比如饮料行业，像可口可乐、百事可乐一统天下，姚吉庆先生在《赢家》中谈到的加多宝，就是进入了一个凉茶的细分市场，也迅速成功了。

所以，选择比努力更重要，这五种切入的方式，如果顺势而为，把握时机，与众不同，有自己的核心优势，经营企业是比较容易成功的。

在选择了要进入的行业后，接下来就是商业模式的确定，要成为领导品牌，必须有成功的商业模式，只有有成功商业模式的企业，才能迅速地崛起并且能够长久地发展。

比如姚吉庆先生正在操盘的慕思，慕思的商业模式，其实跟苹果很相似，都是整合世界先进的技术及中国的制造优势，依靠品类创新，创造出新的消费需求，慕思已经整合了全球20多家顶级供应商资源，营销网络已拓展到澳大利亚等海外地区，商业模式的成功是企业成为领导品牌的根本原因。

除商业模式，要成为领导品牌，还要有共赢的意识，如欧派有“树根理论”，欧派认为全国经销商是树根，唯有让树根根深蒂固，让经销商赚到钱欧派才能枝繁叶茂，再如华帝的“利益共同体”文化，都是共赢意识的生动体现。

成为领导品牌，必须有核心竞争力，企业发展过程中能否在上千万家同行里脱颖而出，而且能够不断淘汰对手，最重要的是核心竞争力，如慕思整合全球健康睡眠资源，为客户量身定制健康睡眠系统，又如欧派实现规模化个性定制，都是拥有核心竞争优势的体现。

企业战略推进的节奏，也至关重要。企业的发展是战略和战术相辅相成的推进过程，是相互交替的过程，是专业化和多元化、单品牌向多品类延伸扩张或单品类向多品牌扩张延伸的选择与决策的过程，欧派先做到整体橱柜第一品牌，再做整体厨房的第一品牌，最后做到整体家居的领导品牌，有战略地不断推进，这样才能持续成功。

一个企业能否成为领导品牌的关键是核心竞争力的打造，而一个企业能否持续成为领导品牌的关键则是变革和创新能力，企业一定要进行变革，组织的变革、机制的变革、流程的变革、营销的变革，最核心的是产品变革，慕思智能化健康睡眠系统T—5、华帝聚能灶等就是产品变革的典范。

总之，小企业讲战术，大企业讲战略，共赢之道是合力，推进节奏是执行力，变革创新是驱动力，商业模式是根本，这就是姚吉庆先生在《赢家》里阐述和总结的中国企业成就第一品牌的道与术。

众所周知，国际化、全球化是一个必然趋势，对于国内企业，成为中国第一品牌只是一个过程，中国企业不仅要做到中国第一，更要做世界第一。

要做到世界第一，对于国内企业来说，还有一段很长的路要走，要做到世界第一，对于国内企业而言，需要不断研究和学习类似苹果、三星等世界级企业的道与术。

序三

共赢未来，创造传奇

王炳坤（慕思寝具董事长）

在姚总2012年正式加盟慕思之前，我们已经认识三四年了。

作为朋友，每次见面，我们总是激情四溢，充满创意，乐于分享。那时，姚总任广东欧派家居集团营销总裁，在他的操盘下，四年内，广东欧派家居集团实现了从“中国橱柜第一品牌”到“中国整体厨房第一品牌”的跨越。

没想到，我们能够从志同道合的朋友，发展成为并肩战斗的合作伙伴。

在共同创造慕思新传奇的过程中，我发现姚总作为成功职业经理人身上所具有的宝贵品质和实战能力，同时，也前所未有地感受到老板和职业经理人合作共赢的无比快乐和无限魅力。

在两年来的合作过程中，姚总的敬业精神、个人魅力，他在管理上的专业性、职业化和系统性，他的战略规划能力、学习能力和创新能力，都给我留下了深刻印象。

就敬业精神而言，无论是公司内部管理、业绩提升、团队建设、经销商维护等方面，姚总都以饱满的热情积极地参与其中，我们经常在凌晨一两点钟还在为慕思的发展进行激烈讨论，他几乎很少晚上11点之前离开公司，为慕思发展他舍弃了周末，为推广健康睡眠文化、拓展慕思市场他成了空中飞人。

他工作非常勤奋，对于公司发展来说，时间就是金钱，效率就是生命，他的付出，赢得了员工和所有合作伙伴的认可，而榜样的力量在慕思内部更是凝结成了一股拼搏和奉献的慕思精神。

对优秀职业经理人而言，勤奋是一种状态，一种习惯，包括在管理之余推出《赢家》，也是姚总勤奋的一种生动写照。

就个人魅力而言，姚总服务过的企业都经历了高速成长，每一份业绩都得到了各个企业老板的认可，众所周知，在当下中国职业经理人与老板的故事中，分手亦是朋友尚属难得，分手之后还能常来常往，分享企业发展的心得，尤为罕见，姚总就做到了这一点。

在离开华帝多年之后，姚总仍然作为华帝功勋元老，被邀请出席了华帝20周年庆典，十年后共叙昨日友情，在欧派家居集团倡导的“冠军联盟”里，他依然是其中标志性人物……

姚总的经历，印证了一句古话：“桃李不言，下自成蹊。”

就管理和营销的职业性、专业性来说，从华帝燃具到威莱音响，从奥克斯空调到欧派橱柜，再到慕思寝具，姚总不断地在进行着跨界探索和实践，并形成了一套独特而系统且被业界誉为“姚式”方法论的完整体系，这种方法论在《赢家》里得到了淋漓尽致的体现。

正如《赢家》里谈到的，在两年的合作中，姚总和我，就慕思的商业模式、发展战略、定位策略、团队建设、创新驱动、文化建设、渠道建设、品牌打造、公益推进等等，进行了广泛而深入的讨论和成功而有效的实践，令慕思的发展“更上层楼”。

就创新来说，慕思过去的成功，是因为创新，“一百年前席梦思发明了床垫，今天慕思创造了健康睡眠系统”，这是创新，慕思现在和未来的成功，更离不开创新。

两年来，姚总总能以不断创新的姿态，出现在人们的眼前，正如《赢家》里所展现的，姚总总能不断地创新，制订出适合企业发展的新路径，无论是在华帝、奥克斯、欧派、华帝，还是在慕思，他从来没有躺在成功的温床上，而是不断地在寻找更新更好的方法，以期实现更大更高的突破。

在姚总的推动之下，慕思与《南都娱乐周刊》合作举办了“明星公民盛典”，进行了“全民健康睡眠大调查”，推出了“健康睡眠白皮书”，强强联手赞助刘德华演唱会，对话世界睡眠大师，演绎了慕思微电影《床上关系》《艳遇》点击破亿的神话——姚总的创新，将慕思营销推到了崭新的3.0时代，开创了慕思营销新纪元。

马云曾提出，职业经理人同企业家的最大差距在于，企业家是对结果负责，而职业经理人只会对过程负责。

而在这一点上，我觉得我比许多人都要幸运，姚总不仅让我看到了职业经理人的专业性和职业化，更让我看到了职业经理人的完美职业操守。

来到慕思后，他和所有人相处都秉承一个理念：“对慕思业绩负责，对慕思未来的发展负责。”姚总对结果负责的精神，远超于普通职业经理人以过程为导向的特点，在我看来，姚总不仅是职业经理人，更是兼具“企业家精神”和“经营者智慧”的职业经理人。

这其实暗合了慕思最基本的一个价值观——共赢，企业是共赢的平台，老板和职业经理人合作共赢，老板要选对方向、建好机制、用对人，营造一个合作共赢的平台。老板是制片人，职业经理人则是导演，成就一部大片靠对市场的判断、题材的选择、演员的付出、摄影的整合、导演的统筹等等，老板要善于放权、善于分权、善于分享。老板和职业经理人都要有耐心，双方在合作中，不应急于求成，而当循序渐进、稳步推进，以期实现文化融合、推进共同梦想。

“只要方向对了，就不怕路远”。

我和姚总价值观相同，两年的合作，仅仅是一个开始，一个好的开始，尽管市场趋冷，慕思却依然保持了50%以上的增长，相信我们的携手，会为慕思创造新的传奇！

前言

以创新姿态，迎接营销3.0时代的到来

这个时代，注定会以超越我们想象的速度向前发展，注定会以凌越我们预测的趋势向上升级！当你还在津津乐道于昨天所取得的成就时，诺基亚已经被苹果、三星逾越；当你还在为家族企业财富积聚沾沾自喜，网络新贵已经刷新财富榜单；当你还在慢条斯理地研究新媒体，低调的微信已经将傲慢的微博打入冷宫；从2012年长驱直入的190亿元到2013年疯狂井喷的350亿元，“11・11”从光棍日俨然变成了网购狂欢日，淘宝用激情成功改写商业模式。

我们是如坐针毡，还是该冷静应对？

“全球第一CEO”杰克•韦尔奇前年来华时就指出，中国传统制造所面临的主要危机，唯一可以解决的方法，就是要提高创新能力，要不断地向价值链的上游移动，创造出更多在价值链的高端和上游的产品，增加产品的附加值。

在我看来，企业越是面临着诸多环境和变化的不确定因素时，越是需要向内修行，苦练基本功。在诡谲多变的市场背后，首先要把产品造好，把链条打通，把管理理顺，把企业做实了才能轻装上阵、从容自如。

我1994年到广东，弹指一挥间20个年头过去了，见证了中国市场的成长与巨变，经历了行业发展的繁荣与衰败，目睹了哀鸿遍野的破产潮，也亲历了很多企业高歌猛进的持续成功。我的职业生涯与中国营销变革密不可分，1994年刚到广东就业时，中国营销正处于启蒙阶段，乐百氏开全国先河，成为国内率先导入VI系统的企业。华帝更彰显了难能可贵的企业魄力，在100多万的总投资中拿出1/3的费用，用于启动全新VI，标准绿VI使华帝在千人一面的市场中呈现出独特的差异性。与此同时，在那个以产品为先导的年代（也就是美国菲利普・科特勒教授所描述的营销1.0时代），华帝、乐百氏对产品的执著，注定被载入营销的史册。

管理大师彼得•德鲁克认为：创新是生意人的保单，在企业的各个阶段都能够发现创新。它可能是设计上的创新，产品及营销技巧的创新，价格及

客户服务的创新，管理组织或管理方法的创新。创新，是一张可以让生意人承担新风险的保单。在营销2.0时代，服务创新成为营销创新的主流。与合伙人在创立威莱数码期间，秉承“用户第一，服务是销售的开始”的理念，创造了一个业界神话，在竞争剧烈的音响市场中挤进前三名。以顾客为中心，根据顾客需求来进行精确市场定位，千方百计让客户满意，欧派率先在全行业内主导和深化个人定制的服务战略，根据不同客户的需求设计中式、现代、欧式等风格截然不同的橱柜。在竞争优势构筑上，欧派特别推行售前调查售中专注售后追踪的服务系统，在乎消费者购买体验的每一个环节，获得了极高的客户满意度，成就了欧派定制与口碑传播的独特商业美誉。

2012年中国GDP超过日本成为仅次于美国的第二大经济体，国人可支配的财富也达到了一个新高。奢侈品消费开始盛行，满足个性体现，对个人标签的追逐成为时尚。消费者开始分层，提出不同的消费需求，同一个年龄，有不同的追求；同一个城市，有不同的圈子；同一个阶层，有不同的生活方式。营销3.0时代随着历史大势所趋而来，从传统的价值营销转为精神层面的沟通，成为这个营销时代的鲜明烙印。在精神营销的背后，逐鹿的是企业的文化内涵和品牌的价值观。反言之，消费者选择了品牌就选择了某种生活方式，因此，任何时候都需要以创新的姿态去做品牌。

20年来，我一直奋战在中国市场一线，并得以有机会操盘几个不同行业的领导品牌，与领导风格迥异的优秀老板们携手合作，带领不同企业的团队精英并肩作战，共同实现了不同行业品牌的飞跃式增长。20年间，我先后在乐百氏、华帝、奥克斯、威莱、欧派、慕思等企业进行品牌运作，作为职业经理人，进入全新的行业，经营不同的企业，面对发展的不同阶段，都需要因地制宜来解决大相径庭的问题。值得一提的是，我职业生涯的每个阶段，恰好都是我对最新营销理论和管理技术实践的阶段。庆幸的是，无论是遭遇金融危机，抑或是市场萧条，我实施的一系列的举措，都使我所服务过的品牌从一个高度提升到另一个新高度。

这些经历，是时代赋予我的荣幸。有人说我是营销行业的常青树，有人称我每次的选择都是华丽的转身。而唯有我自己明白，作为长期在民营企业操盘的职业经理人，这么多年来是既兢兢业业，又如履薄冰。走过一些弯路，碰到过一些难题，也有过彷徨的时候。回首再看来时路，发觉这些都是企业成长过程中不可回避的困惑。朋友们时常建议我把自己的这些经历和经验总结出来，于是，我用了两年多的时间梳理了一下20年来运营企业的一些心得，总结了一些行之有效的，比较接地气的打造领导品牌的方法论，算是对一直以来关注、支持我的老板、经理人、团队成员和各界朋友的点滴感恩，也希望对大家有所裨益。

我始终认为，经验的价值在于分享。谨以此书献给还在成功路上的职业经理人和老板！

第一章

商业模式篇

第一节　商业模式，可以成功复制的基因

我们常常会发现这样一个问题：不同的企业，做同样的产品，有的赚钱，有的赔本。

这是为什么？

我认为，这是商业模式的差异所致。管理学大师彼得•德鲁克曾说过："当今企业间的竞争，不是产品的竞争，而是商业模式的竞争。"

在我看来，商业模式创新比产品创新和服务创新更为重要，有时候，其功力丝毫不亚于伟大的技术发明，商业模式创新，甚至可以改变整个行业的竞争格局。

1. 商业模式的定义

"商业模式"已经成为挂在创业者和风险投资者嘴边的一个名词，几乎每一个人都确信，有了一个好的商业模式，成功就有了一半的保证。那么，到底什么是商业模式？它包含什么要素，又有哪些常见类型呢？

用最通俗的话来说，商业模式就是企业经营的思路和方法，即公司通过什么途径或方式来赚钱。例如饮料公司通过卖饮料来赚钱；快递公司通过送快递来赚钱；网络公司通过点击率来赚钱；通信公司通过收话费赚钱；超市通过平台和仓储来赚钱等等。只要有赚钱的门道，就有商业模式存在。

用专业的术语来说，商业模式就是为实现客户价值最大化，把能使企业运行的内外各要素整合起来，形成一个完整的高效率的具有独特核心竞争力的运行系统，并通过最优实现形式满足客户需求、实现客户价值，同时使系统达成持续盈利目标的整体解决方案。

商业模式是一个非常宽泛的概念，跟商业模式有关的说法很多，包括运营模式、盈利模式、B2B模式、B2C模式、"鼠标加水泥"模式、广告收益模式等等，不一而足。商业模式虽是一种简化的商业逻辑，仍然需要用一些元素来描述这种逻辑。

2. 成功商业模式的八大要素

客户价值最大化、整合、高效率、系统、持续盈利、实现形式、核心竞

争力、整体解决，这八个关键词构成了成功商业模式的八个要素，缺一不可。其中：整合、高效率、系统是基础或先决条件，核心竞争力是手段，客户价值最大化是主观追求目标，持续盈利是客观结果。

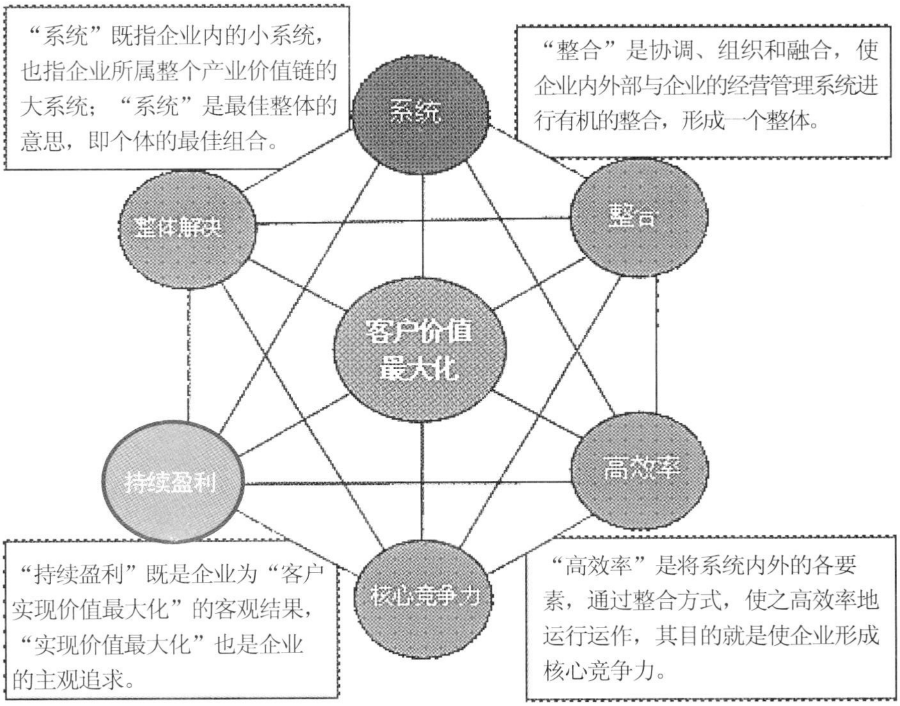

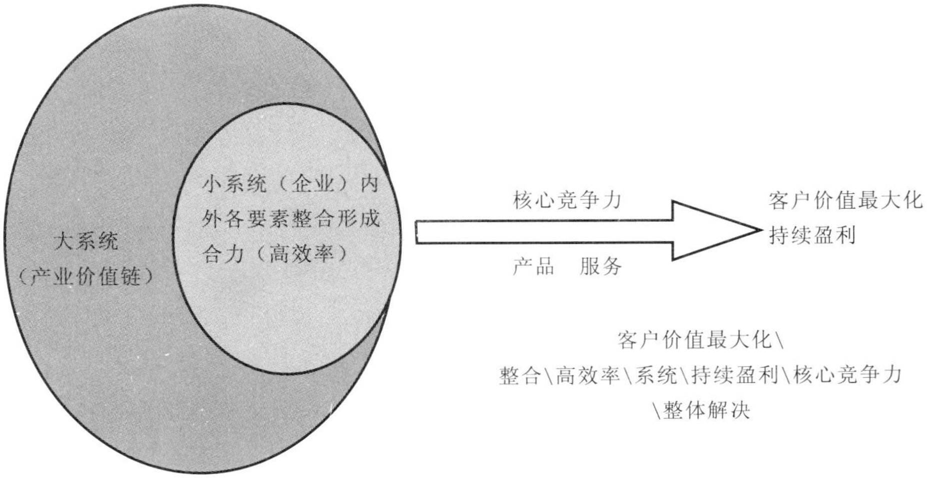

中国的企业在经历了要素驱动与投资驱动两个阶段后，开始向更高境界迈进，现在已经不是企业靠单一产品或者技术就能打天下的时代，也不是靠

一两个小点子或者一次投机就能决出胜负的时代了。要想使企业有生存空间并能持续地盈利，必须依靠系统的安排、整体的力量，即商业模式的设计。未来企业的竞争，将是商业模式的竞争。商业模式的竞争将是企业最高形态的竞争！

我认为，企业经营有“道、法、术、器”四个层面，商业模式就是“道”，是商道的最高境界。如果企业总是沉湎在“法、术、器”里找出路的话，就会像爬山一样，总在山脚、山腰打转转，很难直达山巅；而企业只有以商业模式——“商道”的高度，从上往下看时，才会豁然发现，通往山巅的捷径随处可见。

总之，企业的出路在于认知的高度，高度决定思路，思路决定出路，模式决定竞争力。

第二节　商业模式之实践案例解析

案例一　冠军联盟，异业联盟商业模式的成功实践

1. 从“万华联盟”到“冠军联盟”

从华帝到威莱到奥克斯再到欧派，我似乎与企业联盟结下了不解之缘，“万华联盟”“VTT联盟”“奥奥联盟”，直到最近几年的“冠军联盟”。

常言道，同行是冤家，然而，在2000年策划的“万华联盟”中，我却打破了这一魔咒。作为职业经理人生涯中策划的第一个联盟，不仅在营销界创造了“同业联盟”的典范，而且将华帝一举由燃气热水器新手提升为行业领军品牌，一度为业界称道。

2000年燃气热水器行业的状况是，落后的直排式燃气热水器占据主流，但却面临淘汰，强排式燃气热水器成为大势所趋，而国家经贸委也在《淘汰落后生产能力、工艺和产品的目录》明确规定：直排式燃气热水器作为落后产品已被列入淘汰目录，自2000年6月1日正式淘汰。

时任华帝总经理姚吉庆与万家乐原总经理潘泽明在万华联盟仪式上

同一时期，我操盘的燃气具行业巨头——华帝，也正计划向燃气热水器进军，具有发展前景的强排式燃气热水器，自然成为华帝的发展方向。

2000年，华帝成功推出了新一代强排热水器，并且在许多技术上有领先优势。但由于华帝进入时间不长，排名较为落后，在短时间内提高产品的知名度和美誉度，成为当务之急。

通过考察，我发现为强排式燃气热水器的推广头疼的不仅有华帝，还有这一产品最大的品牌——万家乐。万家乐推广强排式燃气热水器已有两年之久，同时也是该产品标准的制定者，是当之无愧的行业领导者，但强排式燃气热水器是新产品，份额低，一直被直排式燃气热水器所挤占，消费者认知度低，推广起来有一定的难度，同时，由于万家乐孤军奋战，显得势单力薄。

作为强排式热水器的倡导者，万家乐此刻也正需要行业的支持者和同盟军，共同推广强排燃气热水器，成为其强有力的战略合作伙伴。

看到时机成熟，华帝果断地向万家乐抛出橄榄枝，并很快得到了对方的回应，“万华联盟”一拍即合！

万华联盟之后，华帝很好地利用这个新闻眼，制定了一系列行之有效的传播策略：首先是引导媒体尽可能摆正万家乐与华帝之间的关系，暗示媒体在报道时体现万家乐是热水器行业老大，华帝是第二。华帝加入万家乐安全强排阵营，也是强排标准的制定者，华帝万家乐倡导同行业的合作竞争精神。

一时间，“万华联盟”成为社会的热点和焦点，《南方都市报》以“热水器正式进入强排时代 万家乐华帝携手共谋大局”为标题，对“万华联盟”做了整版的报道，高度赞扬了“万华联盟”，将华帝视为“燃气热水器行业的巨头”。包括《中华工商时报》《北京日报》《中国经济报》在内的各大媒体也纷纷跟进报道。

在媒体的大面积报道下，华帝一夜之间，从强排式热水器的新生力量，一跃成为行业领军品牌。

2003年，我借助网络时代来临的契机，通过VTT联盟的方式，为传统音响行业找到了一条新的发展道路，改变了音响行业的发展轨迹，受到了广泛关注。

我当时所在的威莱音响是音响行业的新锐企业，虽然行业知名度高，但由于音响行业受关注度低，威莱音响仍然面临普及困难的问题。

2003年，网络的蓬勃发展为音响行业提供了新的契机。2003年，中国的网民已近1亿，并呈几何级数增长（2010年已达3.84亿，继续位居世界首位），网络市场无疑是最大的“蓝海”：另一方面，我调查发现，中国网民上网的音响设备还非常“简陋”，听音乐、看电影、玩游戏，根本不能还原其本身完美的视听效果，也就给予了威莱音响新的“切入点”——开辟网络音箱市场。

要想尽快切入网络市场，单打独斗是不行的，必须借助高知名度的网络“软件”与“硬件”品牌。为此，威莱选择了与当时如日中天的网站TOM集团和电脑行业新兴巨头TCL进行合作，借二者在网络市场的知名度提升威莱音响的影响力和销量，VTT联盟由此诞生，VTT分别代表三者英语的首字母，为消费者提供互联网中的互动设备。

具体分工上，TOM提供网络音乐资源下载，TCL电脑提供硬件下载，而威莱音响则提供音响设备，三方资源实行整合，强强联手，通过相互间的合作和支持，共同打造“网络影音新生活”。

此次VTT联盟的一大看点，是三个品牌均为行业知名品牌，影响力有目共睹。另一个意义是，为音响这一低关注度的传统产品，找到了网络时代的切入点，为其开辟了新的发展道路。同时，这在很大程度上改变了消费者的上网习惯。因而，联盟一成立，就成为众多媒体争相报道的焦点。“三剑客携手”“音响再谈3C雷区”“网络音影掀起跨行业联盟”“异业竞争整合，品牌营销的全新思路”“异业营销，异想如何天开”“策划，一场有趣的嫁接游戏”等占据了各大媒体的头版头条。通过VTT联盟的影响力，威莱迅速提升了自己品牌在消费者心目中的地位，实现了跨越式的发展。

据国务院发展研究中心公布的《2003年中国城市家庭影院市场研究咨询报告》显示：在短短的两年时间里，威莱迅速进入了专业品牌领域的前三名，成为中国音响市场增长速度最快的专业音响品牌之一。而《2004年中国城市家庭影院市场研究咨询报告》显示：威莱音响荣获“消费者预期购买第一品牌”。

缔结联盟，讲究天时、地利、人和，万华联盟的成功是这样，VTT联盟的成功也是如此。

随着2008年北京奥运会的逐日临近，如何借北京奥运进行宣传，提升品牌，成为整个国内营销界极其关注的一个焦点话题。

而在中国家电业，由于海尔成为了2008年奥运会的白色家电赞助商，根据奥运会赞助的排他性原则，其他白色家电厂商将无缘奥运赞助商的行列。

难道奥克斯只能坐失北京奥运这一良机吗？时任奥克斯空调总经理的我决意再次不走寻常路，赶搭奥运这趟班车。不能成为奥运的赞助商，奥运营销并非无路可走！

2007年的北京，正在为兴建鸟巢、水立方、国家奥林匹克体育中心等场馆大兴土木。我忽然想到，这些场馆的建设，需要大批设备，可否与其达成合作，赞助奥运场馆呢？

经过慎重考虑，奥克斯将国家奥林匹克体育中心（简称“奥林中心”）作为主要合作目标。“奥林中心”与“水立方”国家游泳中心、“鸟巢”国家体育场一样，是2008年奥运会主要比赛、训练场馆之一，在奥运经济中占着不可比拟的重要地位，将承担足球、手球、排球、水球、现代五项等预决赛项目和曲棍球训练项目，尤其足球项目将是奥运会时间最长、吸引观众人数最多的赛事，现场观众人数，就将达到4万人次；同时，奥体中心在奥运会期间将通过电视、网络、广播等媒体，多渠道打造一个巨型媒体推广平台，媒介传播人数达到1亿左右。

然后“落花有意”，“流水”是否“有情”？

在接到奥克斯的“橄榄枝”后，奥体中心迅速召开会议商讨合作事宜：一方面，承建奥体中心确实需要不菲花费；另一方面，出于奥体中心高规格的考虑，对赞助企业的要求也非常之高。经过多次考察与慎重考虑，奥体中心认识并认可了这个国内空调标杆品牌，最终同意接受奥克斯为首个独家战略合作伙伴。

为了扩大活动的影响力，奥克斯策划了一系列线下活动，活动当天，导演了2008名员工同奥运冠军占旭刚携手奔向2008的竞跑活动，在奥克斯国际产业园内，升起了奥林匹克五环旗。

8月4日，“奥奥联盟 赢在2008”活动第二期，“东方神鹿”王军霞来到宁波，为奥克斯“奥奥联盟”助阵，带领万名市民“健康跑”，在宁波市掀起了一阵健身风暴。

而在线上传播方面，奥克斯发布了“2008三大产品战略”，分别是“更高系列”“更快系列”“更强系列”，与奥运精神一致，宣传口径上更贴近奥运，然后在全国各大报纸、电视、网站、电台发动营销攻势。

经过线上、线下全方位的整合传播，“奥奥联盟 赢在2008”整个策划活动精彩而圆满。

活动之后，适逢空调行业的销售旺季，奥克斯空调再现突破式增长，销售额与上一年同期相比增长29.1%，中高端产品的销售比例超过20%，产品均价比上一年提升了近30%，奥克斯迎来了决战奥运关键性的胜利一战。

我后来总结道，奥运营销是一场持久战，在这个商界的奥运竞技场上，除了十几家TOP赞助商外，更多的企业只能靠剑走偏锋，才能出奇制胜。

“奥奥联盟”，相比海尔这些“正统”的赞助商，其合作费用不值一提，但让人乍一看去，似乎与海尔“毫无区别”，这正是事件营销的精髓所在。奥克斯将“以小博大”的核心思想做到了极致，其他企业只能望尘莫及。

2007年12月，在中国策划协会、全国高管人才专业委员会等权威部门共同组织举办的“2007中国策划年会”暨第四届中国诸葛亮策划奖精英盛典上，奥克斯空调凭“奥奥联盟 赢在2008”营销案例，成功获得本次盛典的“2007中国最佳策划案例”。

面对2008年席卷全球的金融危机，已经操盘欧派的我，再次整合国内六大家居NO.1品牌，抱团出击，实现了危机下的逆袭飞扬，又一个联盟奇迹诞生了，这就是冠军联盟。

2．解读“冠军联盟”

作为国内首个契约型异业联盟，冠军联盟为价值再造和联合营销带来了更深远的意义，面对泛家居行业近两万亿元的市场空间，冠军联盟是怎样求同存异进而赢得市场优势的？又是如何应对联盟发展中可能存在的分歧与问题的？

2008年，我开始操盘欧派，那时，正值金融危机骤然爆发，国家对房地产的宏观调控、年初新《劳动法》的颁布、建材原材料及人工费用成本压力的剧增，都使得中国家居产业面临着前所未有的挑战。如何破冰过冬？欧派虽为橱柜行业的领军企业，但孤军奋战，终究势单力薄，抱团取暖的想法随即产生。

2008年下半年，欧派在广东中山和福建莆田的经销商与当地六大建材品牌厂商进行了联合跨界营销，以连环折扣吸引消费，带来了不错的销售业绩，七个品牌均有提升，“异业联合促销”的雏形由此产生。接着的问题是，要选哪些品牌联合，并把这种模式做大并推广至全国？

根据以往家居类联盟的经验和教训，欧派将联盟品牌选择的原则确定为“冠军品牌＋非竞争性”。在慎重考虑之后，我找到了东鹏陶瓷、大自然地板、红苹果家居、雷士照明、美的空调的老板或总裁，同处一个危机中且共同寻求突破的志向，令六个品牌一拍即合，美的、大自然地板当场拍板，其他三个品牌也很快做出回应，一周内，作为冠军联盟前身的“第一品牌联盟”诞生，并确立了相关章程和规则。

2009年4月23日，家居业六巨头聚首北京人民大会堂，携手成立了国内首个家居行业“冠军联盟”。冠军联盟的出现，无疑为家居行业的价值再造和联合营销创造了典范，具有深远的商业意义。冠军联盟是一种大胆的尝试，然而，作为国内首个契约型异业联盟，从成立之初就伴随着业界的各种质疑：异业联盟是否可行？联盟是否能够持续？

事实表明，与很多昙花一现的联盟相比，冠军联盟成员间的合作包容，让参与者在过去四年中不断走向发展和成熟。

经过几年的成功运营，冠军联盟内的企业均得到了快速发展，联盟间已经形成了初步的契约机制、市场协调机制和内部运行机制。

（1）品牌特点

“冠军联盟”品牌选择的原则是“冠军品牌＋非竞争性”。冠军品牌即是指加盟的企业必须是行业老大，在品质、渠道、销量、市场占有率、售后服务等方面都是行业中的佼佼者；而非竞争性则是各品牌属于家居业的不同子行业，不存在竞争性和利益冲突，是互补合作的关系。

同时，各品牌在品牌战略、企业价值观上应该能够融入到联盟之中。此外，尽管产品、定位不同，联盟成员都有着一系列的共同特色：业界销售量最大，品牌影响力最大；品牌定位、产品定位相当，拥有优势互补的渠道资源；客户资源共享潜力巨大，且消费重合度高；企业核心价值观比较一致。

（2）价值体系

冠军联盟是一个价值联盟，各成员彼此间不存在直接的竞争，相反，具有很强的互补性和关联性，所有成员都更注重价值，通过渠道共享、资源互补等形成单个企业难以企及的庞大营销和价值资源。

在建立之时，“冠军联盟”便已确立了三大价值体系：

第一，消费者价值体系——通过联盟冠军品牌联合举行各种大型优惠促销活动，以最优质服务、最环保产品、最高性价比，为消费者提供一站式的购物服务体验。

第二，成员价值体系——让加盟成员站在巨人的肩上，相互嫁接彼此优势资源，加大优势对消费的吸引，提升工程、家装、团购等方面的合作，迅速提升加盟成员在家居行业的知名度和影响力，从而实现销量与品牌的双提升。

第三，社会价值体系——在当时环境下，不同行业的领导品牌，共同承担实现公民责任，拉动内需，扩大就业，倡导低碳、共同发展。

作为泛家居行业龙头企业组建的冠军联盟，以打造“绿色整体家居”为目标，致力于推动家居产业跨界升级，为消费者带来最放心的家居一体化解决方案，提高人们的家居生活品质，成员品牌也得到了长足的发展。

（3）愿景规划

冠军联盟在筹建伊始就有自己的愿景，是有长期价值考虑的。2009年4月23日，冠军联盟第一次会长会议上通过了《愿景规划》。其中提出，冠军联盟的使命是，致力于成为中国最持久、最有影响力、最有实效的跨行业品牌联盟；核心价值观是“包容、诚信、合作、共赢”，主旨是“绿色环保、提振内需、普惠大众”，目的是整合各自资源，促使联盟成员成为业内最强势品牌，实现营销体系利润最大化，并最大化抢占市场资源。

而事实上，冠军联盟成员当初走向联合，是通过五个“一体化平台”的建立来实现的。它们分别是：一体化营销平台、一体化家居配套采购平台、一体化媒体采购平台、一体化推广平台和一体化销售终端平台。冠军联盟早就有意寻找、创造新的商业模式。

（4）多方收益

凭借无缝的异业对接，在营销、家居采购、媒体采购、推广和销售终端上构建一体化平台，冠军联盟已经步入了稳定发展阶段，在多方面取得了成果。

品牌收益。冠军联盟成立之后，举行了各种大型的联合促销、公益及其他交流活动，不仅联盟成员取得了较快的发展，冠军联盟作为一个整体也获得了巨大的品牌知名度。

销售收益。联盟成立至今共有315个城市已组建了区域冠军联盟。即使在金融海啸最严重的情况下，在2009年8月份百城千店活动中，仅在天津地区活动当天，投入13万，联盟即获得了428单、销售额1000余万元的好成绩。

社会收益。冠军联盟是在创造一种品牌联合组织，而不只是一种简单的联合营销，以加法的形式释放出乘法的效应。冠军联盟在绿色制造、绿色消费、绿色投资等方面担负起企业的社会责任，不断强化冠军联盟“绿色整体家居”的形象，已获得了风险投资、媒体、各地政府、消费者的认同。

商业模式的形成。经过两年来的成功动作，冠军联盟已经形成了自己独有的商业模式——总部层面四大模板：区域冠军联盟的组建和运营模板、全国分区域集中培训模板、设计师沙龙模板以及地产私享会模板。区域层面六大模板：新闻发布会模板、终端联合促销模板（联合折上折、联盟代金券、联盟增值卡、联盟大礼包四种方式）、冠军联盟团购模板、联合小区推广模板、联合路演模板和业务导购培训模板。

联盟运作体系的形成。目前，冠军联盟总部的组织方式、分会的组织方式，特别是总部联盟成员的理念、思路、运作能力已经磨合到位，形成了完善的组织体系和运作流程——较为严密的组织架构，通过联盟理事会决策机构、秘书处执行机构，领导者采用轮值会长和秘书长制，通过选举，赋予任期，委托第三方管理传播与财务等事宜……这一系列制度，使联盟形成了长效机制。这样的机制产生了组织应用的力量，保障了冠军联盟倡导的“包容、诚信、合作、共赢”的核心价值观。

3.“异业跨界联合”的范本

冠军联盟经过四年来的运营，其异业跨界联合的商业模式，为各行业提供了良好的范本。总结其成功之道，我们将之归纳为如下的法则：

法则一：机制保障。冠军联盟，在产业相关性基础上，以组织形式从事商业行为及社会行为，既不属于合资企业，亦不属于短期契约，而是致力于长远发展的新型战略联盟，其不仅仅是泛家居业的品牌推广联盟，而且是以品牌为基础的契约式组织，类似OPEC、欧盟等，这就决定了冠军联盟必须有其严格的组织形式和制度。

冠军联盟从开始筹备，就讨论确定了《联盟章程》，成立秘书处日常组织机构，对轮值制度、联盟成员挑选原则、成员加盟条件、品牌联盟的运作规则、联盟架构及各岗位职责、联盟沟通、运作、监督机制的建立等问题有了明确的界定，从根本上做到了机制保障。

法则二：品牌保证。冠军联盟是泛家居领域不同行业第一品牌的联盟，品牌联盟成员以长远目标为合作基础，在品牌影响力上做到“门当户对”，为联盟的发展提供品牌保证，并发挥第一品牌的号召力，相互强化，产生“马太效应”。

事实上，针对不同消费群，非知名品牌也可结成联盟，但不对等的品牌之间，联合的收益不对等问题的存在，常常导致结成的联盟不能够长时间维系。冠军联盟的品牌化运作使得组织本身具有极强的市场精神，由行业第一品牌组成，拥有自己的核心竞争力，并且通过市场行为不断优化积累自身品牌资产。

法则三：异业联盟。冠军联盟是一个非竞争性的战略联盟。冠军联盟的成员并不处于同一产业，也不存在传统供应链的上下游关系，因此远离了竞争，合作是基于资源的互补利用，通过核心资源的嵌入式共享实现深度融合，从而使联盟各方取得共赢。

冠军联盟的异业跨界形式之所以能够存在，与泛家居行业的特点有关，销售的目标客户比较一致，家装中地板、瓷砖、橱柜等商品采购的必要性和采购时间的集中，使上述产品在某种时候具有高度关联性。

法则四：利益共享。冠军联盟的成功，不仅是联盟总部的共赢，而且是全国代理商的共赢，正因为利益是联盟的根基，全国的代理商因此盈利。举例来看，在冠军联盟2009年6月至7月实施的“百城千店”联合促销中，杭州从6月26日至28日6品牌经销商共接365单，增幅为120%，太原为56%。重庆市场在6月20日至7月5日期间，增长了54%，河南平顶山市增长了90%，在四川小城市德阳，从6月18日到7月18日期间，增幅为200%。同时，由于利益共享，各大商场自愿参加的比例也在提高，越来越多的商场自发地组织联盟活动。

法则五：核心价值。加入冠军联盟的成员都具有比较一致的核心价值观，联盟成员之间具有品牌共性，如都是行业第一品牌，都具有很强包容性，过去都有着成功的经验，并且都坚持绿色家居，这些核心价值也凝聚成为冠军联盟品牌的核心竞争力。

法则六：高层重视。冠军联盟作为一个长期的战略性联盟，受到联盟成员企业一把手的高度重视，几位董事长都亲自参加会长会议并高效决策。联盟成立当年就召开了4次会长会议，15次秘书处会议。这保证了冠军联盟不会因为短期的得失，而影响到联盟的长期性持续发展，而且保证把决策执行到位。

法则七：商业模式。通过四年的发展，冠军联盟已经形成了成熟的商业模式，在组织建立、激励机制、活动组织和培训等方面，已经形成了成功模板，建立了样板市场，这就保证在执行的过程中可以复制，节省资源，提高效率。

法则八：配合到位。联盟各成员企业组成精英团队，各自分工协作，责任到人、执行到位，以联盟统一的标准和准则，进行项目和活动的配合完成。

法则九：创新能力。在“合作共赢”的基础上，不断创新合作形式、扩大合作规模与内容是冠军联盟永葆活力的前提。目前，企业之间成立的各种联盟其成员数量一般较少，两到三个企业是普遍的规模，而冠军联盟在合作成员规模上实现了突破，目前有大自然、东鹏、雷士、万和、慕思寝具、关的电器、友邦吊顶、索菲亚衣柜八个联盟成员，且各成员都是各个行业的领袖，都拥有一流的团队和创新能力。那么合作后的创新也具有乘积效应，这就给联盟的每一次活动提供了源源不断的创新源泉。

法则十：资源共享。冠军联盟的章程规定，联盟成员对其资源进行共享，共享的资源包括客户资源、促销活动互惠、广告投放整合、小区推广公关以及团购等方面。而冠军联盟因为目标消费群比较一致，凭借无缝的异业对接，在营销、家居采购、媒体采购、推广和销售终端上构建一体化平台，极大地方便了各大联盟成员共享资源，实现了品牌和市场等资源在利用形式上的创新。

4. 家居业的新机遇和新挑战

2011年“十二五”开局，中国家居业迎来了新的机遇和挑战，作为泛家居领域的第一个成功的联盟组织，冠军联盟的发展，也将经受新的“洗礼”。众所周知，中国家居业的发展已经从导入期进入到成长期，随着国家楼市调控政策越来越严厉，作为房地产下游的家居行业，不可避免会受到冲击。

从2010年第三季度开始，家居行业的销售额和利润都大幅下滑，同比增速大大放缓，而原材料上涨、“用工荒”、加息、用电紧张等因素，导致经营成本大幅增加，更是让家居企业陷入困境，家居业的“暴利时代”已经终结，行业竞争将更趋激烈。

由于进入门槛不高，家居行业良莠不齐，不少企业在产品、推广、渠道等方面普遍存在严重的同质化，相互模仿和抄袭，技术、产品缺乏创新，推广模式简单、缺乏新意，渠道单一，仅靠价格战提高业绩……这些问题的存在，导致企业的营销成本不断提升，已经严重制约到家居业发展。

危机即转机，虽然家居业的发展面临重重困境，行业竞争异常激烈，但是“十二五”开局以来，国家关注民生发展，以消费促民生，积极推动扩大内需政策，加快经济结构调整，加快城镇化进程，而由此带来的刚性需求，将为家居业的发展带来新的机遇。但是，只有具备差异化营销优势的家居企业，才能够抓住新的机遇。

冠军联盟经过五年的运作，在家居业新的环境下，作为一种良性商业模式其优势不断得以展现：

小投入，大收益。不管是进行推广活动还是联合促销，由于是联盟成员共同合作完成，同样一次推广活动，消耗的物料与费用几乎没什么差别，但发挥联盟独特优势，整合资源，通过成员共同分摊，从成本上可以节约5/6，六个品牌的客户人流量，推广效果也增长了六培，以最小投入获取最大回报。

营销的联合创新。冠军联盟的成员都是行业内第一品牌，本身在营销模式上具有一定的创新性和独特性，通过联合创新，一个企业的创新，在加入五个企业的创新力量后，将产生无穷的叠加效应，使营销模式在众多同质化模式中脱颖而出，更加具有竞争力。

为消费者省时、省钱。冠军联盟成员的联盟，不仅仅是总部的联盟，更是在全国范围内各终端结成的联盟，共同为消费者带来更给力更实惠的产品和服务，如“百城千店”、“千城万店”等推广活动，消费者可以在同一地点同时享受到冠军联盟成员提供的产品和服务，既省时又省钱。

信誉和品质保证。因为加入冠军联盟的成员必须是行业内第一品牌，对加入的成员品牌在产品质量和服务上都有严格要求，这也为冠军联盟这个集体品牌的信誉和品牌提供了保证。

渠道的联合与共享。通过共享客户、渠道等资源，使渠道效应得到放大，借势优势渠道，扩大冠军联盟各品牌在整个泛家居行业的影响力。

品牌叠加提高了整个品牌号召力。通过对各联盟品牌自身优势的结合和放大，冠军联盟充分产生了“1+1＞2”的作用，树立了其在行业里的总体品牌号召力。2012年在北京由慕思、大自然、索非亚、东鹏、万和等十来家企业组织的冠军联盟活动，是该年度全国冠军联盟活动的收官之作，现场参加人数超过1.6万人，当天创造了1亿的销量奇迹。

当然，辩证地看，任何事物都有两面性。

在联盟的发展过程中，主客观环境的变化，对联盟未来的发展，提出了新的挑战。通过对冠军联盟目前的发展状况进行评估，对发展前景进行预测和分析，我们看到，现阶段冠军联盟主要面临三大挑战：

第一，随着联盟成员之间的合作越来越紧密，相互的叠加效益更加突出，所有联盟成员已然成为了一个整体品牌，如果联盟成员中的某一个成员，出现了负面事件，可能会导致“一荣俱荣，一损俱损”，联盟内的其他成员也受到牵连，被认为产品或服务等方面存在问题，发生可能的“信任危机”。

第二，随着联盟的不断发展壮大，联盟成员自身也得到飞速的成长，规模扩大、业绩增长，在“大家居”趋势下，联盟成员谋求相关多元化发展，可能会导致联盟成员的产品同质化，造成产品线相互覆盖、业务冲突等现象的存在，对冠军联盟的内部协调发展提出新的考验。

第三，随着冠军联盟的商业模式走向成熟，联盟营销的创新、团队的动力和耐力，都将面临新的突破的考验，如果不能找到维持的新动力，将会严重影响到联盟的扩大和合作深度。

5. 如何应对挑战？

没有可口可乐就没有百事可乐，二元竞争是市场竞争的铁律，联盟成员企业都有可能成为主业第一、副业是另一行业前三的品牌，依然可以实现共赢。

逆水行舟，不进则退。对于可能存在的问题和挑战，冠军联盟应从以下几个方面入手，早做准备，防患于未然：

首先，在共同利益召唤下，各品牌能在短期内求得平衡，甚至达成一致，在共同利益稳固、联盟成员按部就班前，需要先进分子给以引领，要提升作为冠军联盟成员的各细分行业内第一品牌的责任感。在提倡高度自律的同时，规范冠军联盟的机制，淘汰不规范企业，不断引入新的优势品牌，在开放与闭合兼顾的组织原则下，打造真正的一体化联合营销平台。

其次，家居行业的相关多元化发展是必然趋势，但是，泛家居有近2万亿元的市场空间，而目前，整个行业的品牌集中度低，需要重量级的企业出现。冠军联盟成员之间应该求同存异，抱有包容胸怀，在主业不冲突、副业三到五年不存在竞争的情况下，进行多产品线（高、中、低）差异化竞争，从而促进联盟成员的各自发展。

同时，联盟成员也可以通过资产融合如相互参股、人才融合、设计融合、联合采购等方式加速产业整合，打造泛家居行业里各自的领导品牌。当然这对联盟成员企业家的包容心和运营智慧是一个重大挑战。

再次，强化轮值会长制度，打造联盟旗舰店，以统一品牌开设冠军联盟联合卖场，缔造真正的泛家居行业巨无霸。因为联盟成员都是各自行业的领导品牌，成功都有其必然性。都有业内最优秀的团队，都具备运作联盟组织的能力，所以坚持联盟会长一年一轮值。就像欧盟、OPEC一样持续地运作下去。这样，联盟的轮值会长、轮值秘书长就会保持旺盛的斗志、动力和创新能力，为荣誉而战、为责任而战，像火炬接力一样永远传递下去，像奥运会一样一届比一届办得好。

面向未来，异业联盟，通过行业间的相互融合，品牌间的相互映衬，实现品牌从平面到立体、由表层向纵深、从被动接受到主动认可，使企业整体品牌形象和品牌联想更具张力，在目标消费群体中得到一致的认可，这正是冠军联盟继续深入下去的信念所在。

2012年到2013年异业联盟已经成为中国家居建材市场的大趋势，冠军联盟、领袖联盟、钻石联盟风行，没加入联盟就意味着可能出局。

案例二　个性化量身定制，慕思快速崛起的秘密

如果企业能解决“个性化”、“量身定制”与“规模化”问题，那它的发展将以“飞速”来形容，这个一点也不夸张，慕思就是成功地采用了这种模式。慕思的成功之处不仅仅在于九年内迅速发展成为第一品牌，而是铸就了高端寝具的第一品牌。慕思商业模式获得了2013年第九届中国最佳商业模式大奖。

1. 个性化量身定制，历史与现状

量身定制最早出现在农业社会，手工业中存在着当时最简朴的定制形式，量体裁衣就是那时期的代名词。

进入工业化社会后，定制经济悄然流失了，随之而来的是大规模的工业化生产，以及其带来的海量的标准化的商品、消费品，让消费者只能被动地选择。从一定程度上讲，工业化生产为企业带来空前的繁荣，却也扼杀了人类作为消费主体的根本宗旨。

工业化的历史进步及其贡献，掩盖了它的负面作用，在工业化社会的一两百年里，商品只有一个面孔，而且是呆板的，人们接受呆板面孔的商品，陷入标准化带来的快速发展的经济社会进程中，定制成为被遗忘的而且是奢侈的梦想。

随着经济的发展，越来越多的人开始追求个性化，尤其进入21世纪后，个性化的量身定制更是被人们所热衷和追求。但由于个性化的量身定制成本非常高，订单小，并不合适工业的“规模化”生产，因此很多企业纷纷选择企业的“标准化”规模生产，放弃了消费者的使用体验。

最终鼓起勇气，将个性化量身定制模式做起来的企业出现了，它就是戴尔电脑。说起戴尔电脑，想必各位读者朋友首先想到的也是它的“个性化量身定制”吧。

众所周知，随着消费者需求多样化的不断提升，笔记本电脑市场也日趋细分，并出现了如游戏笔记本、女性笔记本等针对不同人群的产品划分。千人千面，要想满足每个人的个性化需求几乎不太可能，但这却成为戴尔笔记本区别于其他品牌的核心竞争力。戴尔以量身定制为最大特色，从始至终都走在一条为消费者圆梦的路上。

要想做到量身定制实属不易，这需要销售平台、售前售后机制等多方面的配合，更重要的是巨大的投入。戴尔直销网站作为戴尔量身定制的主要平台和依托，也成为消费者了解戴尔电脑的最直接通道。

戴尔就是通过戴尔直销网站这一销售平台，解决了消费者个性化的需求信息与企业生产信息的不对称问题，也解决了个性化与量化的问题。归根到底，戴尔是通过平台收集大量用户的个性化需求信息，然后对这些看似没有联系的个性化需求信息进行整合归类，最后实现规模化的生产。

回到刚开始我提出的那个问题：谁能解决“个性化”与“量身定制”的“规模化”问题，谁就拥有“飞速”发展的机会。戴尔电脑通过戴尔直销网站平台，解决了这一问题，并最终成功。接下来，我们将详细探讨慕思“个性化量身定制”商业模式，了解慕思“个性化量身定制”是怎么一回事，慕思又是通过什么样的方法去实现这一商业模式的。

2. 量身定制，慕思的实践

在我还没加盟慕思之前，慕思就是仿效戴尔电脑的模式，当时慕思的创始人及董事长王炳坤决定用卖电脑的方式来卖高端定制寝具时，许多人都嗤之以鼻，不相信寝具还可以这样买。这的确是一个新方法，没有人试过，量身定制本身对整个公司的运营系统也是一个严峻考验，但幸运的是王炳坤做成了。中国冠军企业研究中心最新发布的报告显示，慕思寝具有限公司已经成为了高端寝具定制这一细分行业的NO. 1。

量身定制是启蒙消费者最直接的方式，但慕思追求的定制与目前市场上的定制截然不同。目前定制的床只停留在尺寸、高度、材质上，但在慕思的卖场，慕思床垫的定制则做到了个性化的量身定制。

慕思的个性化量身定制是怎么一回事呢？不太了解的慕思的朋友们可能不清楚，以为慕思只是在炒“概念”而已。事实是，慕思床垫真的做到了个性化量身定制，并且做得非常成功，从身体结构到体重，从舒适度到软硬度等等，慕思都实现了量身定制。

为了能更直观地了解慕思的个性化量身定制，我将以举例子的方式带领读者朋友去亲身感受慕思产品的定制过程。

客户A经常失眠，睡眠质量非常差，失眠已经严重影响了他的生活和工作，他知道自己急需改善睡眠，便走进了全球健康睡眠资源整合者慕思的健康睡眠体验馆。

慕思体验馆的工作人员见客户A进来，便礼貌地上前接待，客户A将自己的睡眠情况向慕思的健康睡眠顾问详细地介绍，并表示欲购买慕思的健康睡眠系统。

慕思的健康睡眠顾问针对A的情况，认真耐心地向A分析了睡眠不足会造成的危害，并指出睡眠质量的好坏不但跟床、床品有很大关系，周围的大环境也会影响到睡眠质量，如温度、湿度、光线、声音、气味等，每个人身体需要的床也是不相同的，A需要一张专门量身定制的慕思床，一张量身定制的床会带来良好的血液循环，贴身保护好脊椎，从而拥有健康睡眠。

在了解健康睡眠的知识后，慕思体验馆的销售经理便引领A躺

慕思T—5智能测试系统

在有感应装置的T—5智能测试仪上，测试出适合身体各个部位的最适合的承托值，为实现量身定制睡眠系统提供了科学依据和保证。

当这一系列的测试下来后，慕思的销售经理便已经全面掌握客户A的身体结构参数和健康睡眠系统参数，此时销售经理只需要将A的定制数据迅速反映到总部工厂，客户A的个性化量身定制的健康睡眠系统就算定制完成。

在这里，我觉得有必要向读者朋友们简单介绍一下慕思的T—5智能测试仪和目前中国市场上唯一一款可以根据不同人的身高、体重、曲线来量身定制的排骨架。

慕思健康睡眠T—5智能测试系统拥有美国引进具有专利技术的超薄感测片，它能探测到人体睡眠时几乎每一寸肌肤的受力，并经电脑数据分析，结合每个人年龄及个性要求制作出一套符合自身特点的独一无二的床垫，它是依据测试仪获得的头、背、肩、腰、臀、大腿、小腿7个区域的数据进行设计，每个部位占据身体重量比例是不同的，例如有100斤的体重，68斤的重量会在腰臀部位，在这个位置的时候，床和床垫会进行加硬的支撑，对人体腰部最重的位置支撑能够贴合。小孩子也需要一张量身定制的床，因为小孩子正处于骨骼发育的时期，如果睡的床对身体的承托不好，很容易引起骨骼变形。

慕思床垫还配备可调节姿态的电动排骨架，让身体在睡眠中的感受达到几乎完美的境界。在进行排骨架的选择时，慕思的工作人员会用排骨架测试仪根据用户的侧睡、平躺等姿势采集受力数据，经过多次测试后得出综合数据，并根据此数据定制出最适合用户体重及曲线的排骨架。

床架、床垫、排骨架，再配上凝胶枕、床上用品、睡眠音乐和香熏等，组合成一套高级的健康睡眠系统，让其功能百分之百释放出来。根据人体颈肩背设计出来的床架舒适、大方、美观，亲肤性极强的床品更好地呵护你的肌肤，排骨架、床垫、床架、床品的完美结合才能为你带来优质的健康睡眠。

然而对于夫妻双方不同的要求，慕思也能满足定制要求吗？答案是肯定的，夫妇两人只需各自进行测试，慕思会记录两人的数据，然后为其定制适合的分体床垫。目前慕思全球已经拥有数以万计的健康睡眠系统使用者，他们的亲身体验和感受，让越来越多的消费者开始接受慕思“健康睡眠”的理念。

这就是慕思的个性化量身定制健康睡眠系统的过程。很多人可能会很迷惑，慕思“个性化量身定制” 看起来也没什么了不起的，很多企业都可以模仿啊？

的确，表面上看“个性化量身定制”商业模式没什么难度，只需要一个收集数据的平台就行，很多企业都可以做到，但实际上，慕思做的远不只这些。王炳坤认为“个性化量身定制”想不被人超越就不能只停留在概念上，而是要整个运营系统的强大。

然而，这就出现了一个令所有模仿者止步的问题：量身定制和个性化必然导致小批量订单。小批量订单导致的结果是人力、物力和原材料成本的增加，很多模仿者承受不了这种成本压力，也就只能放弃。

慕思在这个问题上，采取了“牺牲小我，成就大我”的做法，在企业与消费者的利益面前，慕思选择了消费者。消费者在慕思终端量身定制一款睡床，定制数据要迅速反映到总部工厂，这需要终端和总部的紧密互动。由于上游采取的是批量采购，下游是个性化定制，必然导致库存的增加，但是原材料的库存能保障从订单到出货时间缩短为10天内，在库存和消费体验的权衡中，慕思将更倾向于消费者体验。

3. 商业模式的系统打造，七星剑法为量身定制护航

对于慕思来讲，慕思“个性化量身定制”的成功有两个方面。第一个是产品，产品是最根本的东西，我们非常关注客户的体验，坚持为客户提供高品质，高端的个性化量身定制睡眠系统。第二个是慕思独有的“七星剑法”，这套七星剑法，从品牌推广，主动营销，4S终端管理，终端展示，团队建设，激励机制到整合培训，全面保障慕思“个性化量身定制”商业模式的运营。

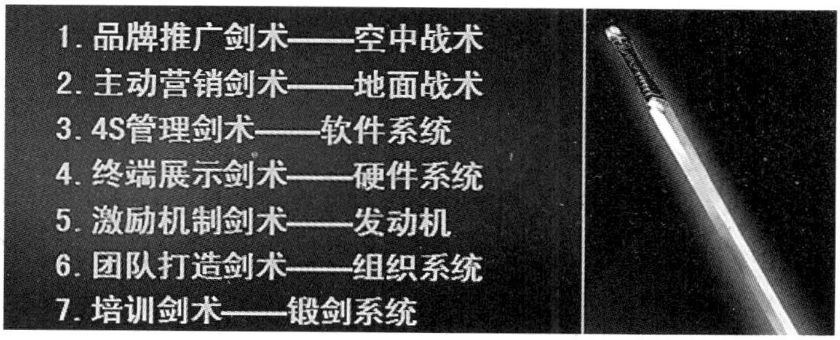

慕思七星剑法

如果说慕思的“个性化量身定制”商业模式是一个战略，那么这套“七星剑法”就是与之相配套的作战战术。下面我将这

“七星剑法”详细地介绍如下：

第一招品牌推广，又叫空中战术，也即是围绕品牌进行一系列广告和活动，将品牌推广出去，提高知名度和美誉度，让更多的消费者了解品牌，关注品牌和使用品牌。这一招慕思运用得淋漓尽致。

广告上，与各大媒体合作，慕思持续不断地投入了大力的推广。

在新闻公关传播上，慕思所有的活动、领导人、企业动态等都通过新闻传播出去，这对树立慕思的品牌形象，提高知名度和美誉度起到了不可或缺的重要作用。

在事件营销上，慕思的操作更是达到了极致。慕思每年都会举行很多关于健康睡眠的公益主题活动，例如为了普及和推广健康睡眠知识，慕思在每年的世界睡眠日前后都会举办主题为“世界同睡的一天”的公益活动；已经连续举办了四届的“全球睡眠文化之旅”以及2012年底启动的“明星公民”公益活动和2013年3月20日的“慕思特约第三届明星公民颁奖盛典”，每一个活动事件的推广，都是慕思品牌和企业形象的深度传播。

当然，慕思的品牌推广还不只这些，比如慕思为伦敦奥运健儿加油的“足GO精彩”，2012年12月12日的“我们结婚吧”，还有慕思投资拍摄的微电影《床上关系》《一睡成名》和《艳遇》的相继上映等。慕思“七星剑法”第一招——品牌推广剑术就是这样耍起来的。

慕思“七星剑法”第二招——主动营销剑术，又名地面战术。在第一招的空中战术打稳基础后，接着就要出这第二招了，来个“开花结果”。如果把空中战术比作打雷下雨，那么地面战术就是布置容器装雨水了，没有地面战术的配合，空中战术耍得再好，也是徒劳无功的。

“七星剑法”第三招——终端门店的4S管理剑术，也即是慕思的软件系统。慕思的“健康睡眠高级定制旗舰店”革新了传统的家居卖场形态，不仅引入了房地产行业的“样板间”模式，同时还集成了汽车业的体验（sense）、个性化定制（selfhood）、服务（service）和销售（sale）于一体，堪称寝具的4S店。

体验（sense）。购买家居用品，最令人苦恼的，莫过于选购寝具时没办法看到寝具摆放到房间的整体感觉，很难判断出是否适合装修风格，是否能营造良好的睡眠环境。慕思旗舰店的设计间，已经展示了最佳摆放效果，概括了不同的风格，消费者可以依自己所好，选择自己喜欢的床垫，同时不用担心风格不合适。

个性化定制（selfhood）。躺在测试床上，测试电脑会通过测试者对床垫的施压，记录其头部、肩部、背部、腰部、臀部、大腿、小腿等部位的相关数据，计算出适合他的床垫，在材质、软硬度、颜色等方面设计一个个性化的方案，现场就可以为其更换床垫、换排骨架，打造适合客人的健康睡眠系统。

服务（service）。与一般4S店的“售后服务”模式不同，慕思的“健康睡眠顾问”服务是从“售前”开始的，贯穿于消费者整个购买、使用的过程之中。在购买之前，慕思“健康睡眠顾问”会对顾客的体形、体重、睡眠习惯、睡眠方式等方面做出分析，并根据慕思独有的“健康睡眠定制系统”，对顾客的压力进行探测，从而给出最佳的寝具选择建议。

除此之外，“健康睡眠顾问”还会针对睡眠习惯、生活习惯等方面提出建议，在日常生活中对消费者的健康睡眠进行全方位的关怀，让慕思成为消费者的“健康睡眠保姆”“健康睡眠医生”“睡眠知心朋友”等。

销售（sale）。慕思旗舰店受消费者热捧，一方面得益于诱人的促销活动，另一方面则来源于慕思定制睡眠的新模式，为消费者提供的崭新的睡眠消费体验。

当然，品质是慕思制胜的最大法宝，作为全球健康睡眠的资源整合者，慕思一直密切关注世界健康睡眠的前沿科技，与欧洲多家公司、高校及科研机构展开合作，将人体工程学和人类环境优化科学等健康睡眠理念融入产品的设计，进一步完善自己的设计能力。同时引入意大利的Technogel新概念高科技床垫材料、比利时的Rako床架、60年前创始于德国的Otten的电动排骨架、意大利的Zigflex床架以及法国顶级设计师的原创设计等，独一无二的个性体验与顶尖的品质，助力慕思旗舰店的销售，成就了慕思为消费者打造健康睡眠的使命，尤其受到出差一族、少睡族的热捧。

慕思“七星剑法”第四招是终端展示，它是第三招的基础，是慕思的硬件系统。终端店铺的展示形象可分为店铺外部形象和店铺内部形象。店铺形象是吸引顾客进店的关键，贴合品牌定位的专卖店形象及店内陈列可直接引起消费者购买欲望。

为了让终端销售形象化，客户体验个性化，2013年V6率先启动终端展示系统升级计划，更多互动与科技将在终端得到最前沿的演绎，脱离一贯常态式展示，除了高科技展示系统外，慕思V6再与寝室用品等相结合，打造健康睡眠系统，为客户提供定制专享时尚睡眠服务。

至于“七星剑法”的最后三招，团队建设、激励机制和培训要连在一起运用才能发挥其最大威力，我将它称为培训体系支撑剑法。

慕思自2004年创始之日起就十分重视对经销商队伍的培训，当年便开始召开经销商培训大会，从未中断，并一直延续至今。慕思每年进行两次经销商培训大会，投入巨大。在每次经销商培训大会上，从经销商老板、经理到员工均有不同的培训课程，培训讲师来自各大著名咨询机构。

如何保证培训内容的针对性、贴近性呢？慕思董事长王炳坤的办法是以普通顾客的身份跑到终端跟顾客交流。顾客签单了，他会去问顾客什么原因促使他买了产品，将这些理由记录下来，将终端销售人员的话术记录下来，变成培训的教材。这种来自于终端顾客直接意见提炼出的培训在慕思非常普遍。

慕思“七星剑法”的后三招就是通过不断激励员工、培训经销商，与他们一起成长。在经销商的知识得到提升，销售业绩提到扩大时，慕思的渠道体系也就越发健硕，企业品牌也越发强大。

这就是慕思“个性化量身定制”商业模式的情况，以及保障这一商业模式顺利运行的“七星剑法”，希望各位读者朋友通过对慕思的个性化量身定制商业模式的了解，能有所收获。

案例三　规模化个性定制，欧派制胜的法则

“个性化量身定制”商业模式存在着企业规模与消费者利益相矛盾的问题，面对这一矛盾，慕思采取在库存和消费体验的权衡中，倾向于消费者体验，慕思也因此得到了消费者的认可，实现了快速发展。

同样，欧派的“规模化个性定制”商业模式也存在这个矛盾，但欧派的做法与慕思的却不同，欧派的规模化个性定制是怎样实践的？又是通过什么样的策略去实现这一商业模式呢？

1. 欧派规模化个性定制实践

欧派在十多年间实现了飞速增长，现今其橱柜已经稳居第一宝座，成为国内屈指可数的知名品牌，这在很大程度上归功于其成功的商业模式——规模化个性定制。

我们知道，国内各个领域的个性化定制需求都非常大，例如房屋装修、家居安装等。与国外拎包入住不同，中国国情比较特殊，国人宁愿花大笔费用也要弄得和别人不一样，这就为个性化定制创造了潜在的市场。

现在面临的问题就是个性化定制生产既要保证个性化定制，又要维持规模化生产，对企业来说困难重重，因为企业如果根据每一个消费者的不同需求来进行生产，无论是从产品设计、流水线操作等方面都会投入更多的人力物力，从而导致单位产品的成本提升。

这就是个性定制与规模化生产之间的矛盾，如何解决个性化需求与标准化、工业化生产之间的矛盾，十几年来，欧派一直都在探索。

“十几年前，我们刚开始做橱柜的时候，就在探讨如何解决这两者之间的矛盾。”欧派创始人姚良松说，“我们现在把个性化需求分成几个层面：第一，最基本的是功能需求，比如，不同的厨房，不同的搭配，等等；第二，满足人体工程学的要求，使操作更为方便，更为人性化，比如柜子高低，以前全是一样高，后来我们推出炉台柜，就要矮一点，洗涤柜就高一点。除了这些功能、形状上的个性化之外，我们还要考虑客户审美方面的个性化需求，比如不同的颜色。”

为了满足这些个性化的需求，又要方便规模化生产，欧派最后想到的是采用模组化的生产方式，开创个性化定制、标准化、规模化生产的柔性生产技术。作为一种新的营销模式，定制化的特点是需求拉动生产，先有订单，然后再生产。

用一个例子解说欧派橱柜个性化定制的流程：

> 例如有位顾客想要定制一套欧派的个性化的橱柜，那么这位顾客可以通过欧派专营店联系到欧派的设计师，在门店设计、实地丈量和确定设计方案后，门店通过“集成设计软件”和“订单系统”向广州总部下单。经过审核后，总部安排工厂生产，完成后交由“第三方物流”配送到客户家，由当地门店安装人员上门安装。这就完成了一个个性化定制订单的流程。

这只是个性化定制的流程，那欧派的规模化生产又是怎样实现的？

欧派能实现“大规模个性化生产”，得益于终端的“集成设计软件”和

以“人的活动”为中心的功能区分布

以主人特点、烹饪流程和物品使用频率三大原则，最优流程设计存储、洗涤、备餐、烹调四大功能区位。

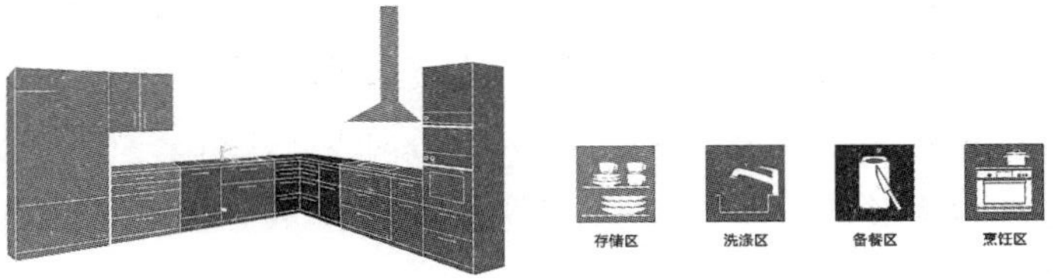

以“人”为本的人体工学设计

以人的操作方便性为设计原旨，从行走、储取、洗涤、烹调等活动及操作者的特点、习惯量身定制，比如合理的操作高度、电器的位置等。

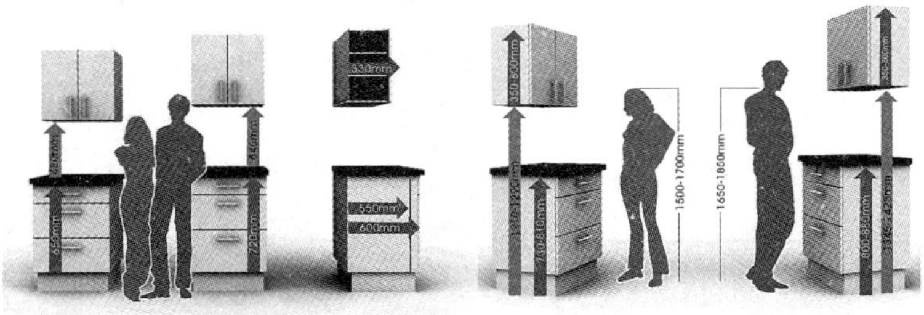

厨电一体化兼容设计

欧派厨房配套产品（电器、配件）完全遵照整体橱柜的结构和性能特点而设计，性能和风格与整体厨房更融洽。

欧派个性化定制模型

“订单系统”。通过这两个软件系统，将每家每户的个性化需求进行升级，汇总到总部，总部再把它们分开，合并同类项，然后标准化、规模化生产，再分开到家庭单元，最后发出去。这样就把个性化的需求、设计，标准化地生产出来，用批量生产的方式做出个性化的产品。

说得简单一点，就是欧派采用“模组化生产方式”，通过几百个产品模块，组合出成千上万种柜子。模块化适合规模化生产，而不同组合则满足了个性化需求。由于实现了模块化，零件就可以根据其在订单中出现的频次组织生产。频次高的，就进行标准化生产，通过流水线预先批量生产出来；而对于频次低的非标准零件，就采用个性化方式，及时生产。对于那些复杂的非标产品，欧派创造性地实行96道以上的精细分工，每一道工序，执行统一的生产和质控标准。“定制化”让欧派可以按照订单生产，不用承担库存的压力。

介绍到这里，估计各位读者都基本了解欧派的“规模化个性定制”商业模式了，其实就是欧派通过“长尾理论”将分散的个性化需求聚集成标准化生产，从而解决了规模化与个性定制的矛盾。

这里提到了“长尾理论”，可能有些朋友不太了解，下面举例简单介绍一下吧。

长尾理论（The Long Tail）是网络时代兴起的一种新理论，由美国人克里斯•安德森提出。长尾理论认为，由于成本和效率的因素，当商品储存、流通、展示的场地和渠道足够宽广，商品生产成本急剧下降以至于个人都可以进行生产，并且商品的销售成本急剧降低时，几乎任何以前看似需求极低的产品，只要有卖，就会有人买。这些需求和销量不高的产品所占据的共同市场份额，可以和主流产品的市场份额相比，甚至更大。

简单地说，所谓长尾理论是指，只要产品的存储和流通的渠道足够大，需求不旺或销量不佳的产品所共同占据的市场份额可以和那些少数热销产品所占据的市场份额相匹敌甚至更大，即众多小市场汇集成可产生与主流相匹敌的市场能量。

例如：图书出版业是“小众产品”行业，市场上流通的图书达300万种。大多数图书很难找到自己的目标读者，只有极少数的图书最终成为畅销书。由于长尾书的印数及销量少，而出版、印刷、销售及库存成本又较高，因此，长期以来出版商和书店的经营模式多以畅销书为中心。网络书店和数字出版社的发展为长尾书销售提供了无限的空间市场。在这个市场里，长尾书的库存和销售成本几乎为零，于是，长尾图书开始有价值了。销售成千上万的小众图书，哪怕一次仅卖一两本，其利润累计起来可以相当甚至超过那些动辄销售几百万册的畅销书。如亚马逊副经理史蒂夫•凯塞尔所说：“如果我有10万种书，哪怕一次仅卖掉一本，10年后加起来它们的销售就会超过最新出版的《哈利•波特》。”

既然谈及“长尾理论”，那就不得不说说二八定律。二八定律与长尾理论有很多相通之处，但实质上又被人们认为是彻底叛逆。

二八定律也叫巴莱多定律，是19世纪末20世纪初意大利经济学家巴莱多发现的。他认为，在任何一组东西中，最重要的只占其中一小部分，约20%，其余80%的尽管是多数，却是次要的，因此又称二八法则。

通过定义，我们可以用这样的例子去理解二八法则：20%的强势品牌，占有80%的市场份额；一个企业80%的利润来自它20%的项目；20%的人手里掌握着80%的财富，即有这样两种人，第一种占了80%，拥有20%的财富，第二种只占20%，却掌握80%的财富。

由于这两个理论不是本章的重点，所以就简单介绍一下，如果读者朋友们有兴趣，可以再去查找这方面的资料了解。

回到本节的欧派“规模化个性定制”商业模式。所谓个性化，其实也就是欧派把握了“长尾理论”与“二八法则”的共性。把企业的市场定在了那看似不怎么样的“长长的尾巴”上，看淡那20%的消费者，而把精力集中在那80%的个性定制市场。

简单地说，欧派的个性化定制商业模式，决胜于“个性”与“规模”。只要找到化解这两者之间的矛盾的方法，任何一企业都能对这种商业模式运用自如，当然前提是企业适合用这一模式。

2．通过“10+1”实现规模化个性定制

越难得到的东西就越珍贵，这句话放在欧派身上同样成立，一直以来，个性化定制是消费者所追求的，但迫于规模化生产的压力，众多企业只能“忍痛割爱”，选择标准化规模生产的模式，而欧派却迎难而上，找到了“规模化个性定制”的平衡点，成为欧派制胜的法宝。

欧派“规模化个性定制”商业模式的成功实践同样也有两个方面，第一个是高品质的产品，如果说成功的商业模式是一把机关枪，那么高品质的产品就是它的子弹，子弹不过关，再好的枪也发挥不了最大威力。第二个是经过欧派姚董改进完善的“10+1”终端体系建设策略，这套“10+1”策略从终端布局、展示、广告和店面管理，再到安装服务、工程、电器、主动营销和团队建设等，全面为欧派的“规模化个性定制”商业模式顺利运营保驾护航。

欧派“10+1”理论中的“10”指的是布局、展示、广告、店面管理、安装服务、工程、电器、主动营销、机制和团队，“1”是指经营者。“10+1”是商场或者终端店面的经营体系，是完整的指导理念。

其实，“10+1”理论是由欧派姚良松董事长早期的“欧派橱柜市场经

营管理六大主题——布局、展示、团队建设、日常管理、广告宣传、主动营销”发展而来。首先升级为“861”工程，即八大体系，六大样板，一大千分考核系统。经过四年的时间完善成为一个以“经营者”为核心的完整经营理论体系。

经营者	是10+1理论首要关键，对理论要有充分的认识，是经营者具备的基本素质
团队、机制	是经营管理的核心
布局、展示、广告	是首要体现，重要的硬性体现
基础管理、安装服务	是商场日常操作的两个方面
电器、主动营销、工程	是扩大销量的三种手段
每个部分都有丰富的内容，是指导商场经营的宝典	

欧派“10+1”终端体系建设的完整理论

为了让读者更清楚地了解欧派“10+1”终端体系建设理念是怎样实施的，下面我将详细地阐述，力求讲清楚，看明白，最终活学活用。

经营者是“10+1”理论首要关键，对理论要有充分的认识。这很容易理解，万事人为先，所有终端建设都是由经营者去指导，去执行。如果经营者都不理解这一理论，一切都免谈，这也是为什么欧派每年都会举行大规模的经销商、导购员培训。经营者、导购员是“10+1”理论的首要关键，也是这理论的基础前提。

团队与机制，可以合并称为团队建设，是经营管理的核心。团队建设的好坏，象征着一个企业后继发展是否有实力，也是这个企业凝聚力和战斗力的充分体现。团队建设从班子做起，欧派就是一棵大树，大家就是树叶与树根，相互关心、支持，用行动和真情去感染身边的每个团队成员。欧派每逢节假日会给每个欧派人派发一定的福利，以及在员工生日的时候送上蛋糕或者小礼物。在团队成员遇到困难的时候，大家更是踊跃献出自己的爱心。欧派就是要让员工感到家庭的温暖，在这个家庭里面分工不分家，有福同享，有苦同担，个人的事就是团队的事，团队的事就是大家的事。对待每个人、每件事欧派都会认真负责。这就是欧派终端团队的建设。

此外为了不断提高员工的业务能力和综合水平，增强企业的凝聚力和战斗力，公司实行了“人人参与培训”的文化体系制度，对公司的企业文化、企业制度、职业心态等进行全方面的灌输，给员工提供一个广阔的平台，让员工以积极的姿态、饱满的热情投入促进企业发展的行动中。不仅如此，公司还要求各中心各部门开展自主学习，交流工作心得、提高专业技能，全力营造一个轻松、和谐、融洽的办公环境。培训内容丰富多彩、形式多样，让员工在工作之余学习了知识，获得了成长。

布局、展示和广告，又可以称为终端店面的宣传，是“10+1”策略的首要体现，也是重要的硬性体现。我认为这一点也很容易理解，在当今的市场竞争中，不再是“酒香不怕巷子深”了，好酒也会被湮没，不是酒不好了，是酒太多了，在这么杂乱喧闹的市场中，不表现，不宣传，已经很难得到消费者的关注。欧派的终端店面从来都是布局最好的，展示做得最到位的，广告做得最多的。记得有位友人这么说过，在新疆乌鲁木齐的某个小县城里，一条小街道上，就开了两家欧派门店，店内展示和店外广告做得非常强势，其他品牌想动也动不了，活活地被逼着关门了，这就说明“布局、展示和广告”在终端建设中的重要性。因为在信息繁多的市场中，消费者只认可“广告多的，店多的，店内展示漂亮的”。

基础管理和安装服务，其实可以说是终端的日常管理。终端管理分为店面的日常基础管理和产品售后的安装服务。橱柜不是快消品，卖出去就完事了，橱柜或者家居类产品是半成品，它要安装完成后，才能算是成品。因此基础管理和安装服务都是终端店面日常操作的两个方面，只有将这终端日常操作的事宜做好，终端才能正常运作。

电器、主动营销和工程，看起来这三者没什么关联，但实际上这三种是终端店面扩大销量的重要手段。主动营销就不多说了，像促销活动、开业活动、优惠活动等等都可以作为是终端主动营销，这很重要，也是终端与竞争对手正面的较量。电器也是扩大橱柜产品销量的一种有力手段，因为橱柜与电器都是厨房的必需品，而橱柜与各种厨房电器的搭配，会组合成更多个性化的产品，更美丽，更容易俘获消费者的心，因此电器也成为扩大销量的手段。至于工程，那更不用说了，工程接单，能够快速提高终端和销售量。

以上就是欧派“10+1”终端体系建设策略，欧派的“规模化个性定制”商业模式的成功运作也是得益于这“10+1”策略的实施。因为没有这“10+1”的终端体系建设，就没有个性化定制数据的收集，也就没有规模化的“模块组合生产”。

这就是欧派“规模化个性定制”商业模式的详细情况，以及保障这一商业模式顺利运转的“10+1”策略，相信读者看完后都有一定的收获，在这也告诉各位读者关于这一商业的运用原则：不照搬，适用为上；多创新，方能制胜。

第三节　本章方法论

商业模式是一个企业能够持续成功的关键，同时也是能够建立竞争壁垒的一个重要条件。本书所谈到的欧派的个性化定制以及慕思的私人定制模式等，这类商业模式实际上都建立了强大的壁垒，因为量身定制是一个技术含量非常高的模式：不仅是产品设计的高技术含量，更重要的是管理和生产技术的集成。由于这种独特的商业模式，很多强大的资本或者实力雄厚的企业在进入市场的过程中就被拒之门外，也就是形成了独有的商业壁垒。所以好的商业模式是一个企业成功的保证，也是形成竞争壁垒的一个重要方式。

本章正是通过对冠军联盟、欧派、慕思几个企业成功商业模式的探讨和解析，知道了这些成功的商业模式是怎么样地运作，它具体又是怎样去实现的。商业模式就是企业经营的思路和方法，是可以成功复制的基因。

商业模式能够成功并持续发展，应该具备以下几个要素：

首先，现代的商业模式必须跟现代信息化技术结合，所有的商业模式，尤其是实业的商业模式，从设计到研发再到整个的营销体系的管理，特别是个性化定制的商业模式，一定追求并全面信息化，这样才能做大规模并持续发展。

其次，商业模式需要在实践中执行到位，并能够复制。复制商业模式的关键是要建立一整套系统，能够使商业模式放大和迅速复制的体系，复制方法本身也是商业模式重要的组成部分。比如说欧派的个性化定制＋规模化生产的商业模式，实际上背后支撑它的是多年建立起来的“10+1”的连锁模式，而“10+1”的连锁模式正是非常系统的、容易复制的商业模式，所以欧派的店面从当初的几百家店发展到过千家店，以至现在的3000家店，就是快速复制商业模式的效果。慕思也不例外，慕思之所以能够大规模发展，特别是近几年从几百家店面，到今天的1600家专卖店，近期目标将发展到2000家以上的专卖店，后面支撑商业模式复制发展的必须是一套非常系统完整的“七星剑法”，从主动营销、团队建设、激励机制，到店面管理等，有了一整套的营销的方法和技术，使得慕思的连锁商业模式变得可执行、可复制，直接造就了慕思的快速发展。

再次，商业模式中最重要的、保证企业持续发展的还是产品优势和品牌优势，品牌优势能让商业模式得到一种放大和提升，例如冠军联盟，实际上是多家各行业的顶尖品牌组成的跨界、跨行业合作的商业模式。跨界联盟一个非常好的商业模式，它如果能够持续的成功，就能够引起整个市场的连锁反应，从而对市场有主导权。从五年前开始运营冠军联盟到今天，几乎家居建材行业无联盟不营销，除冠军联盟之外，钻石联盟、领袖联盟等等纷纷出现，充分说明整个行业已经认识到联盟是一个主流商业模式，其中做得最成功的还是冠军联盟，因为冠军联盟有一整套系统的方法论，包括组织体系、管理体系和考核体系。

最后，商业模式要不断进行创新，任何一个商业模式，在企业刚创业的时候都处于一个朦胧状态、粗放状态，然而随着市场的变化、环境的变化以及竞争对手的变化，都需要随着时间的推移进行提炼升华、不断创新、优化，才能适应新的市场环境。所以，所有的商业模式都是一个从实践到理论，又从理论回到实践，不断总结升华的过程。

此外，强大的商业模式同时需要一个强大的团队的支撑，对团队的系统培训和打造，是释放商业模式最大战斗力的人力保证。

第二章

差异化定位篇

第一节　精准定位，抢占消费者心智中的第一位置

现在，“定位”这个词很流行，各行各业都讲定位，但对于企业运作而言，定位却是门大学问，理论深奥，实践更难。

1. 定位的定义

或许“品牌定位”这个名词带有浓重的书面化色彩，让人觉得深奥；也许一些企业很少关注，但其实在潜移默化中，某些企业已进行了初步的品牌定位，并因此而发挥了重要作用。品牌定位，就是指企业的产品及其品牌，基于顾客的生理和心理需求，寻找其独特的个性和良好的形象，从而凝固于消费者心目中并占据一个有价值的位置。

在我十几年的营销生涯中，特劳特的定位理论对我的影响最为深刻，且最具有实战应用价值。“定位”概念，最早于1969年由杰克•特劳特首次提出，指企业必须在外部市场竞争中界定能被顾客心智接受的定位，回过头来引领内部运营，才能使企业产生的成果（产品和服务）被顾客接受而转化为业绩。随着商业竞争日益兴起，先在外部竞争中确立价值独特的定位，再引入企业内部作为战略核心，形成独特的运营活动系统，成为企业经营成功的关键。品牌定位是针对产品品牌的，其核心是要打造品牌价值。品牌定位的载体是产品，其承诺最终通过产品兑现，因此必然已经包含产品定位于其中。

品牌定位是经常向消费者宣传的那部分品牌识别，目的是有效地建立品牌与竞争者的差异性，在消费者心智中占据一个与众不同的位置。在产品越来越同质化的今天，要成功打造一个品牌，品牌定位已是举足轻重。品牌定位是技术性较强的策略，离不开科学严密的思维，必须讲究策略和方法。

2. 成功源于定位

众所周知，在这个被誉为营销3.0的时代，“品牌”是耕耘市场的利剑，充斥着巨大的力量。可乐中的可口可乐、百事可乐；凉茶中的王老吉、加多宝；空调中的格力；电脑中的联想；高档轿车中的宝马、奔驰，我们都能脱口而出，是因为他们都通过各自精准的定位抢占了消费者心智资源，成

为各自行业的领导者。

正如杰克•特劳特说，任何一个品牌的成功，首先都是定位的成功，要想让品牌成为消费者的首选，就必须要有自己的内涵、特色、个性和与众不同的定位。

3. 成功定位的前提——消费者分析

当今的顾客在进行消费选择时，注重的是那些能满足其创意性、群体性和理想性的产品和企业。企业意识到它们必须面对自觉意识日益增强和善于利用高科技的消费者，在这种情况下，传统的营销法则已经彻底失去了作用。正确的做法是，企业必须开发出能够激发和反映消费者价值观的产品、服务和企业文化。

有鉴于此，世界营销大师菲利普•科特勒及其同事在此前提出的概念基础上对营销3.0时代进行了权威解读。营销3.0时代超越了以产品为基础的营销1.0时代和以消费者为基础的营销2.0时代，它用一种更全面的眼光看待顾客，把他们视为具有多维性、受价值驱动的人群，甚至是企业潜在的合作者。

现代营销理论发现，在顾客心目中永远有一个心智阶梯，这个心智阶梯就是人体潜意识的一种购物单。在顾客购买商品的时候，会按照头脑中的排序进行选择，能够进入这个阶梯的选择不会超过7个。

消费者心智资源包括消费者的消费经验，消费者期望，消费者潜意识和消费者基因遗传等等。消费者心智是无形资源、有限资源，可以转化为有形资产。在“心时代”阶段，品牌是一个以消费者为中心的概念，其本质是企业与消费者之间无形的心理契约，该契约的标的是消费者心智资源，它是一种具有价值性和稀缺性的认知性资源。

要抓住消费者的心，必须了解他们的思考模式，这是进行定位的前提。而消费者的五大思考模式包括：

模式一：消费者只能接收有限的信息。在超载的信息中，消费者会按照个人的经验、喜好、兴趣甚至情绪，选择接受哪些信息，记忆哪些信息。因此，较能引起兴趣的产品种类和品牌，就拥有打入消费者记忆的先天优势。例如，杭州娃哈哈集团，最初是以生产“娃哈哈”儿童营养液而一举成名。它的成功就是由于：产品定位准确，而广告定位更是让人过目不忘，因为它源于一首人人熟知的儿歌，很容易引起儿童与家长的共鸣。

模式二：消费者喜欢简单，讨厌复杂。在各种媒体广告的狂轰滥炸下，消费者最需要简单明了的信息。广告传播信息简化的诀窍，就是不要长篇大论，而是集中力量将一个重点清楚地打入消费者心中，突破人们痛恨复杂的心理屏障。在我运作华帝时期，“华帝燃具，3万6千次精准点火”的5秒钟广告，就是一个绝好的例子。通过一个简单的数据，让消费者对华帝燃具的性能品质有了一个直觉的认知，效果奇佳。

模式三：消费者缺乏安全感。由于缺乏安全感，消费者会买跟别人一样的东西，免除花冤枉钱或被朋友批评的危险。所以，人们在购买商品前（尤其是耐用消费品），都要经过缜密的商品调查。而广告定位传达给消费者简单而又易引起兴趣的信息，正好使自己的品牌易于在消费者中传播。

模式四：消费者对品牌的印象不会轻易改变。虽然一般认为新品牌有新鲜感，较能引人注目，但是消费者真能记到脑子里的信息，还是耳熟能详的东西。比如，对可口可乐公司的员工而言，它是总部设在亚特兰大市的一个公司，一个机构，而在一般消费者心目中，可口可乐是一种甜美的、深色的、加了碳酸气的饮料，可口可乐是一个著名饮料品牌。如果，可口可乐公司哪天心血来潮，去生产热门的香烟或者是啤酒，也许正是可口可乐的可叹可悲之时。

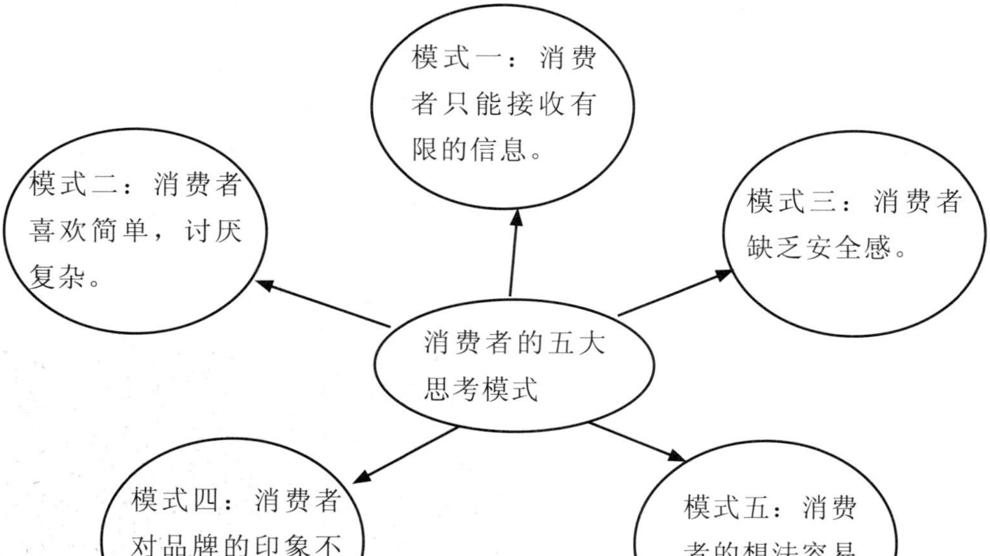

模式五：消费者的想法容易失去焦点。虽然盛行一时的多元化、扩张生产线增加了品牌多元性，但是却使消费者模糊了原有的品牌印象。美国舒洁公司在纸业的定位就是一例。舒洁原本是以生产舒洁卫生纸起家的，后来，它把自己的品牌拓展到舒洁纸面巾、舒洁纸餐巾以及其他纸产品，以至于在数十亿美元的市场中，拥有了最大的市场占有率。然而，正是这些盲目延伸的品牌，使消费者失去了对其注意的焦点，最终让宝洁公司乘虚而入。难怪一位营销专家以美国人的幽默方式发问：舒洁餐巾纸，舒洁卫生纸，到底哪个牌子是为鼻子而设计的呢？

所以，企业在定位中一定要掌握好这些原则：消费者接受信息的容量是有限的，广告宣传“简单”就是美，一旦形成定位很难在短时间内消除，盲目的品牌延伸会摧毁自己在消费者心目中的既有定位。所以，无论是产品定位，还是广告定位一定要慎之又慎。

4. 差异化定位的战略与战术

我认为，品牌差异化定位是指企业对自身产品在特殊功能、文化取向及个性差异上的商业性决策，它是建立一个与众不同的品牌形象的过程和结果。换言之，即指为某个特定品牌确定一个区别于竞争品牌的卖点和市场位置，使商品在消费者的心中占领一个特殊的位置。

品牌差异化定位的目的就是将产品的核心优势或个性差异转化为品牌，以满足目标消费者的个性需求。成功的品牌都有一个差异化特征，有别于竞争对手的、符合消费者需要的形象，然后以一种始终如一的形式，将品牌的差异与消费者的心理需要连接起来，通过这种方式，将品牌定位信息准确传达给消费者，在潜在消费者心中占领一个有利的位置。

定位学之父杰克·特劳特认为心智支配情感，正是由于心智所具有的心理指向、心理聚焦对人的情感具有的支配作用，因此决定了人的注意、理解和接触等心理模式和行为模式。亦如奔驰显示“声望”，宝马适合“驾驶”，沃尔沃是“安全”的汽车，法拉利代表“速度”。

那么，企业要如何确定自己该走哪个方向，采取何种定位，才能顺利进入消费者的大脑中去呢？

根据我的实践，从战略层面看，有三种途径可以有效解决品牌差异化的定位，即霸位——抢占市场，成为行业老大；靠位（跟随）——甘当老二，共同分享市场；抢位——另辟蹊径，细分市场。

在战术层面，则有情感定位、价值定位、功能定位几种不同的品牌差异化定位方法。

接下来，我将结合联想、美的、加多宝、欧派、华帝以及慕思的案例，对品牌战略战术层面的定位方法进行探讨。

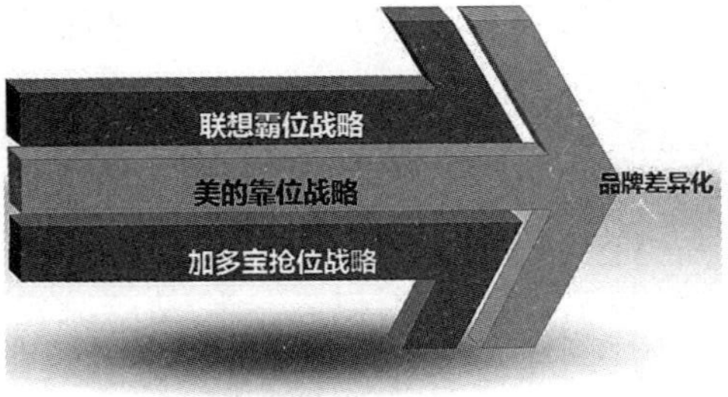

品牌差异化定位的战略

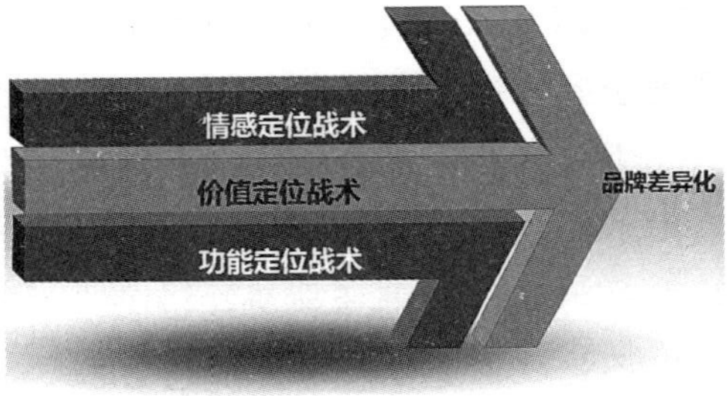

品牌差异化定位的战术

第二节　企业差异化定位之战略定位案例解析

案例一　联想霸位：抢占市场，成为世界PC行业老大

lenovo联想

如果企业本身具备强大实力，生产规模、产品质量，市场销量，在消费者中的品牌影响力都在行业里面名列前茅，而行业里面又还没有其他特别强势的品牌出现，那么将自己定位成行业领导者，占据行业第一的位置，成为消费者的首选品牌，自然是企业的最佳定位策略。这种定位策略就是霸位。

将品牌定位为领导者，可以激起整个价值链的热情，加强供应商、经销商与消费者对企业的信任感，“领导者”所暗示的可靠质量和创新精神将转化为稳固的功能性利益，而领导品牌的地位象征，也可满足消费者对自身价值的认同。此外，领导品牌在某种程度上可以制订行业标准，设置行业进入壁垒，获得绝对优势的竞争地位。

实行霸位策略，企业需要挖掘出尽可能多的第一因素，如销量最大、品质最好、技术最新等等，作为定位支撑。然后需要将消费者的内心需求与企业的品牌优势相结合，转化为品牌诉求。并通过整合传播将这个诉求及品牌定位信息传达给消费者，在他们的心智空间占领最佳地位。

以联想为例，在动荡的PC世界里，唯一的不变就是变化，众所周知，随着智能手机、平板电脑的风靡，业界响起了PC是夕阳产业的不和谐论调。欧美PC巨头受困于PC行业下滑，惠普裁员及高层离职，且转型不力；而戴尔忙于调整业务布局，两巨头PC业务均遭受沉重打击。一向凭借出色工业设计的日韩系，其产品性价比依然不高，加上超极本等几个全新产品并未发出过多声音，PC整体市占率低迷。

相反，联想主导国内、国际PC市场，特别是一体机和超极本的表现强势。台湾的宏碁、华硕胜在一个“快”字，超极本、暑促、伦敦奥运会等快速响应，市场地位已隐隐超过惠普、戴尔。

PC格局扑朔迷离，国际著名市场研究机构Gartner发布的2012年第三季度全球PC行业报告显示，中国联想的全球市场份额再创新高，达15.7%，超出惠普0.2个百分点，成为全球行业第一，中国品牌的逆势崛起，令世界瞩目。

IDC《全球PC市场季度跟踪报告》显示，2012年第三季度全球PC市场急剧萎缩，出货量达8779.5万，同比下滑8.6%。在全球PC出货量迎来首次下滑的背景下，PC业应该怎么办？中国品牌，尤其是联想业务却一路飘红，有力辩驳了PC成夕阳产业、PC已死的说法。

联想欧洲、中东及非洲(EMEA)地区总裁兰奇（Gianfranco Lanci）指出：PC is Changing，Not Dying(PC不死，PC在变)。未来将是“PC Plus”的世界，产品外形、尺寸更加丰富。

在智能手机、平板电脑普及速度加快的今天，不可否认PC的重要性已有所下降，昔日惠普、戴尔等老大们预感PC增长无望，发展瓶颈日益显现，而做出转型改变，似乎进一步加剧PC业的没落，但联想的逆势增长表明，中国品牌的影响力在日益提升，成功逆袭。

案例二　美的靠位：甘当老二，共同分享家电市场

如果企业虽已具备很好的实力，但是所在的行业中已有一个非常强势的竞争品牌，是公认的老大，拥有无可撼动的优势。那么，确立行业第二的位置，使消费者在首选第一品牌的同时，紧接着联想到自己，作为补充选择，并努力扮演好第二名的角色，制造一种双雄争霸的局面，和老大一起统领市场，这就是靠位。

作为靠位者，最好不要和老大正面交锋，要换一个角度，由侧面进攻，争取从某些细节上一点一点超越老大。比如对老大的产品进行模仿创新，然后在价格上比他低，用价格获取竞争力；或者对老大的产品进行改造提升，形成新产品类别，进行市场区隔。

此外，要告诉消费者，虽然你的名气没有老大那么响亮，但是你一直在努力做得更好，你提供的产品和服务比对方更具优势，也更为消费者着想。

以格力、美的空调为例，从20世纪90年代后期开始，格力电器开始成为空调业的老大。到2005年，格力在国内的市场占有率超过25%，全球市场占有率为8%。董明珠宣称："格力电器要打造在全球叫得响亮的中国品牌，现在差的只是时间而已。"

1997年美的空调掀起了价格大战，此役之后，美的空调每年都以20%左右的幅度实现销量爆发增长，并与格力一起形成了激烈竞争格局。格力和美的两个白电巨头基本包揽了国内空调市场70%的市场份额，双方竞争也异常激烈，格力始终占据空调行业龙头老大的地位。但是，此后美的空调在市场地位上再无突破，无论怎样增长，仍落后于更加快速增长的格力。

1999年之前，格兰仕在微波炉领域的竞争对手一直都是LG，但是LG终究没能撼动格兰仕的霸主地位。在1999年9月，凭借在空调和小家电领域的资金、渠道、研发等优势，美的通过与日本东芝合作的方式，以OEM的形式高调介入微波炉领域，正式拉开了美的、格兰仕大战的序幕。仅一年时间，美的硬是活生生地抢下了微波炉市场9.54%的份额，共销售198万台，实现销售收入11.2亿元。到2001年第一季度时，美的的市场份额更是攀升至15.15%，紧随格兰仕之后坐拥行业老二的地位。

在冰箱和洗衣机领域，美的和海尔也上演着同样的"老一""老二"

故事，美的现在仍然暂处“中国家电老二”位置，被业界戏称为“千年老二”。

案例三　加多宝抢位：独辟蹊径，成就凉茶第一品牌

如果企业规模实力比较小，而所在的行业里面老大老二，甚至老三老四都有了，市场也被那些大企业、大品牌们瓜分得所剩无几。这时你最好就不要再挤进去和他们竞争了，一则很难从中得到什么收益，二则有很大的可能会变成市场大战的炮灰。

在这种情况下，企业可以采取抢位策略，通过发现市场缝隙，另辟蹊径，在原有的产品类别中细分出一个新型的类别市场，并使自己成为这个类别市场的老大，甚至是唯一的品牌。对于一个没能在其行业中处于领导地位的品牌来说，抢位策略无疑是一种可以从行业领导者的巨大阴影下冲杀出来的有效方法。

加多宝就是细分市场定位，“抢位”成功的典型代表。

1. 借“王老吉”品牌，抢占饮料市场

面对大众饮料市场，碳酸、水、茶、果汁四大主力饮料，都各自有其领军品牌，当年加多宝想以饮料突围，基本只能尾随，而在药饮市场上，黄振龙占据了半壁江山，所以，加多宝想要成为第一品牌，必须要另辟蹊径，寻找新的细分市场，在饮料市场和药饮市场之间找到一个最好的切入点，抢位入市。

2002年以前，从表面看，红色罐装王老吉（以下简称红罐王老吉）是一个活得很不错的品牌，在广东、浙南地区销量稳定，盈利状况良好，有比较固定的消费群，红罐王老吉饮料的销售业绩连续几年维持在1亿多元。发展到这个规模后，加多宝的管理层发现，要把企业做大，要走向全国，就必须克服一连串的问题，而所有困扰中，最核心的问题是：是将红罐王老吉当“凉茶”卖，还是当“饮料”卖？

2002年年底，加多宝发现：红罐王老吉销售问题首要解决的是品牌定位。广告大师大卫·奥格威说得好：一个广告的效果更多的是取决于你产品的定位，而不是你怎样写广告（创意）。

加多宝认识到，红罐王老吉的品牌定位不能与广东、浙南消费者的现有认知发生冲突，才可能稳定现有销量，为企业创造生存以及扩张的机会。

通过对红罐王老吉的基本情况的了解后，加多宝形成了红罐王老吉定位的总体思路，加多宝为红罐王老吉确定了著名的推广主题：“怕上火，喝王老吉。”在传播上尽量凸显红罐王老吉作为饮料的性质。

定位问题解决后，接下来的重点就是传播。

红罐王老吉的电视媒体选择主要锁定覆盖全国的中央电视台，并结合原有销售区域（广东、浙南）的强势地方媒体，在2003年短短几个月，一举投入4000多万元广告费，销量立竿见影，得到迅速提升。同年11月，加多宝集团乘胜追击，再斥巨资购买了中央电视台2004年黄金广告时段。正是这种疾风暴雨式的投放方式保证了红罐王老吉在短期内迅速进入人们的头脑，给人们一个深刻的印象，并迅速红遍全国大江南北。

加多宝对于红罐王老吉成功的品牌定位和传播，给这个有百年历史的、带有浓厚岭南特色的产品带来了巨大的效益：2003年红罐王老吉的销售额比去年同期增长了近4倍，由2002年的1亿多元猛增至6亿元，并以迅雷不及掩耳之势冲出广东，2004年，尽管企业不断扩大产能，但仍供不应求，订单如雪片般纷至沓来，全年销量突破10亿元，以后几年持续高速增长，2010年销量突破180亿元大关。

2. 重塑品牌，去“王老吉”化，抢占凉茶市场

众所周知，价值1080亿元的“王老吉”商标合同争议案，随着北京市第一中级人民法院2012年7月13日终审判决书，驳回加多宝母公司鸿道集团关于撤销王老吉仲裁结果的申请。这意味着持续达445天的“王老吉”商标案件正式以广药集团的完胜大结局，广药集团收回鸿道(集团)有限公司的红色罐装及红色瓶装王老吉凉茶的生产经营权。“王老吉”商标租赁早已逾期，广药集团收回合法合理。广药与加多宝关于“王老吉”商标权的纠纷，最终以广药收回商标所有权落下帷幕。

而看似落败的加多宝集团，却正在酝酿着下一波“风暴”。

失去“王老吉”商标的加多宝，展开了重塑品牌的“抢位”战略：

（1）未雨绸缪，去“王老吉化”战略迈出品牌重塑第一步

为了使消费者能很自然地从王老吉过渡到加多宝，牢牢吸引住原有消费

群体，积极吸纳更广泛消费群体，加多宝同时早早对正宗凉茶的配方进行了改良与深加工，从本质上,实现去“王老吉化”。

（2）渠道掌控，全面发力抢占市场，尽显“王者”气势

渠道和品牌维系之争才是竞争的关键核心。加多宝一方面巩固其渠道系统，稳住现有渠道商，另一方面通过渠道商掌控终端，避免渠道商投向王老吉，同时积极开拓新的渠道商以填补失去的部分渠道商的市场空白。

（3）重拳出击品牌宣传，密集推广，发动全方位品牌传播攻势

加多宝集团在开展电视、地铁广告、发布会等传统营销传播方式外，也同时注重通过QQ、微博等社会化媒体获取消费者支持打造一个立体传播策略，无论是在地面还是空中，都展开了密集的攻势，投入巨资，全方位阻击王老吉的消费导向。

（4）加多宝的“草船借箭”

加多宝在即将和广药闹翻之时，利用红罐印有加多宝和王老吉，让市场知道加多宝和王老吉的关系。

王老吉和自己的官司利用媒体大力宣传自己的品牌。紧接着一连串的广告攻势，让自己的品牌得以在市场上站稳脚。这里表现出加多宝上层的胆识和在看到和广药闹翻前收回商标危险中的机遇。

3. 独家冠名《中国好声音》两季，成就加多宝凉茶领导地位

2012年7月13日，浙江卫视《中国好声音》首播，随即一夜走红。冠名赞助的加多宝掀起“红色旋风”。

《中国好声音》作为2012年最火爆的音乐真人秀，加多宝集团成为其特约赞助商，这是经典红罐凉茶更名为加多宝凉茶之后的首项重大举措。

随着《中国好声音》的持续爆红，作为独家冠名的加多宝集团成为了大赢家。同时伴随2012年广告投放、渠道、供应链等一系列的成功运作，加多宝作为“凉茶新秀”，不仅最大限度完成了由经典红罐凉茶到加多宝凉茶的品牌转换，也实实在在地完成了销量的提升，续写了凉茶营销经典。

2012年11月2日，在浙江卫视的广告招商会上，加多宝再次以2亿元的天价摘走了《中国好声音》第二季的独家冠名权，相比该节目第一季6000万元的独家冠名费，第二季的费用溢价高达233％以上，创下当时国内娱乐节目冠名价格纪录，加多宝的“正宗凉茶”身份随着“正宗好凉茶，正宗好声

音”广告语的流行而深入人心。

而更重要的是，借助这两次完美的娱乐营销，加多宝凉茶实现了品牌的完美转身，成功“去王老吉化”。凉茶市场的格局已初步奠定，加多宝凉茶继续领跑凉茶行业，成为无可争辩的凉茶领导者，也为将加多宝打造成“中国可口可乐”奠定了坚实的基础。

加多宝历经数月“品牌转换”，实现华丽转身，继续专注凉茶产业，推动凉茶文化发展，通过细分市场的“抢位”战略，将凉茶文化推广到全世界，以差异化的品牌诉求，成就了凉茶第一品牌。

第三节　企业差异化定位之战术定位案例解析

案例一　欧派：“有家有爱有欧派”，情感定位铸就整体厨房第一品牌

1. “有家有爱有欧派”

情感定位就是利用品牌带给消费者的情感体验而进行定位，是指品牌命名或品牌广告语所使用的词语的含义，带给品牌某种特定的情感，它是品牌核心价值的组成部分。情感能激起消费者的联想和共鸣，它是维系消费者对品牌忠诚度的纽带。

试图使用情感为品牌定位的企业，首先要充分了解目标顾客期望品牌传达什么价值观和情感。在提炼情感价值的时候不能闭门造车，可以通过组织深度访谈、座谈会等方式有效地了解目标消费者的信仰、价值观、对产品和品牌的看法、对竞争品牌的评价等。在分析归纳整理这些信息的基础上，洞察消费者的内心世界，了解他们的渴望、审美偏好、价值观和未被满足的需

求，提炼出品牌可能的情感取向。然后进行筛选，留下适合本企业产品传达的情感价值。

在我操作过的品牌中，欧派是情感定位取得成功的典范。

中国整体橱柜行业90%以上都是民营企业或中小型企业，缺乏经济实力和创新能力，技术、设备跟不上国外先进水平，设计人才亦非常紧缺。中国整体橱柜产品同质化，缺乏竞争力。同样，在品牌的定位上，也没有多大创新，它们大都从家居本身特点、家的感觉、人的品位等方面入手，以“时尚、环保、健康、舒适、温馨”等来进行定位，品牌优势不明显，差异化不突出。

而传统文化就是整体橱柜行业品牌差异化定位的突破口。在中国传统文化中，“家”文化十分丰富。儒家文化倡导“修身、齐家、治国、平天下”的伦理道德，影响深远。欧派的“有家有爱有欧派”的品牌情感定位，“有家有爱”很容易引起主流人群共鸣。不管你是已经成功，或是正在成功的路上，都希望有家有爱。甜蜜的爱、和睦的家，代表着人们对美好生活的无限向往，亦是人们不断奋斗进取的原动力。同时，对“家”和“爱”的理念宣导，塑造了欧派正能量的品牌形象。欧派一直在加强“家、爱”家园文化品牌塑造与传播，让每一个欧派用户都能品味到欧派产品和服务“以人（客户）为本”温馨之家的理念和使用体验，深刻把握家与爱的内涵，以每一个家庭为产品设计的核心，贯穿每一家庭生活点滴，融入每一个家庭的灵魂，便是欧派设计的最核心理念，因为欧派相信，爱的完美演绎，来自于家的完美契合。

欧派站在引领中国橱柜业不断突破超越的潮头，把握机遇，迎接挑战，提出的“家、爱”的品牌定位，体现了对企业、对社会、对消费者的高度责任感。欧派通过丰富的中华文化和自身的人文情感定位，引进西方现代企业经营管理制度，再加上现代科技的完美结合，真正打造出“东方魅力＋西方现代科技”的家居产品和精细管理的崭新企业形象，必将为欧派进一步快速发展，参与全球竞争赢得优势。

随着欧派橱柜的成功，欧派衣柜的“人生若是舞台，衣柜就是后台”这一句经典的情感诉求的广告语，相信对助力欧派衣柜的成功也会起到决定性的作用。

2. 情感定位之形象代言

每个企业都是一个具有独特魅力的公众形象，但因为这个形象对于多数人来说是虚幻的，所以才产生了企业或品牌代言人。所谓的代言人就是企业选择一个能代表自身的特点的人物形象，在公众面前将自己魅力良好展现的表达方式。企业是何种的形象，那她的代言人也必将完全吻合她的形象需求。

欧派橱柜邀请蒋雯丽作为形象代言人就是一个完美的实例。

蒋雯丽高贵典雅的形象、亲切温和的声音，结合欧派橱柜“有家有爱有欧派”的品牌理念，耳濡目染，已经为大家所熟知。诚如蒋雯丽健康、正面、亲和、高雅形象，有一个温馨幸福的家庭，一段诚挚甜美的爱情一样，欧派橱柜是一个健康高雅且温柔体贴的知性女人的形象，欧派橱柜潜心为消费者打造的是家庭的温馨幸福感，努力让所有接触欧派的人感受到欧派是自己亲和的家人、充满爱心的朋友，又或者是体贴入微的知己。

与其他明星不同，很多人都喜欢蒋雯丽的知性温和，她被各个年龄层的人所接受认同，其影响面非常之广。蒋雯丽形象健康正面，她性格稳重、内敛，做事不高调，从未有过绯闻，从未闹过不良事件，没有耍大牌的负面。同时蒋雯丽的温柔，大大的眼睛清澈明亮，笑容暖暖的让人联想到邻家姐姐，容易让人产生亲切感。

除了这些外在条件符合欧派的形象标准外，更重要的还有蒋雯丽的爱情和婚姻。蒋雯丽的爱情和婚姻朴实无华、单纯自然、贴近生活，截然不同于其他明星或让人唏嘘或令人嗤之以鼻的混乱——这在很大程度上符合了大众心中完美偶像的标准：亲切，温柔，魅力，高雅，专一。而欧派橱柜正是这样的一个企业：欧派橱柜一直专注爱和家庭的感觉，欧派的企业理念正直、健康；欧派的服务以亲切温和为要求；欧派的产品以高雅和完美为基准。

也正是因为欧派橱柜企业性格和蒋雯丽形象如此之契合，所以欧派橱柜才和蒋雯丽一起走进了千家万户，走进了无数消费者的生活、内心感情之中。

综上所述，一个有效的品牌建设需要与根深蒂固的人类情感建立恰当而稳固的联系。第一品牌都知道必须尊重顾客的物质与情感需求，因此，欧派从整体橱柜到整体厨房，再到整体衣柜、卫浴等，都给消费者传达有关“家”和“爱”的理念，让消费者想到欧派就想到“有家有爱”，同时买橱柜就要选欧派这样一个理念。这也在成就了欧派整体橱柜第一品牌的同时，确保其整体厨房领导者的地位。

案例二　华帝："幸福生活原来是真!"，价值定位成就厨卫霸主地位

幸福生活原来是真

1. 从"好火好生活"到"幸福生活原来是真"

根据大量的品牌建设案例的研究，我提出了"品牌建设三阶段"理论。我认为，品牌建设一般会经历三个大的阶段：

第一阶段，品牌创立初期，以提高品牌知名度为主要任务，告诉受众"品牌是谁？品牌的产品优势是什么？"这一阶段，品牌以功能性诉求建立区隔，如，乐百氏纯净水"27层净化"，以诉求产品本身的纯净，确立行业标准，极大推动了产品销售，也提升了品牌知名度。

第二阶段，品牌成长期，以提高品牌影响力，尤其是美誉度为主要任务，告诉受众"品牌推崇什么？"这一阶段，品牌以感性诉求赢得受众感情上的认可与偏爱。如，美的"原来生活可以美的"，以诉求品牌的价值主张，为消费者创造更美好的生活环境引发消费者的共鸣，美的品牌的影响力及其行业地位由此而奠定基础。

第三阶段，品牌成熟期，以巩固品牌的影响力，成为区域价值或国家价值的代表为主要任务，告诉受众"品牌代表什么价值观念，代表什么样的民族性，代表什么样的国家精神"。如可口可乐，已经成为美国价值的代表符号，被视为"崇尚个人感受"的美国文化的代表，其品牌口号也演变为"要爽由自己""抓住这感觉"。

华帝的品牌建设就经历了这三个阶段，在华帝期间，我亲自主持了华帝品牌的提升，在初期阶段，华帝聚焦战略，专注燃具，当华帝成为全国销量第一的时候，迅速在CCTV-1推出"华帝燃具，中国销量第一"的广告，推出第一的定位。通过调查研究发现消费者最关注的是质量可靠和安全，随后广告语改变为"华帝燃具3万6千次精确点火"，随后推出"好火，好生活"的品牌口号，树立华帝燃具专家的形象，赢得了消费者的认可。这样，华帝灶具连续11年成为市场销售冠军。

随着华帝品牌延伸至抽油烟机、消毒柜及更多的小家电产品领域，电气化生活是华帝品牌所倡导的生活方式，因此，华帝品牌口号相应地调整为

“感受创意生活”，以感性诉求打动消费者，也支持到华帝品牌的多产品领域延伸。“感受创意生活”是华帝基于行业的共性及其带给消费者的感性利益——“创意生活”而设定的品牌诉求。这一诉求也使华帝的品牌核心转向“创意”，使华帝实现在行业中的区隔。

现阶段，华帝品牌已经进入到品牌成熟期，成功地从燃气具发展到华帝厨卫。从“产品功能诉求”——“好火好生活”，“品牌感性诉求”——“感受创意生活”过渡到“品牌价值诉求”——“幸福生活原来是真”。

2. 华帝新标志解读

华帝公司现在的标识为VATTI。“v”即Vision（远景）、Vantage（优势），是对企业理念的承前启后；“a”即Acknowledgement（感谢、真挚），意味着华帝与消费者之间的沟通；前一个“t”是Technology（科学、技术），代表着华帝强大的产品开发能力；后一个“t”是Trend（时尚、潮流），代表着与国际同步的工业设计；最后的“i”则指Innovation（创新、变革），寓意有创意的产品为消费者带来全新的生活境界。这一新标志与华帝“幸福生活原来是真的”的口号十分契合。

3. “幸福生活原来是真”解读华帝品牌价值诉求

这两年，厨卫行业掀起“幸福”发展热潮，如何使消费者“幸福购买、幸福享用”是整个厨卫行业发展的趋势，也是难点。传统的服务战、价格战已难以应对消费者需求。作为国内厨卫领导品牌，华帝股份以“幸福生活原来是真”为品牌发展理念，华帝股份一直把“经营幸福”、为消费者打造幸福生活作为己任。

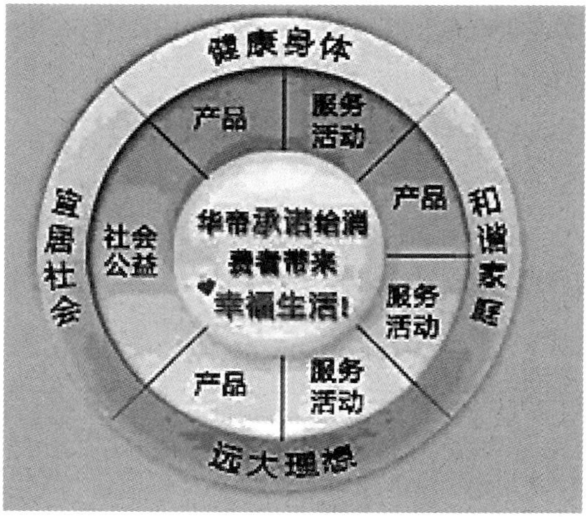

华帝品牌幸福承诺

华帝股份“新呼叫中心”的启动，以“速度服务，用心感动”的服务理念，为行业寻找一条“营销幸福”的捷径，实现消费者的“幸福购买、幸福享用”。升级的呼叫中心是服务升级的重要开端。利用统一的服务热线全面监管华帝全国范围内的150多家地区总经销商、3000多个经销点、上万家服务网点服务过程。对于服务速度、服务礼仪、上门规范、产品知识讲解、服务态度、师傅的专业程度，均通过呼叫中心的相关数据而得到一一反映，对于不达标的，总部利用呼叫中心平台给予全国通报，要求整改。对于整改还是未能符合要求的服务网点，都将被取消服务网点资格。

只有严格的管理制度，加上科学的管理手段，才能保证华帝总部标准的“速度服务”在全国不打折扣地坚决执行，才能确保全国范围内的华帝实体店都始终追求高水准的客服质量。

有业内专家表示，当业内还在推行“星级服务”“满意服务”“微笑服务”等时，华帝股份已在行业内刮起一股“速度服务”旋风。华帝股份重磅出击，打造的“新呼叫中心”，必将推动华帝品牌价值沿纵横产业链再升级，也必将加速行业服务模式全面升级。

案例三　慕思：“全球健康睡眠资源整合者”，功能定位造就高端寝具第一品牌

De RUCCI

HEALTHY SLEEPING SYSTEM

慕思

100多年前，席梦思发明了弹簧床垫，引发了软床行业的第一次革命；如今，慕思创造了健康睡眠系统，开创了一个新品类，引发了行业第二次革命，慕思不卖软床，慕思卖的是健康睡眠系统。

功能定位就是对自己产品的核心卖点进行提炼和包装，把核心卖点带给消费者的利益有效地传递给消费者。功能定位要求企业的产品必须具有差异化十足的卖点，并且这个卖点确实是消费者最关注的因素，否则就是自说自话。

消费者购买产品主要是为了获得产品的使用价值，希望产品具有所期望的功能、效果和效益，因而，以产品的功效为诉求是品牌定位的常见形式。很多产品具有多重功效，定位时向顾客传达单一的功效还是多重功效并没有

绝对的定论，但由于消费者能记住的信息是有限的，往往只对某一强烈诉求容易产生较深的印象，因此，向消费者承诺一个功效点的单一诉求更能突出品牌的个性，获得成功的定位。

慕思在定位“健康睡眠”之前，依靠“顾问式销售”推动终端，在广东地区取得了不错的成绩，然而当初慕思的品牌信仰“让一部分中国人先睡起来，将健康睡眠带入千家万户”的核心诉求点不强，导致消费者对慕思认知度低，无法弄清与其他品牌的差别，当时品牌力的缺失成为慕思向全国扩张的最大障碍。

与此同时，市场上众多床垫品牌诉求于“舒适”。而对消费者而言，“舒适”并不是他们关注的最主要目的，由于工作压力，帮助改善睡眠质量是大部分人的需求。

经过对消费者的洞察和品牌优势的剖析，2006年，慕思整合旗下一系列产品，在业内首创将“寝具”升级为“睡眠系统”，把慕思从扎堆的“舒适”里脱离出来，以“健康睡眠”的定位树立了“专家、顾问”的形象，成为全国性的高端寝具品牌。

在此基础上，慕思确立了“成为全球最受尊重的健康睡眠品牌引领者”的企业愿景，以“让人们睡得更好”为使命，引领国际舒适健康睡眠潮流，竭力为消费者创造完美的健康睡眠产品。如今慕思已成为消费者所熟知的健康睡眠理念的倡导者，打造了软床行业一系列优秀的国际化品牌，旗下现拥有“慕思·歌蒂娅、慕思·凯奇、慕思·0769、慕思·3D、慕思·V6、慕思·爱迪奇、慕思·苏菲娜”七大自有品牌，目前全球拥有超过1600家专卖店。2012年，慕思携手卫生部举行了“全球健康睡眠高峰论坛”并发布了第三代慕思健康睡眠系统，标志着慕思在健康睡眠研究领域进入了一个全新的时代。

第三代睡眠系统，是2012年3月20日（世界睡眠日前一天）慕思在钓鱼台国宾馆隆重推出的新一代健康睡眠系统。该系统更追求“量身定制”标准，不仅在科技含量上更进一步，而且真正做到了系统的概念。它包含全自动电动智能可调节排骨架、无极自动调节气压床垫、凝胶微环境调节、床品微环境调节四大系统；旗下囊括健康睡眠测试系统（T—5智能测试仪）、排骨架、床垫、凝胶枕、慕思OUTLAST床品分系统（可微调床品温度与湿度）五大产品。慕思新一代睡眠系统的发布在行业内外再次引起轰动效应，有专家评论，“该系统发布后，睡眠进入贴合人体结构的智能化调节时代”。

慕思在不断推出新产品的同时，举办了一系列以“健康睡眠”为核心的品牌活动，在消费者的心目中形成“慕思=健康睡眠”这品牌定位形象，成为全球健康睡眠专家，成为国内寝具业领军品牌。

第四节　本章方法论

定位是营销理论方面最实用、最有效的方法，不管是苹果、加多宝或是慕思的成功，本质上是一种定位的成功。定位是战略的核心，是品牌的本质，是占有消费者心智资源、企业成长的源泉。明确品牌定位，进而明白如何坚持定位，明确方向，进而找到方法，这就是定位的价值和意义。但凡成功的企业，或者成功的企业家，都不同程度地遵循并且坚持了品牌定位理论的精髓，并都视品牌为主要的竞争工具。成功企业都拥有深深占领了消费者心智资源的强势品牌，这样的企业，才能得到高利润的回报和长久的生存基础，从而拥有真正的竞争优势。

企业在进行战略定位及产品定位时，应遵循以下法则：

1. 第一定位法则，现在消费者选择产品是差异化选择，要成为消费者的第一选择就一定要有独特的定位。如果已经不是第一，就换个角度成为第一，第一的定位可以分很多层面：可以是进行品类的细分，也可以进行其他细分，如从功能上细分、从情感去细分。比如欧派的“有家有爱”完全从情感上细分，完全没有从高端产品的角度出发；又如方太定位就是“中国销售最好的高端厨电品牌”，它又是从产品层次的角度去细分；每种细分都从不同角度去切入。

2. 产品核心法则，定位一定要跟产品结合，有独特的产品支撑，只有定位没有产品就没法支撑企业定位。如苹果手机，它最核心的是用户的产品体验，过去很多人使用电脑的用途都已经转移到了手机上，在手机上玩游戏和互动都非常方便，良好的产品体验改变了人的生活方式，从而通过手机改变世界。所以精准的定位必须有良好的产品体验去支撑。

3. 定位修正法则，定位需要不断修正和调整。如苹果开始以电脑为核心，到现在以手机为核心，并随着用户需要的变化重新定义了手机；又如奔驰，定位也在不断进行变化，现在是汽车发明者再次发明汽车，根据市场的环境不断修正奔驰的用户定位和产品定位；再如宝马也不断在改变，过去强调的是驾驶操控性和动力、驾驶的乐趣，现在则强调“BMW之悦”，追求用户的情感体验；所以定位一定要随着时间，随着市场竞争，随着目标人群的改变而改变，在营销1.0和营销2.0时代用户看重的是产品功能，而在现在的营销3.0时代，用户的需求发生了很大的变化，所以企业和产品的定位也必须跟随变化。

4. 差异化法则，定位的关键首先是确立企业的竞争环境，认知自己的市场地位，认清楚自己的市场机会，这样确定后决定我们采用什么样的策略，这个策略包括获取什么样的心智资源，如何竞争取舍，运用什么样的品牌，在品牌不同的生命周期、不同的生命阶段时采用什么样的战术去攻防。

差异化定位成为第一品牌的方法，分为战略篇与战术篇。

（1）战略篇之霸位法则

霸位法则一：发掘第一

品牌定位的关键是要成为所在领域中的第一。若不能成为该领域的第一，就开创出一个新类别并成为其第一。

中国有句成语叫作“先入为主”。人们往往受“第一个”影响最大，也对“第一个”最为关注，对后面的就很难用心去对待。所以，要想在消费者心中占领一块相对稳定的领地，让他们尽快接受你，第一时间想起你，在激烈的市场竞争中获得强有力的品牌差异化地位，最好的方法就是努力争取当第一。

“第一法则”也是迄今为止最有效的提升知名度的方法。因为“第一”超越了其他所有的品牌，最容易被消费者记住，也会得到人们最多的关注和喜爱，而且更容易引起媒体的关注。

在市场占有率方面，第一品牌往往要比其他品牌多很多，经销商、零售商会首先选择第一品牌，消费者也会买他们最先认识的商品，并且下次继续购买同一品牌。

需要注意的是，挖掘出品牌的第一因素之后，须要将其符号化、视觉化，让消费者一目了然，第一眼就记住它的存在，以此区隔竞争对手。此外，还要将其提炼成品牌核心价值诉求，并在整合营销传播过程中不断进行强化，这样才能在消费者的心智空间中确立牢不可破的地位。

霸位法则二：差异化区隔

做品牌的关键不是试图在各方面超越对手，而是要区隔对手，和对手做得不一样，形成品牌差异。企业的产品不一定需要特殊功能，但是一定要显示出与同类品牌的不同之处。品牌的差异可以具体体现在产品、技术、质量或者服务上，但最终要定位于消费者的内心需求。通过差异化区隔，品牌可以避免很多竞争，在消费者心智空间获得独一无二的地位，从而在市场上轻松占得优势，使企业获得高于行业平均线的利润。

首先，品牌差异必须与竞争对手形成明显差别。企业在进行品牌定位时应充分考虑竞争者的品牌定位，力求在品牌个性和形象风格等方面有别于竞争者。

其次，品牌的差异应该是有价值的。有价值的差异必须符合以下标准：与众不同，不易被模仿，有利可图，能满足消费者的某种需求，带给消费者显而易见的利益，而且获得这种利益的代价是消费者愿意付出的。

再者，品牌的差异化定位应基于品牌自身的特点。需要注意的是，并非所有的特点都可以看成是定位，例如科技、创新是海尔品牌的重要特点，但却不能成为它的品牌定位。因为除了海尔，行业里很多企业也都在高喊科技、创新的口号，这一特点并不能使海尔有效地区别于其他竞争者。

（2）战略篇之靠位方法

◆ 跨界联合：与其他行业的第一品牌进行联合活动，让人自然而然产生你也是领导品牌的印象。

◆ 圈子借势：将几个品牌圈在一起，聚集力量，相互借势，达到品牌背书的目的。

◆ 比附老大：和领导品牌比附在一起，高姿态展现自己，借领导品牌之力进入一线领域。

◆ 区域切割：切割不同地区，成为某个地区的第二品牌。适合实力比较微弱的企业。

（3）战略篇之抢位策略——开创新品类

抢位策略的实施分为三个步骤：发现市场缝隙、建立市场类别、独占这个市场。

◆ 发现市场缝隙

情况一：很多企业都生产一样的产品，导致市场供大于求，而这些产品事实上并不能满足消费者的所有需求。情况二：在市场调查过程中发现，无论哪行哪业的消费者，都会有这样那样的需求无法得到满足。这些未满足的消费者需求，就是市场缝隙，也就是企业抢位的机会。

所以，抢位的第一步就是通过市场调查，找出消费者未满足的需求，进而发现适合企业发展的市场空白点。

◆ 建立市场类别

发现市场缝隙之后，接下来要做的就是将这个市场区隔出来，并针对这个市场创新自己的产品，结合产品核心价值与消费者需求，开创一个全新的品类。这里需要注意，细分市场类别的建立主要围绕两个点：企业的产品和消费者的需求。企业的产品是基点，消费者的需求是终点。换言之，开创这个市场类别应是企业的资源条件能够做到的，同时又能满足消费者的某种差异化需求。

◆ 独占这个市场

新的类别市场建立起来后，在一段时间内开创企业往往是这个市场上唯一的品牌。因此，企业一定要抓住这个有利时机，迅速占据该类别市场的第一品牌地位，与此同时，利用先机尽可能提高市场进入门槛，防止其他企业过快进入。

（4）战术篇之情感定位三要素

◆ 感染力

品牌的情感价值应该具有强大的感染力，震撼消费者的内心深处，才能更容易地拉近品牌与目标消费者之间的距离。这样就能花费较少的广告费用，使消费者快速认同和喜欢上本品牌。

◆ 排他性

品牌的情感价值应该具有高度的差异化，与竞争品牌形成差别。缺乏个性的情感价值不能为消费者带来增值价值，更不能引发消费者内心世界的共鸣。

◆ 统一性

品牌的情感价值应该与企业文化一脉相承，这样才能保证企业贯彻始终地支持这个品牌价值。而受到企业文化约束的员工行为中就能够自然而然地体现品牌的价值，从而赢得消费者的认可和信任。确定了品牌的情感价值后，企业还要有效地与目标消费群沟通。企业可以通过广告宣传、选用合适的代言人、发起或参与一些公益活动、设计合适的包装等营销手段与消费者交流，宣传自己的情感价值。

（5）战术篇之价值定位方法

◆ 实现高度的差异化

◆ 关注消费者的利益

◆ 诉求单一

◆ 要从战略的角度提炼　充分考虑其前瞻性和包容性

（6）战术篇之功能定位

消费者购买产品主要是为了获得产品的使用价值，希望产品具有所期望的功能、效果和效益，因而以强调产品的功效为诉求是品牌定位的常见形式。很多产品具有多重功效。定位时向顾客传达单一的功效还是多重功效并没有绝对的定论。但由于消费者能记住的信息是有限的，往往只对某一强烈诉求容易产生较深的印象。因此，向消费者承诺一个功效点的单一诉求更能突出品牌的个性获得成功的定位。

第三章

发展战略篇

第一节　战略，选择比努力更重要

运筹帷幄之中，决胜千里之外，这是讲战争，讲战场。也有一句话说，商场如战场。因此，真正成功的企业和企业家，是离不开战略思考的。

1. 战略的定义

经典管理学认为，战略是一个企业或组织长期的发展方向和范围，它通过在不断变化的环境中调整资源配置来取得竞争优势，从而实现利益相关方的期望。

发展至今，关于“企业战略”的研究，全球产生了四位战略管理经典大师：安索夫（Ansoff）认为，战略是企业为适应外部环境，对目前从事的和将来要从事的经营活动所进行的决策。安德鲁斯（Andrews）认为，战略是目标、意图或目的以及达到这些目的而制订的主要方针和计划。

波特（Porter）认为，战略就是创造差异性，即有目的地选择一整套不同的运营活动以创造一种独特的价值组合。

明茨伯格（Mintzberg）认为，战略是一种计划（plan），一种计策（ploy），一种模式（pattern），一种定位（position），一种观念（perspective）。

不管对战略的界定怎样，它们有共同的特征：具有全局性，指导着企业的总目标、总行动、整体发展；具有长远性，谋求长远的利益，使企业长期利益最大化；具有纲领性，总体谋划，洞察方向；具有抗争性，是应付外界环境的威胁、压力和挑战的壁垒。

我认为，战略是一个企业竞争制胜的理论，是对未来的规划，为寻求和维持持久的竞争优势而做出的有关全局性的重大筹划与谋略。中国很多企业在战略规划上常常表现为“有战无略”，这一方面是由于大多企业创办人忙于应酬拉关系和营销，不能好好地静下心来思考，但更多的原因是对战略管理的认识不够或错误认知。

追溯战略的起源，战略是伴随着战争的出现而形成的，最初的战略是指导全局的思想、方略、纲领。在中国，“战略”一词历史久远，按照字面理解，“战”指战争，略指“谋略”，春秋时期孙武的《孙子兵法》被认为是中国最早对战略进行全局筹划的著作。

在当代，“战略”一词已被引申至政治、经济、环境、文化、生活等领域，战略的涵义也演变为泛指统领性的、全局性的、左右胜败的谋略，方案和对策。

2. 战略战术的因时运用

从某种意义上来说，战略决定了企业该做什么，以及不做什么。

我认为，任何企业都会有战略，只是形成的时期与形态不同。凡是针对企业整体性、长期性、基本性问题的计谋、谋略都是战略。无论是领导性的品牌，还是非领导品牌都有战略，区别只是战略的大小、与执行力度。战略是一个企业成熟的象征，是总的思想纲要，而战术则是具体的执行，战略战术有大小之分。

3. 战略的专业化与多元化

事实上，几乎所有优秀的中国公司都或多或少地进行过多元化的努力，这种现象的出现并不奇怪，做公司的目的无非是做大做强，而做大做强的出路只有两种：要么专业化，要么多元化。

专业化战略是指集中公司所有资源和能力于自己所擅长的核心业务，通过专注于某一点带动公司的成长。核心业务是指在公司从事的所有经营领域中占据主导地位的业务，核心业务构成了公司的基本骨架。

多元化战略又称多角化战略，是指企业同时经营两种以上基本经济用途不同的产品或服务的一种发展战略。现今学者对于企业多元化战略的研究主要将其分为两大类：相关多元化战略和非相关多元化战略。相关多元化战略是指企业进入与现有业务在价值链上有战略匹配关系的新业务，即增加新的，但与原有业务相关的产品或服务，强调的是产品或服务在市场、

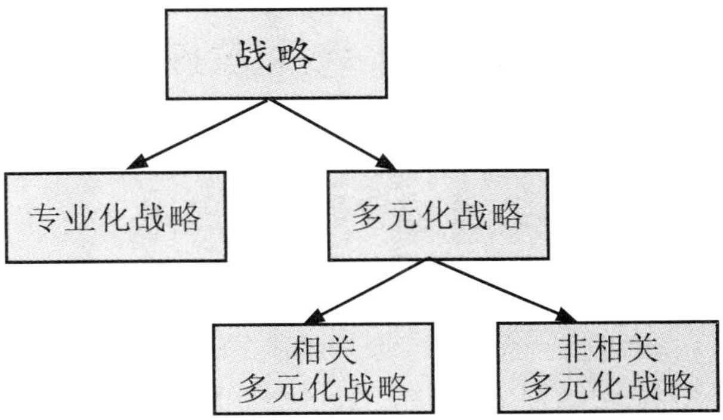

技术、经验、特长等方面的共性。非相关多元化战略是指企业进入与现有业务在价值链上没有战略匹配关系的新业务，即增加新的与原有产品或服务在技术或市场等方面都不相关联的产品或服务的战略。

4. 领导品牌的战略路径

就我近年来，参与并运作的华帝、欧派，以及慕思的战略来看，从其运营模式及经营品类上来分，无非就这么两种：专业化战略和多元化战略。

如慕思以专业化战略专注于寝具产品，针对不同的消费群体，虽旗下延伸出了七大产品系列，但未脱离寝具产品体系，因此，慕思是以专业化战略成就了寝具行业的第一品牌。

相比于慕思，华帝、欧派战略行径则有共通之处，首先这两大品牌最初都是专业化战略，华帝专注于燃气灶具、欧派专注于整体橱柜，随后都走向了多元化的发展战略。

欧派与华帝都是在各自的领域内延伸，如欧派从整体橱柜到整体厨房、整体卫浴、整体衣柜、木门、壁纸等，都聚焦于家居产业，因此欧派的发展战略属于相关多元化战略。

华帝与欧派大体相似，先后从燃气灶具、燃气热水器、抽油烟机向橱柜、消毒柜、电热水器、太阳能热水器、浴霸等延伸，都聚焦在厨卫一体化的发展体系中，华帝也属于相关多元化战略。

凭借着各自差异化的战略路径，这三大品牌都在各自的领域做到了第一，因此，这一章，我将重点分析他们在成长中的战略选择与完善。

第二节　企业发展战略之实践案例解析

案例一　专业化战略，助推慕思寝具走向世界

企业在逐步发展壮大的过程中，都会遇到这样一个问题，专业化与多元

化战略的选择问题：是继续在现有的品牌、品类、模式上深化、持续发展专业化道路，还是逐步拓宽经营模式、增加品牌、品类，向更广泛的业务领域拓展多元化道路？

作为全球健康睡眠资源整合者，慕思寝具在中国的成功崛起，与其专业化的战略密不可分，从2004年成立，慕思将自己的核心经营品类聚焦在寝具产品，到2012年，不仅成长为中国睡眠行业的领导品牌，也走向了世界，在澳大利亚开了数家专卖店，慕思拥有歌蒂娅、凯奇、0769、3D、V6、爱迪奇、苏菲娜七大子品牌，慕思在全球的专卖店已经超过1600家，而慕思的目标也不仅仅是中国市场，从2012年开始，慕思制订了做“全球最受尊重的健康睡眠品牌引领者”的宏伟战略，可以说，慕思正通过专业化战略走向世界。

1. 专注健康睡眠•领跑中国睡眠市场

我于2012年正式加盟慕思，我发现，慕思的发展战略非常专一，所有的产品体系都围绕“健康睡眠”系统展开，我认为，慕思的发展方向一直专注于以下五个方面的建设性工作，并成为了业界的领导品牌：一是健康睡眠系统的整体研究；二是提供优质的寝具产品；三是面向世界，整合全球优质健康睡眠资源；四是打造寝室环境的艺术文化；五是坚持传播健康睡眠理念与文化。慕思专注于睡眠领域，其成功为行业树立起了典范。

虽然说慕思是专业化的运营战略，但是围绕健康睡眠体系，对于睡眠产品的开发与睡眠产品消费群体的划分，慕思却做得非常精细与多元，在成立之初的2004年，慕思就推出针对高端用户群体的慕思•歌蒂娅品牌体系，歌蒂娅代表的是优雅佳人的情调生活，主打温馨与浪漫。

2005年，在慕思•歌蒂娅的基础上，慕思推出了姊妹品牌慕思•凯奇，凯奇与歌蒂娅同属高端群体定位，凯奇代表的是中产阶层、骨干的舒适经典，倡导优雅智慧生活。

随后，慕思对中国及全球的睡眠市场及失眠群体做了大量的调查，慕思发现，睡眠与GDP成反比，如果一国的经济发展越快，那么国民的生活压力就越大，失眠、睡不好的人群比例也就越高。因此2006年，慕思再次细分健康睡眠体系，推出针对名门望族的奢华品牌慕思•0769，专门为推动GDP增长的社会领袖人物提供定制服务，0796代表名门望族的睿智人生，倡导尊贵大气、庄重华丽，是私人专属的贵气定制。

这样，在产品的开发上，慕思的健康睡眠系统已经全部覆盖了高端以上的社会精英人群，这部分人的消费很注重品质与档次，但是量却有限，毕竟占有大量社会财富的人是少数。因此在产品的布局上，还要占量，于是慕思分别于2007推出中高端定位的慕思•3D系列，于2010年推出定位中端的慕思•V6系列。

慕思•V6主要针对80后、90后等社会中端群体的消费者，这群人是社会中坚阶层，他们年轻时尚、追求潮流、个性，同时又处于奋斗上升阶段，工作压力大，也是失眠的高发群体，对于健康睡眠产品的需求非常巨大，因此慕思•V6集艺术、美、舒适于一身，代表炫飒青春的精英生活，倡导“进•享人生”。

慕思澳大利亚悉尼专卖店

慕思•3D则针对仅购买床垫的非成套寝具客户，主打高科技、健康、环保，代表灵活智能的健康睡眠。

2011年，慕思将健康睡眠系统再次推向青少年儿童，推出专为他们定制的健康睡眠品牌系列慕思•爱迪奇，爱迪奇旨在为孩子创造安全、健康、益智的健康睡眠空间，根据年龄段又按照0—5岁、5—12岁、12—15岁、15—18岁4个年龄阶段推出。

正是专注于健康睡眠的专业化发展，慕思在2012年不仅成为中国寝具行业第一品牌，也将目标瞄准世界，向全球健康睡眠冠军挺进。

2. 深耕健康睡眠系统•誉享全球

我认为，实施专业化经营方式的优势在于，便于集中所有人力、物力和财力发展一种品类，所需的资金量相对较少，资金使用效率较高，同时比较容易提高企业声誉，获取更高利润，而实施这种经营方式的企业能更认真研究自身行业的发展前景，以及市场情况和消费者的特征，从而制定合适的产品发展策略，市场推广策略等，实现更大效益；分析慕思的专业化战略，我总结出了以下四点优势：

（1）专业化实现规模经济优势•产能集中

以慕思为例，专业化的经营，使得慕思的核心资源优势，全部集中投放在健康睡眠产品的开发上，实现资源的最大化利用，产能集中，这样不仅有助于降低成本，还实现了规模经济，专业服务失眠群体以及追求高品牌生活的族群。

（2）专业化聚焦核心竞争力•专攻一点

慕思在专业化战略的经营中，集中资源，专攻一点，不断创新，不断整合，一直走在寝具行业的前列，同时依靠自身的核心竞争力，慕思将寝具行业带到智能化定制时代，慕思于2012年推出的T—5系统在全球具有划时代的意义，并且提高了该领域的进入门槛，有效阻挡竞争对手的进入。

正是慕思专业化战略的经营，核心竞争力的凝聚力才最大，发挥的价值也最大。我认为，任何企业要想发展壮大，成就第一品牌都必须具有一定的核心竞争力，并且要聚焦核心竞争力，专攻一点。

（3）专业化目标市场专一•锁定消费群

慕思专业化经营的目标市场优势不言而喻，将目标市场上的风险降到最小，另外，又拥有较丰富的资源和已经形成的核心竞争力，对寝具行业的熟悉，这些都保证慕思稳定的规模经济收益，降低风险。另外，慕思持续的全球健康睡眠技术整合与自身的技术创新，促进了消费者的认可，扩大了慕思的生存和发展空间。

例如，锁定睡眠市场，慕思推出了满足不同身高、不同体重、不同年龄、不同睡姿甚至是夫妻两个人对于同一张床的不同睡眠要求等产品，通过专业化的运营，形成了一个科学、合理、有效的现代人健康睡眠系统。

（4）专业化经营多元化营销•传播聚焦

在寝具行业乃至整个中国家居行业，慕思的营销手段与方式是行业公认的多点开花式，非常广泛，除了常规的电视广播平面杂志等传播外，非常规的如活动传播、新闻传播、娱乐传播、文化传播、微电影传播、学术传播等也精彩纷呈。但是，慕思所有传播的点都集中在“健康睡眠”核心点上，正是因为专业化的经营、多元化的营销，成就了慕思品牌知名度、美誉度的快速上升，同时慕思的核心诉求点“健康睡眠”理念传播得也更加精准，更具穿透力。

例如，从2009年开始，慕思启动了“2009全国健康睡眠万里行”、“慕思健康睡眠节”、“慕思•CCTV找回睡眠”的专题节目、全球睡眠文化之旅•欧洲站等活动，同时针对高端商务人士，慕思在CCTV-2、CCTV-新闻频道推出品牌理念广告。这些都在向外界传递一个声音：慕思的健康睡眠理念。

2012年，慕思多元化的营销更具规模与色彩，全球睡眠文化之旅走进澳洲，推出首部贺岁微电影《床上关系》等，我认为，这种专业化运营、多元化营销的优势是多元化发展企业所无法比拟的。

案例二　由专及多战略，欧派、华帝的发展路径

如果说，专业化可聚焦企业核心资源，打造核心竞争力，易于树立起响亮的品牌，那么多元化发展，则有助于实现资源共享，打造规模经济。我运作及了解的国内家居、家电品牌中，欧派、华帝是以专业化的发展战略问鼎行业第一品牌后，再向相关多元化迈进。

如欧派从橱柜起步，做到整体厨柜第一品牌，然后以三年的“新巅峰”战略（2008—2010），将欧派推到整体厨房第一品牌，相应的产品品类包括橱柜、厨电及厨房用品，整个品类都做到第一。随后又制订了三年的“问鼎”战略（2011—2013），从整体厨房向整体衣柜、卫浴、木门等拓展，计划到2014年做到整体家居的领导品牌。

我认为，欧派从整体橱柜到整体厨房再到整体家居，总的发展战略在不断地向多元化转型升级，品牌却集中在欧派上，而相应的产品品类则由专业化向多元化迈进，但都保证在家居行业内。

从目前来看，欧派以整体橱柜为龙头，带动相关产业多元化的迅猛发展，形成了欧派整体厨房、欧派整体卫浴、欧派整体衣柜、欧派厨房电器、欧派酒店厨具、欧派装饰工程、奥维实体面材等多个相关产业组成的企业集团，共同推动欧派不断迈向新的高峰。

1. 相关多元化战略，做“世界的欧派”

2008年初，我进入欧派并出任欧派集团营销总裁时，正是欧派完成全国网络布局的阶段，而当时，欧派整体橱柜已经是国内橱柜的领导者。

我认为欧派的战略蓝图，是从单纯生产销售橱柜向集厨电、卫浴、衣柜、建材于一体的泛家居综合体的相关多元化演进。从2008年3月开始，随

着一个被业界称之为“蝶变”的“新巅峰计划”进入实际操作阶段，欧派“整体家居舰群”逐渐呈现在世人面前。“新巅峰计划”又被称为“欧派全面建设名牌体系三年战略规划”，其核心是以国际品牌企业为参照坐标，从产业、制造、营销角度全面建设品牌管理体系，从而实现由单一产品生产销售向集团化运营的“蝶变”，欧派全面向整体厨房第一品牌目标发力。

（1）专注整体橱柜，做大做强

市场需求的周期性波动影响企业战略选择。综观企业战略变化的历史，在市场需求旺盛和经济快速增长的时候，多元经营战略会受到人们的青睐；而作为新生事物以及在市场需求尚未打开时，专业化经营备受重视。20世纪90年代初的中国橱柜行业是这样的，整体橱柜对于绝大多数中国人来说，是闻所未闻，属于新生事物，需求很大。这对于当时的欧派来说，是一次机遇，因此，1994年欧派率先推出欧派橱柜品牌，掀起中国“厨房革命”风暴，欧派董事长姚良松针对当时的市场局势，果断制订了“专注于欧派整体橱柜，打开市场，提升消费意识，做大做强”的专业化发展思路。

1995年，为推动橱柜的发展，欧派率先进入房地产楼盘橱柜配套市场，导入“厨房与装修一站式”服务。从1997年开始，欧派又率先在全国推出“货比十家”的诚信营销，承诺质量保证的金卡服务。

步入2000年，欧派橱柜已经成长为国内著名的橱柜品牌，此时，姚良松领导的欧派逐步向多元化产业开进，进入厨房电器领域，推出欧派系列“功能化橱柜”，可以说，欧派“橱柜电器配件一体化”成为新世纪欧派人的献礼。

2003年，欧派正式成立欧派厨房电器项目，欧派卫浴也正式进军国内市场，开创浴室柜个性化定制生产的先河，欧派加速向相关多元化产业发展。

2007年，欧派开始发力，推出了新营销战略——欧派“营销三部曲”：万山橙遍，千舸争流，百炼成金。“万山橙遍”是指品牌传播，投入几千万元用于品牌宣传，在两年内建立自己的品牌管理体系；“千舸争流”是指遍布全国的千家销售终端，欧派通过清理网络、调整政策、加大支持等措施，进一步提升渠道竞争力；“百炼成金”是指欧派基础竞争力的提升，致力于欧派产品、服务的进一步完善。

（2）“新巅峰计划”，跨入整体厨房第一品牌

2008年3月，欧派首次对外公布了新的三年发展战略规划——新巅峰计划。“新巅峰计划”包括“蝶变2008”“飞飏2009”“炫动2010”三个发展

欧派代言人蒋雯丽

阶段，涉及产业战略、营销战略、制造战略三大主体内容，又称“欧派全面建设名牌体系三年战略规划”，其核心是以国际品牌企业为参照坐标，组建以橱柜为“旗舰”，以厨电、卫浴、衣柜、建材、装饰等为“舰队”的“整体家居舰群”——欧派家居集团。

姚良松希望，在“新巅峰计划”品牌体系建设的推动下，欧派将力争再一次以三年年增长率超过50%的强行军，攀上新巅峰——总产销达到30亿元，泛欧派体系达到60亿元，并完成从中国橱柜龙头企业向国际化橱柜产销企业转变的过程，实现由中国名牌走向世界名牌的发展目标。

为实现“蝶变2008”的第一个阶段目标，欧派的品牌推广投放比上一年增长了一倍，以实现由“中国橱柜龙头品牌”向“中国整体厨房龙头品牌”的转变。同时，欧派的营销渠道布局、硬终端建设、软终端建设、团队建设和监督考核体系等多管齐下，推动橱柜、厨电等业务的全面突破。

与往年相比，欧派的目光已经不再局限于橱柜，相应的厨电业务也成为重点，在“新巅峰计划”的推动下，2009年，欧派整体实现了50%的增长，顺利从橱柜第一品牌跨入整体厨房第一品牌。

（3）“龙腾虎跃”战略，打造中国家居集团

“炫动2010”对于欧派来说是非常重要的一年，欧派加速战略推进与实施的节奏，新推出了“龙腾虎跃计划”，重点拓展厨电和衣柜业务，从橱柜第一品牌升级为整体厨房第一品牌的基础上，全面出击家居相关领域，“欧

派整体家居第一品牌”计划正式落地，新的VI系统和“861”工程从品牌与渠道方面助力该计划的推行，木门研发团队建设成熟，开始进军木门领域，集团母公司名称正式变更为“广东欧派家居集团有限公司”。

“龙腾”指欧派不仅要做橱柜第一品牌，做整体厨房第一品牌，还要迈入中国家居集团第一品牌之列；“虎跃”即欧派近年来开发的新业务——衣柜，其目标是2010年跃居行业第三位，2011年成为行业第二。

（4）“铸鼎三部曲”战略，向整体家居蜕变

2011年3月，欧派再次推出了进军大家居的三年发展战略规划“铸鼎计划”，主要通过行政体系创新、制造体系升级和营销体系再造等三方面启动“系统再造”，以实现向大家居集团企业的设计与转型，力争把欧派打造成国内著名并具备一定国际影响力的家居集团企业。

“铸鼎计划”由“问鼎2011”“铸鼎2012”“定鼎2013”三部分组成。“问鼎2011”，欧派家居集团将完成“大家居”集团企业的设计与转型；“铸鼎2012”便进入整个计划的攻坚期，等到“定鼎2013”完美收官之时，欧派家居集团将实现“欧派橱柜强中更强，欧派衣柜国内第二，欧派厨电、木门进入国内前五，欧派卫浴跻身国内十强，并相继进入其他家居行业”的“大家居”集团企业的蜕变。

2. 核心多元化战略，成就华帝厨卫霸主地位

中国厨卫行业中，我们不能不提及华帝，华帝的多元化战略是非常成功的。1997年，我进入华帝，被聘为华帝集团管理者代表兼营销总监，1999年被推到集团总经理的职位上，当时我制定的目标就是五年内推动华帝上市，2002年3月底，我离开华帝的时候，华帝已经完成股份制改造，顺利结束上市辅导期，提前实现我的愿望，2004年9月，华帝股份顺利完成上市。

我在华帝的经历值得一提的主要有三个方面：一是两权分离，1999年10月，华帝实行所有权与经营权分离；二是股份制改造，2001年12月，中山华帝燃具股份有限公司成立；三是华帝燃具连续五年保持中国销量第一。

从现在来看华帝的发展战略，华帝走出了一条成功的核心多元化之路。

1992年，靠生产燃气灶具起家的华帝，以专业化战略将华帝燃气灶具打造成为中国灶具第一品牌，随后向多元化发展战略延伸，向燃气热水器、抽油烟机、消毒柜、橱柜、集成吊顶等系列产品迈进。目前华帝燃气热水器、

抽油烟机分别已进入行业三强。然而作为国内燃气具的领导者，华帝并未就此止步，而是将发展战略锁定为国际燃气具第一品牌。

（1）专注燃气具，问鼎第一品牌

1992年，中国燃具市场状况是，“万家乐、神州、玉环、沈乐满”四大家族雄霸热水器市场，并同时生产燃气灶具；另有鼎牌、百得、讯达等超过100个大小不一的灶具品牌割据山头。在这样严峻的市场条件下，对于只有120万元资金投入的华帝来说，就必须找到一个快速切入口，树立一个全国性的专业品牌。

因此，华帝起初的战略目标很聚焦，就做燃气灶具。华帝把所有的资源集中在燃具产品的开发、制造和拓展上，很快在全国市场打开局面，华帝用了三年时间初步奠定了华帝燃气灶具的专业市场领导地位。做精、做专、求发展，将燃气灶具做大做强，形成核心产品，带动相关产业的发展，这就是华帝著名的“螺旋发展，依托提升战略”。

华帝的依托提升战略是指将A产品先做得很成功，那么就可以用A产品去带动B或C产品的发展，而B或C产品又对A产品起促进作用。华帝正是将这种战略运用到灶具带动抽油烟机与热水器的市场提升上，实现了系列产品线的有序扩张，向相关多远化发展。

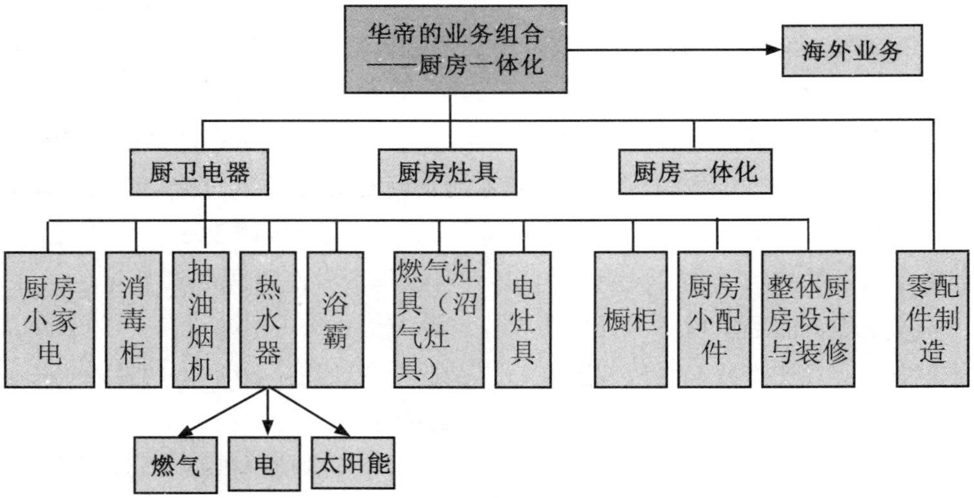

华帝的核心多元化战略体系

在战略的实施中，华帝把资金的30%投入到品牌建设中，全面导入CIS，塑造全新的视觉识别系统和制订品牌传播策略，这对1992年中国的燃气灶具市场来说，无疑是开了行业先河。

有了好的品牌形象后，华帝产品比其他产品价格提高了20%以上，磨刀不误砍柴工，上市后的8个月的时间里，华帝创造了4000万元销售收入的业绩，并在当年收回成本并盈利。到了1995年，华帝市场占有率已达到10.5%，销量达到了50万台以上，超过了当时的领导品牌迅达和万家乐，成功问鼎中国燃气具第一品牌。

（2）由专及多，专注厨房电器

1996年，华帝开始了相关多元化发展的尝试。但华帝不是全面出击，而是实施了产品依托提升战略，以“灶具、热水器和烟机”三个产品为核心，互为带动，相得益彰。

华帝首先选择合适的市场对抽油烟机及热水器实施梯次推进。如广州市场1996年华帝灶具市场占有率已达到35%以上，在1997年开始将灶具、燃气热水器、抽油烟机的推广资源集中起来推动燃气热水器。到1998年，华帝热水器在广州的实际销量已提升到第二位。1999年开始将灶具、抽油烟机、热水器的资源集中起来，在广州市全面推动烟机产品的发展，到2001年，华帝烟机在广州市场已跃升到第二位。用这种战略，华帝在成功保持灶具优势的同时，有效全面提升了热水器和烟机产品的市场地位，到2012年，这两大产品已进入全国行业五强。

（3）多元化成型战略，打造一体化厨卫系统

创业十年后的华帝，核心多元化战略体系逐步成熟，2002年，华帝灶具已是连续七年全国销量第一，华帝的战略目标也从“燃气灶具第一品牌”向“成为中国厨卫产业的领导品牌”阔步前行。

事实上，在多元化战略的指引下，华帝相继进入多产品体系，1998年从燃气热水器进入电热水器，1998年进入消毒柜，2001年进入太阳能热水器，2002年进入橱柜和刀具，在这期间，又推出了华帝浴霸，华帝继续深耕厨卫市场，强化多元化产品的开发、生产和销售。

此外，2002年，华帝实施了以燃气具核心业务为基础，向整体厨卫领域和以沼气灶、太阳能热水器为核心的环保、新能源领域拓展的相关多元化扩张战略。华帝进行多元化扩张的基础是在燃气具业务方面的核心竞争优势，和整体厨卫、沼气灶具、太阳能热水器等与燃气具行业紧密的关联度。

从专注燃气灶具到厨房电器，再到厨卫一体化，华帝的多元化产品组合

主要是依托华帝的渠道和品牌形成的，目的是为了发挥渠道和品牌的优势。进入燃气热水器主要是为了发挥燃气灶具形成的渠道和品牌的优势，由于燃气热水器与燃气灶具在销售渠道上是一致的，因此，借助华帝品牌，燃气热水器得到了迅速发展。对于消费者来说，抽油烟机与燃气灶具是同时购买的，因此，借助燃气灶具的优势，华帝抽油烟机得到了发展。

总结华帝实施核心多元化扩张战略的特点：①新产品围绕“灶具、热水器和烟机”三个核心产品展开；②充分利用华帝现有的渠道网络及品牌资源；③在新的市场条件下能形成华帝的多点进攻及防御的能力。

（4）资本战略，上市拓展世界

上市，对华帝来说是一种资本战略的运作。2002年，华帝已经完成股份制改制，是争取上市实现企业腾飞的关键阶段。另外对于华帝来说2002年是一个转折年，是第二个十年的开始，在过去的十年，华帝经过了创业阶段、两权分离的职业经理人治理阶段。同时前十年，多元化战略的发展对华帝的管理模式、技术开发、市场营销、资金模式等方面提出了新的要求，资本运作战略成为支撑华帝多元化发展的关键。

2004年9月，华帝股份在深圳证券交易所举行隆重的挂牌仪式，正式成为上市公司，这是全国厨卫业中首家上市的专业企业。华帝股份首次发行了2500万股A股，发行全部采用向二级市场投资者定价配售方式，发行价格为每股8.00元，发行市盈率12.31倍，实际募集资金额18700万元。

同年，针对整体厨卫市场“一哄而起”的局面，华帝股份书面建议主管部门中国五金制品协会，呼吁国内知名厨卫企业“联手打造标准壁垒、渠道壁垒、技术壁垒、品牌壁垒四大行业壁垒”，以期抬高中国整体厨卫市场门槛，净化市场。

从今天来看，上市后，华帝在多元化产业的发展更具延展性，积极向以燃气具为核心的高度相关联产业链条有序、有效延伸，具体表现为全面拓展整体厨卫，积极进入工业及商业用燃气具制造领域，进入能源产业中的相关领域，并向海外市场扩展。

我将华帝的成功归功为：创业之初制订的前瞻、科学的发展战略，即超前的品牌定位战略、独特的市场拓展策略和市场渠道战略，及核心多元化的防御扩张战略。

（5）收购战略，补强多元化实力

长期以来，华帝股份产品以中高端为主，这对于华帝核心多元化战略体系的实施，在中低端发展有一定的市场局限，相对比较薄弱。

因此，要么延伸产品品类，开发适合中低端市场的产品，重新开拓中低端市场；要么并购在中低端市场运作成熟，产品、经销商、渠道开发都具备一定优势的企业，对于华帝来说，重新开发新市场、新渠道、新产品成本远比收购要大，因此，2012年，华帝股份成功以3.8亿元购得百得厨卫全部股权。华帝股份此举的意图非常明显，就是加强多元化战略体系。

中山百得厨卫有限公司，是一家拥有多年专业厨卫产品制造经验，以生产、销售厨卫产品著称的制造商。截至2012年6月30日，百得厨卫共有一级经销商179家，专卖店652家，分布在全国绝大部分省市自治区，覆盖200多个地级市和数百个县级地区，销售渠道均由经销商或分销加盟商根据百得厨卫的标准建设。

同时，出口销售方面，百得厨卫与国外Bajoria appliances、Baltic gas company 、Electrolux、Whirlpol等知名品牌商主要以ODM方式合作，部分产品以自有品牌销售，外销客户主要集中在俄罗斯、印度、美国、南美洲、东南亚、欧洲等国家和地区。

对于华帝股份来说，百得厨卫位于中低端市场，产品主要面向三、四级市场，拥有多年运作经验，销售渠道分布较广，同时百得厨卫在海外市场的经验丰富，销售收入稳定增长。

另外，百得厨卫的主营产品都是燃气灶、抽油烟机、热水器和消毒柜等厨电产品，虽然与华帝本身的产品体系重合，但是百得厨卫面对的是不同层次的消费终端，产品定位、销售渠道和销售策略都不同，通过收购，双方可以利用其原有的业务关系和销售渠道，相互促进业务发展，增加上市公司的产品线及市场覆盖区域，提高市场占有率及销售收入。

我认为，收购百得厨卫，一方面可以扩充华帝产能，另一方面在品牌、渠道、技术和管理上可以充分互补，巩固华帝多元化战略体系。同时，面对一、二线市场接近饱和的局面，谋求渠道下沉，挖掘三、四线市场的巨大空间，也是华帝股份收购百得厨卫的最主要原因。

据我了解，除了拓展中低端市场之外，华帝股份对于高端市场的开垦，一刻也没止步，2012年8月，华帝股份宣布与英国ARG公司签订战略合作框架协议，引进ARG公司旗下的三大品牌在中国设立形象店，同时由ARG公司排他性地经销由公司提供的面向海外市场的华帝品牌产品或按照ARG公司要求开发的OEM、ODM产品。ARG的产品均定位高端，在欧洲市场有一定的号召力。

作为中国燃气具领导品牌，以燃气灶具为核心的多元化战略，公司此举是为了加速公司在高端路线上的发展，缩小与竞争对手老板电器和方太的差距。

第三节　本章方法论

企业战略是一个非常重要的学科，从我本人20年运作企业的实践，并结合当今先进的企业管理理论和营销理论，对企业发展战略的总结有如下几点：

1. 企业在由小到大的发展过程中一定要专注和聚焦，决不能分心，要抵制任何诱惑，集中聚焦和专注某个领域。专业化经营可快速扩大企业规模、提高效率、提升竞争优势。这一点在慕思得到良好的体现，企业发展十年还是专注于健康睡眠系统，聚焦睡眠产品、专注于健康睡眠技术研发、以健康睡眠理念与文化的普及为核心，走出了一条面向世界的成功之路。因此专业化战略在于“集中全部兵力攻其一点”，可在特定的产品上或特定的目标市场上赢得竞争优势，易打造核心竞争力，易管理，自然也就易树立领导性品牌；欧派也是用20年聚焦和专注于橱柜产品，才做到橱柜的第一品牌。

中小企业应该集中力量做好一个产品，而不要四处出击、把有限的资源分散到多个战场。只有当在某个产品领域进入前三名，在行业内地位比较稳固，而行业的增长潜力也不大时，才可以根据自身多余的资源情况做有限的多元化尝试。

2. 企业战略是一个逐步推进的过程，先把主业务品类做到行业第一，然后再发展第二个品类、第三个品类……这是一个逐步发展的过程。企业在建立起一个主业务的同时，也培养未来相关可增长的业务，然后再把它逐步做到第一。欧派的多元化进程战略值得借鉴。姚良松曾解读欧派的战略是“谨慎而具有相对优势的多元化战略”。目前欧派产业已经涵盖整体橱柜、整体衣柜、整体卫浴、厨房电器、木门。先把橱柜做到第一品牌，然后做厨电，通过橱柜和厨电的高度关联性，进一步把整体厨房做到第一品牌。整体厨房做到第一后，再培养和家居高度相关的衣柜，欧派衣柜现在可以做到行业第二位。然后欧派再进一步细分，扩展到同样是木业生产的木门行业，家居软装的壁纸等等……欧派的发展就是这样一个循序渐进的过程，如果企业一开始就把全部产品线铺上去就会出问题。

华帝在最初的几年集中力量做燃气灶具，三年之内已经成为行业第一名。这时，华帝的销售渠道已经覆盖了全国，华帝的品牌也小有名气，于是，华帝采取相关多元化战略，进入抽油烟机与热水器行业，实现了产品线系列的有序扩张。华帝的这两个新产品能够充分利用华帝已有的品牌和渠道，所以成长迅速，在热水器市场，华帝很快成为仅次于万家乐的行业第二名。奥克斯空调也将电表做到全球第一，然后发展到其他领域。但是欧派、华帝是极度相关多元化，奥克斯则是非相关多元化，凭借制造优势去做多元化发展；多元化战略对于有深厚基础的企业有较大优势，并且会呈现业绩规模增长的正面反馈，但需要企业除有基础外，还要有很好的人才、技术和渠道等多个方面有力支撑。

此外，我们也看到了很多企业多元化案例，以建材行业为例，有大自然从地板走上木门、衣柜，索菲亚从衣柜走向橱柜……

纵观当今建材家居企业的多元化战略，似乎也是被市场“逼”出来的。成套消费、一站式购买和服务等整体概念，已逐渐被消费者所接纳，消费者成套购买的愿望明显强于以往任何时期。市场需求导致的多元化战略，非常可取，但只单纯去追求品类多、品牌多，当系统做大之后，会出现许多执行问题，如人才、生产技术、售后服务、推广等等，一旦企业没有这个管控能力，将得不偿失。

3. 战略的执行同样重要。制订战略以后，要执行到位，一般三到五年制订一次阶段战略，每年对战略做一个滚动的审核和微调，同时把三年的战略分解到每一年的年度计划，年度计划再分解到月度计划，月度计划再分解到周计划，这样就保证战略能够落实和执行到位。

4. 企业在从小到大的发展过程中，战略和战术在前期上是不可分割的。有些战术方法实际上是战略方法，今天的战术可能是未来的战略，今天的战略可能是未来的战术。比如企业在发展前期选择什么商业模式，在开始就属于解决企业生存的战术问题，但它又成为企业未来的战略。比如慕思的“全球健康睡眠资源整合者”策略本质上是一个企业战略，但在前期实际上是企业的经营战术，逐渐又变成企业长期发展的一个战略方法。所以战略和战术是一个相互转变相互递进的过程。

第四章

持续创新篇

第一节　创新，持续成功的驱动力

苹果为什么能如日中天？诺基亚为什么会日薄西山？

因为创新，创新是创新者的通行证，守旧是守旧者的墓志铭。

1. 创新论成败：苹果VS诺基亚

一个行业刚刚开始兴起的时候，往往会涌现成千上万家企业，但是大浪淘沙最终生存下来的可能只有寥寥数十，更有甚者只剩几家精锐引领风骚。譬如现在中国的空调行业、彩电行业，也就不超过5家企业。在激烈的竞争中存活下来的企业，依靠其自身的品牌效应和实力，在行业中起着引领市场的作用，也就是我们常说的第一品牌。这就意味着你的产品在消费者心中是第一选择，占领着绝对的制高点，无论你有任何风吹草动，都能引起该行业的轩然大波，这便是从一个游戏规则的遵循者到一个游戏规则制订者的转变。一个企业能否成为领导品牌的关键在于核心竞争力的打造，而一个企业的核心竞争力则依赖于变革创新的能力。

“苹果之父”乔布斯有句经典名言：“领袖和跟风者的区别就在于是否创新。”纵观当今经济形势和社会环境，可谓瞬息万变，若不能及时把握时代变化的脚步，企业的持续生存发展就很难能得到维系。

诺基亚便是一个鲜活的例子，曾经的手机巨头如今却面临着与“柯达”同样的命运。在最辉煌年代，诺基亚占领了全球手机市场40%的份额，为芬兰当局缴纳了占全国21%的企业税。然而到了2012年，诺基亚结束了其维持了14年之久的世界最大手机生产商的历史，将首位让于三星。IDC提供的市场数据显示，2012年第一季度诺基亚在手机市场的份额已经从2011年同期的27%下降到21%，与2007年第四季度的峰值40%相比，几乎失去了半壁江山。IDC的另外一份报告显示，诺基亚在2012年10月份跌出全球五大智能手机厂商行列，这也是自2004年来，诺基亚首次跌出前五名。

是不是缺乏创新导致了诺基亚如今的局面呢？据统计，在过去十多年里，诺基亚在研发上共投入了约400亿美元，相当于苹果公司的4倍，仅仅诺基亚那些被最终放弃的软硬件专利估值就有60亿美元。比如诺基亚的设计师早就在内部展示过一款仅配置了一个按键的触摸屏智能手机，而直到七年后苹果才推出第一款iPhone。这说明了诺基亚不是不创新，但创新再多，如果没有及时应用投放到市场，那么创新便无从提起。

苹果公司的代表作iPhone于2007年6月29日上市，并且于美国当地时间9月10日售出了第100万台。iPhone这个革命性的产品也创造了苹果电子产品销售量达100万的最快纪录：74天！乔布斯再三强调iPhone的三大理念——“iPod、Phone、internet”，值得注意的是，“iPod”是被放在最前面的，有意无意间，说明了iPhone是一台以音乐、多媒体播放为核心的娱乐终端。这也是苹果多年刻意的宣传给旗下的所有产品都制造了一种时尚、年轻化、更新换代快、超级智能的印象。手机生命周期只有凭借更快的技术更新才能得到延续，否则再经典的手机也要面临淘汰，而深谙市场之道的苹果公司当然会不失时机地拿出新产品来“诱惑”用户掏更多的钱。

苹果公司iPhone的横空出世，重新定义了智能手机，其风靡全球不单单是技术的创新，更是以客户为导向的创新。它的独特之处在于注重用户体验，上至70岁老人下至7岁小孩都能熟练运用，这主要得益于它让复杂的技术变得为大众所理解，让产品的操作更为简单、设计得更有科技感，让贵族气质的技术创新变得亲民起来。苹果产品的最大特点是如同精益求精的艺术品，而且把科技的元素融入商业的产品，并非让科技复杂性难倒用户。无论是硬件还是软件，苹果的产品都有着一脉相承的结构和设计风格，所以当用户熟悉了某一种产品的操作后，对于其他苹果产品也能没有任何障碍地使用。这样一来，用户对新产品能够在极短的时间内适应，反复购买的可能性自然大大提高。从包装到用户界面的设计，苹果都能做到尽善尽美，时尚鲜艳的色彩和图标，精致的外形让用户每次看到都会感叹苹果给他们带来的东西是多么的迷人。

诺基亚的衰败值得我们深思和借鉴，无论过去多么辉煌，如果没有创新，巨人也会倒下。而创新不仅仅是技术的创新、产品的创新，更需要及时把握市场的创新、战略的创新……只有这样，才能保持行业领导者的地位，才能树立行业标杆，引导市场前行。

2. 创新，成就第一品牌的王道

创新最通常指的是产品技术的创新，但实际上，企业创新涵盖企业的方方面面。在一个行业中，创新决定了一个企业究竟是行业引领者还是模仿跟随者。企业创新也是企业家对整个创新过程所涉及的创新目标和创新活动方案进行设计、选择并组织实施的行为过程，其最终目标是实现企业创新的最佳效益。通过创新，及时契合市场需求，最快速最高质量地满足消费者的诉求，以便确保企业在激烈的竞争环境中能够保持领先者的地位。

创新的价值还体现在，超越对手的竞争优势，以及提高企业的生产效率，进而提高盈利能力。市场永远都是动态变化着的，绝对不会赞同终止创新的行为，即使是在产品生命周期的尽头，仍然存在着通过创新来创造更大经济回报的机会——只要用对了合适的创新类型。不过，保持领先地位的确需要将所选择的创新类型与产品的主要特性匹配结合。

第二节　企业及产品创新之实践案例解析

案例一　需求式创新，华帝“聚能灶”引领绿色新生活

杜拉克说：“机遇是创新的源泉，需求是创新之母。”需求式创新主要指，在市场结构、消费者认知、经济形势等外部条件发生变化的时候，企业根据这种产生新需求的变化进行产品、技术改造，从而使之与新的需求相匹配的一系列活动。

华帝自创立以来，一直保持着燃气具技术研发的领导优势。华帝于2010年推出了其在燃气灶领域的代表之作“聚能灶”，“聚能灶”堪称集多项领先技术于一身，离子感应针、聚能圈、闪速离子熄火保护技术等多项应用，均采用了华帝的专利技术。它的出现，掀起了一场行业的突破性革命，开启了节能厨房生活的新时代。

“聚能灶”的突破性一方面体现于它优异的功能，而更重要的是它抓住了当下最引人关注的话题——节能环保，并以此为机遇，进行创新。

1．“气荒”时代的环保新话题

随着人们对燃气的需求激增，资源的供给和开采明显跟不上时代的脚步。燃气的开采速度相对下降使得其单位价格不断攀升，加上现有的燃气灶对环境的污染较为严重，如何节能低耗，又能降低对环境的污染，成为燃气灶具生产厂家们亟待解决的问题，也是快速占领市场最高点的关键所在。

自“温室效应”产生并受到世人关注以来，各国政府及民间力量在节能减排方面一直做着不懈的努力，但对于家庭生活，特别是厨房生活的节能减排，一直缺乏有效手段，亿万家庭厨房每日所排放出的一氧化碳、二氧化碳等温室气体，日益加剧着“温室效应”并对地球环境产生着严重的负面影响。

在我国，由于传统的中式烹饪习惯，厨房对家居环境的污染早已成为不容忽视的问题。由于我国油气资源相对短缺，大量依赖进口，节能对国家的持续发展、安全和稳定意义重大；对家庭而言，燃料费用负担重，节省燃气的消耗也可以降低生活成本。

针对这一状况，国务院出台了截至2020年温室气体排放降低40％—45％的目标，迫在眉睫的“气荒”压力与减排目标，再次令节能减排成为社会关注的焦点。政策上对于节能环保企业的大力扶持，也使得相关企业积极朝着这一方向努力。

在“聚能灶”推出之前，华帝进行了大量的市场调研，发掘市场的形势：传统灶具耗能大、污染高，国家政策对于低碳环保产品有政策的倾斜，环保节能已经成为时下最热门的话题，尤其是对灶具行业的影响极其深远。华帝的决策者们意识到，新的需求正在酝酿，快速把握时下热门主题，结合自身产品技术改造，是迅速占领市场的先决条件。经过缜密的研发，华帝适时推出了独具代表性的“聚能灶”，并冠以“聚能灶”的名字，契合了一个时下最引人注目的主题：低碳、环保、健康。

2．需求式创新的典范

在“聚能灶”诞生之前，市面上传统燃气灶基本是靠明火进行加热，但火焰与物体的接触只是一瞬间，这就导致了大量的热能未被利用就散发到空气中。以往对其的改进都是通过改变引入的空气量、出气的方向和孔径及内外圈里的分布，或者是改变被加热物体的材质和形状，而这些改进也只能将热效率提高到52%左右，仍有一半的热能被白白浪费掉了，造成能源利用不充分，大量流失。

华帝聚能灶

华帝“聚能灶”通过独创的全预混式内燃技术、合金蜂窝体和聚能圈技术，完全颠覆了传统灶具的燃烧方式，采用的是全预混内燃技术，好比汽车发动机的作用原理，它通过创新技术使燃气和氧气进行一次完全混合，在一个相对封闭的状态下燃烧，能将所有热量集中释放，热效率提高到68.5%。同时聚能灶的燃烧器也与众不同，它是采用了“合金蜂窝体”燃烧器，表面均匀密布近10000个火孔，而普通灶具的火孔最多几十个，在860℃的高温下，能激发出相当于燃气效能60%的高能光波，与火焰一起形成双重加热，双管齐下，消除加热盲区，实现节能37%、废气排放0.004%的目标，被业界誉为全球第一款真正的“绿灶”。

从“聚能灶”用户反馈的情况来看——煮沸一锅水，与市面上传统的灶具相比，传统灶具需用3分12秒，而聚能灶仅耗时两分钟，每月节约燃气费约1/3，这成为“聚能灶”一个巨大的亮点，也是“聚能灶”成功的关键。

除此之外，华帝聚能灶还具备另一大优势——环保健康。传统的燃气灶由于空气进入量不足，导致燃烧不充分，既浪费燃气又产生大量诸如一氧化碳等致癌气体，严重危害人体健康。国家标准一氧化碳的排放量应该小于0.05%，而华帝聚能灶一氧化碳排放量仅为0.004%，不到国家标准的1/10。

在“气荒”和减排的大背景下推出“聚能灶”，华帝“聚能灶”正是借着消费者对“环保节能”功能的新需求，创新自身产品，向消费者传达这样的信息：环保、健康、节能。在消费者环保理念日趋成熟和国家大力推动的环保事业的大背景下，能够推出一款真正契合政策和市场的产品，才能在激烈的竞争中脱颖而出。而做到这一点，就需要企业紧跟市场需求不断地进行技术创新，动态地去满足消费者的需求，只有这样才能保持第一品牌的牢固地位。

案例二　整合式创新，慕思T—5开创智能睡眠潮时代

作为中国寝具行业的著名品牌，慕思将自己定位为“全球健康睡眠资源整合者”，自成立以来，慕思一直致力于健康睡眠的探索与普及。慕思的核心价值观是客户满意、整合创新、合作共赢。整合创新是慕思持续成功的关键，整合创新主要在以下几个方面：（1）整合全球优质的设计师资源。成立之初就引进了法国著名设计师Maurice,丹麦设计师James；（2）整合全球优质的技术资源。如，整合DOC、Bedding、Kealmart等公司资源；（3）全球优势制造资源的整合。

1. T—5出世，开启智能睡眠新时代

2012年3月20日，以“健康睡眠、幸福中国”为主题的2012世界睡眠日暨全球健康睡眠高峰论坛在北京钓鱼台国宾馆隆重举行。这是自世界睡眠日引入中国以来，国内首次举行的大型国际睡眠峰会。本次会议由中国健康教育中心、卫生部新闻宣传中心、中国睡眠研究会、中国医师协会等共同举办，慕思寝具独家协办，主题围绕“健康睡眠、幸福中国”展开。慕思在此次高峰论坛上发布了慕思第三代T—5智能睡眠系统。

提出第三代睡眠系统是源于对以往慕思睡眠系统的升级。慕思至今已经研发出三代睡眠系统，与前两代相比较，第一代睡眠系统只是解决了人如何睡得舒服，但是还没有跟人体的生理需求完全吻合，大多是沿袭了美国人发明的弹簧床垫。第二代睡眠系统是排骨架加床垫，根据头、肩、背、腰、臀、大腿、小腿的人体七区理论，对睡眠系统

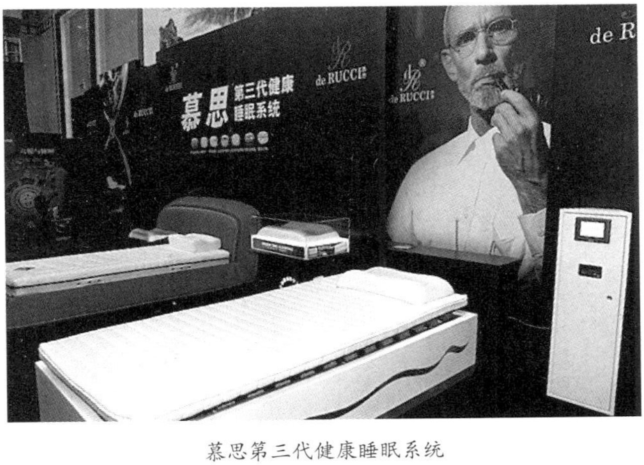

慕思第三代健康睡眠系统

进行调整，但是多数情况下需根据用户的个人感觉进行手动调节。而此次推出的第三代T—5智能睡眠系统，沿袭了前两代睡眠系统的优势，并且在此基础上强调了智能化的健康睡眠，综合了人体工程学、睡眠环境学以及智能化的技术，通过这三大学科的综合应用，实现了智能化的自动调节。

T—5睡眠系统包含了全自动电动智能排骨架、自动调节气压床垫、凝胶微环境调节、床品微环境调节四大系统，让睡眠贴合人体结构。慕思T—5睡眠系统采用了意大利Bedding公司的凝胶床垫，凝胶能保持低于人体表层体温1.5摄氏度左右的温度，促进血液循环，使人体皮肤及皮下组织得到有效的有氧呼吸，给人极大的舒适感，大大提高了睡眠质量，有效促进人体的深度健康睡眠。凝胶下面的材质还具有记忆体形的功能。慕思T—5睡眠系统排骨架采用的是玻纤材质。众所周知，人们处于深度睡眠的时候抵抗力是最低的，而玻纤具有抗辐射的作用，把外界对于用户的伤害降到最低。

慕思每一代的产品都在创新，第三代智能化健康睡眠系统T—5开创的“睡眠新系统”，提出“以人为本，因人而异，量身定制”的健康睡眠概念，重点突出“健康智能”，可谓是2012年寝具领域的最大亮点，也将寝具标准提到一定新高度。

2. 慕思第四代健康睡眠系统将于2014年隆重推出

2013年，慕思从比利时引进KREAMAT“量身定制睡眠”测试系统，将量

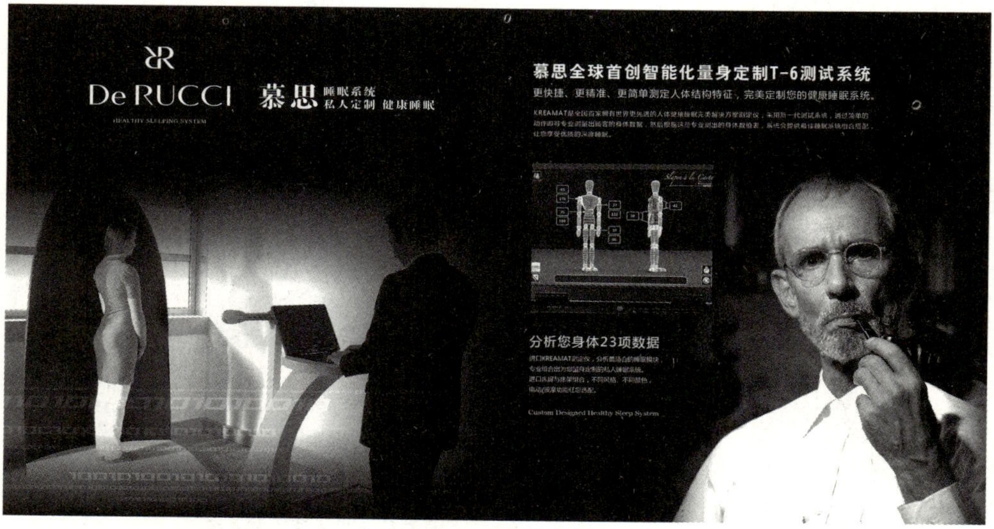

慕思第四代健康睡眠系统

身定制睡眠的理念再次强化，标志着慕思在健康睡眠研究领域进入了可量化的科学性依据量身定制概念。KREAMAT是拥有世界最先进的人体健康睡眠定制测定仪，采用新一代专业测试系统，通过简单的动作即可测量出顾客的身体数据，然后根据这些专业测出的身体数值表，系统会提供最佳睡眠系统组合方案。KREAMAT“量身睡眠”系列提供超过50种独立弹簧块组合，对肩部、腰部和臀部提供相应的支撑，使每个人都可以按照身体结构不同量身定制睡眠系统，充分满足每个人自然的、独特的睡眠需求，使您的睡眠更舒适、更健康。慕思第四代睡眠系统——KREAMAT“量身定制睡眠”测试系统将于2014年3月正式发布。

3. 整合全球健康睡眠资源

健康智能睡眠的概念并不是由慕思率先提出的，欧美等国早前就已经开始进行推广。但是这些睡眠资源是“分离”的，即各个领域的睡眠资源是分散存在的。而在中国，以前的睡眠的概念无非就是有一张舒服的床，能够保证良好的睡眠质量即可。T—5的出现在一定程度上打破了这种格局，慕思巧妙地将这些零散的睡眠资源创新性地组合在一起，并将“智能睡眠”整合到一个全新的高度。

慕思所整合的睡眠资源主要源于欧洲，因欧洲的健康睡眠领域的技术已经趋于成熟，进行整合加工能够得到更好的效果。其中包括比利时乳胶供应商阿蒂兰特（Artilat）、比利时电动排骨架供应商瑞寇（Rako）、意大利电动按摩排骨架供应商肖瓦多瑞（SALVADORI）、意大利凝胶枕供应商维罗纳（Bedding S.R.L）、瑞士床垫供应商DOC、瑞士供应商许佩尔、德国供应商欧腾（Otten）、意大利床垫和记忆枕供应商（Alessanderx S.p.a）、土耳其床垫布供应商Boyteck等。其中阿蒂兰特、瑞寇、肖瓦多瑞等企业与慕思建立起了长期的战略合作关系。

瑞寇生产的排骨架可根据人体的不同区位分成7区，不同的区位可让客户在使用过程中达到缓解疲劳的效果，并可根据自身的需求自动调节排骨架的位置。

肖瓦多瑞生产的电动按摩排骨架是根据生物科学和工程学原理，利用最新科技设计而成。此系列产品能够使你根据客户的不同体重随意调整其软硬度。其生产的玻纤床垫是为电动排骨架配套使用而设计。该床垫符合人体工程学原理，根据最新科技将玻纤运用到床垫上，这样能使客户拥有更好的睡眠。

慕思敏锐地发现，诸如此类尖端的技术，若是能作为一个整体运作，加以改造必定能够达到最优的效果。于是经过多年的整合，零散的资源和技术渐渐聚合在了一起，产品逐渐从单一的功能向多功能智能化转变。从第一代到第三代睡眠系统，慕思通过整合式创新将睡眠系统一次次提升到新的高度。据悉，第四代睡眠系统将引入"香熏"功能，这也算是对慕思"六根与睡眠"观念（旨在从眼、耳、鼻、舌、身、意六大层面找到各式的助眠方式，从而让睡眠问题成为一个可落实的大系统）的进一步诠释。

创新并不是一定都需要"原创"，原创式创新往往需要投入大量的人力物力，研发的过程多则可以持续数十年。整合式创新不失为另一种高效创新的方法，前提条件是需要企业善于发现零散的资源，这就需要时刻保持敏锐的洞察力。将资源进行整合，然后创新性地融入新的产品（或服务、概念），这便是整合性创新的主要途径。整合性创新的主要优势在于节约了研发的成本，同时能将相关资源的效用提升至最大化。

4. 创造全新价值

整合式创新的精髓就在于，它能最大限度地利用现有零散资源，使其以最优的形式组合在一起，实现"1+1＞2"的效果，从而创造出比单纯复制模仿更具效果的创新模式。

案例三　原创式创新，格兰仕UOVO从"方"到"圆"的完美蜕变

格兰仕UOVO微波炉

1. 差异化产品成为市场新突破口

将微波炉做成圆形可以说是全球微波炉产业的一个梦想。日本人、欧洲人进行了数十年的研究都没有成功研制出来，而格兰仕做到了。

现在年轻人追求时尚快捷，烹饪已经不是传统意义上的需要经历复杂的程序，他们更多希望享受烹饪的便捷，同时还要

彰显自己的个性。

格兰仕凭借敏锐的洞察力和多年的技术积累，通过企业自主创新，攻克了技术瓶颈，成功研制出圆形、向上开启的微波炉UOVO。其设计和功能全部围绕一个“新”字展开。全新的向上开启模式，全新的类球型外观，全新的功能设计，全新的时尚概念。这些都是格兰仕经过多年的技术创新造就的结果。它打破了以往传统的固有模式，在消费者眼中树立起一种标新立异的形象，抢先在微波炉市场树立了新形象。

2. 原创式创新即是一场革命

UOVO不仅仅是外形的改变，这个长得像UFO的圆形微波炉UOVO其实集合了100多个专利申请技术。在UOVO的身上，不仅微波炉的最新功能一应俱全，同时还承载着消费者渴望更节能、更智能的使命。UOVO专属的球形三维聚能设计，能将磁控管发射的微波能量全部控制，并将全部能量作用于食物，发挥聚能高效的作用，整机效率比传统微波炉提升10%以上。因此，格兰仕圆形微波炉UOVO能用更快的烹饪速度，更少的烹饪耗电，为消费者烹饪出更美味的美食。这一超越想象的创新产品，拥有众多划时代的历史性标签：全球第一款圆形微波炉、全球第一款向上开启微波炉、全球第一款有声光效果的微波炉……诸如这些，均是行业给予的评价，而消费者对它的厚爱不仅来自于它炫丽的外观，更来源于它带来的向上、圆满、优质、开放的全新生活方式，来源于它所创造出来的品质生活。

随着格兰仕UOVO的推出，创新的形式得到了进一步升华。这属于一种原创性质的创新，前提条件是在以往的产品创新中都不曾出现过，UOVO独创的形式已经颠覆了微波炉方形侧面开启的概念。

3. 个性化UOVO 打造时尚范本

原创式创新向来是“孤独”的，要忍受巨大的研发投入，要忍受短期得不到价值回报的阵痛，就算产品最后得以成功研制出来，还是要接受市场的考验。所以在决定进行原创式创新的之前，企业需要进行全面的市场调研，将消费者的深层需求和竞争对手的战略走向准确把握，同时更应该明白自身的产品设计方向，否则最后面世的产品只能落入曲高和寡的地步。

UOVO的诞生，证明了微波炉行业还有更大发展空间。随着年轻一代消费群体的扩大和消费者购买实力的增强，更多的消费者在选购时已不再仅仅满足于功能上的提升，而是倾向于什么样的产品能给其带来快乐时尚的消费体验。

案例四　移植式创新，欧派的“洋为中用”

创新是欧派保持行业领先的关键，在橱柜产品设计泛滥、严重同质化的年代，欧派将产品设计创新能力放到第一位，形成独具特色的产品风格，在橱柜市场闯出一片属于欧派的蓝海。

从橱柜到整体厨房，再到整体家居，欧派历经数次产品变革，将产品的效能以一种文化的形式进行推广。塑造产品的文化并非一件容易的事，这需要很长时间的品牌累积，在消费者心中形成一种牢不可破的地位。同时，文化植入的另一种方法就是文化移植，即运用已经存在的产品文化，在此基础上进行创新改造，使之成为品牌自身的特有文化。

1. 欧派的厨房文化移植

在欧洲，从13世纪前半叶开始，厨房生活的改造便被注入了灵感和思想。时至今日，随着全球跨地域文化交流的不断深入，欧洲的厨房文化理念已经发生了明显的变化。具体表现在：强烈的时代气息与个性的自我风格被重点提倡，厨房生活的科学性、合理性的逐渐加深，传统厨具风格和时尚流行风格在纵深的融合等等。直接地说，就是房子变大了，开放式的厨房多了，这种厨房与餐厅一体的去处不再只是主妇的专属地，而是全家人生活的所在。人们的厨房观念也从基本烹饪功能向多功能、娱乐化、舒适性的方向发展。

随着欧洲设计师们考虑的设计范围日趋增大，各类学科出现了互相兼容的现象，即学科的交叉化。在思想与艺术的碰撞下，在生活与理性的交融下，欧洲橱柜界在世界上首次提出了“打造个性化厨房”的理念。

厨房观念的转变意味着人们生活品质和生活方式的变化。在欧洲，厨房的概念除去传统的饮食功能，大部分已经兼有了娱乐、休闲以及家庭情感沟通，朋友聚会等诸多功能。把人们从厨房的劳作中解放出来，变成一种愉悦精神的身心享受。

而在20世纪80年代到90年代初期，中国式传统厨房的状况实际上就是一个锅台加上一个油烟机。欧派敏锐地察觉了这一现象，他们认为应该给中国式厨房一个改变的机会。中国橱柜市场还是一片空白，没有人把锅碗瓢盆的摆放组合做得这么漂亮。选择在行业空白期进行创造性地介入看来是十分明智的，就在1994年，欧派率先提出将欧洲的厨房文化引入国内的构想，此举掀起了中国“厨房革命”的风暴，开创了中国工业化生产整体橱柜的先河。

中西合璧的欧派橱柜

自1994年成立至今，欧派已经走过了将近20年的厨房文化普及之路。欧派诞生的前十年，可以归结为是一个探索和改造的十年。因为欧洲的厨房文化并不完全适合中国的具体情况，要国人接受突如其来的外部文化着实不是一件容易的事，这需要经历一个相当漫长的“改造”过程。欧派此时的定位就是充当了欧洲与中国之间的转换器，他将欧洲的厨房文化精华引进来，再结合中国人的传统习惯，情感诉求，审美标准，客观需要等等条件，进行去粗取精，杂糅再造，于是欧派制造出了从橱柜布局到外观形象和功能作用都贴合国人实际需求的完美橱柜产品。

经过前十年的铺垫和探索，中国式的欧洲厨房文化已经形成，欧派的后十年则开始将重心逐渐转移到具体的植入文化活动当中，通过消费者喜闻乐见的形式，将橱柜背后的独具中国特色的厨房文化进行进一步渗透。在品牌形象方面，欧派率先在业内推出品牌代言人，倡导中国式时尚厨房生活。在设计方面，欧派一方面聘请德国、意大利专家定期到欧派进行设计培训，加强对西方设计文化的学习，另一方面通过联合高校开设橱柜专业、举办全国厨房设计大赛等形式，加强对设计人才培养，加大对中国传统民族文化的挖掘力度，以打造更具中国文化内涵的橱柜产品。2006年欧派举办首届厨房文化节，作为其重点活动，在此后的植入文化之路中大多围绕这个主题展开，让更多人都看到欧派在厨房文化传播方面的成效；2008举办“欧派杯”中国厨房空间设计大赛暨国安居（国际）厨卫文化节；2010年协办“欧派杯”中国国际家居厨房文化节；2012年开展网络征文《幸福厨房》，旨在传播一种“厨房文化即是家文化的一部分”……而今，欧派的厨房文化植入之路仍在以一种“润物细无声”的趋势进行。

2. 做国人自己的整体橱柜

由于中西方文化背景、生活方式和习惯不同，导致中西方在厨卫功能的要求上不一样，设计装修风格也不一样。以厨房为例，西欧国家的厨房空间普遍较大，除烹饪外，同时兼有就餐、阅读、休闲等功能，在饮食习惯上也多以烤、蒸、煮、煎等为主，故需将厨房设计为开放式，与客厅连为一体。而中国的厨房一般仅用来烹饪，且多以油煎、油炸、炒、炖为主，故中国的厨房常设计为封闭式。

随着中西方文化的交流，国人的生活方式正在不断改变，中西融合程度进一步加大，然而由于厨卫产品是舶来品，目前国内的产品更多地体现了西方文化，中国元素则十分缺乏。因此，如何在厨卫产品中恰当地融入中国传统文化，在欧化和本土化中寻找一个最佳契合点，是欧派一直以来都在思考的重要课题。

因而，在橱柜设计上，欧派也一直进行着“洋为中用”的改造，其产品主要分为三类：中式橱柜、西式橱柜、中西合璧式橱柜。

作为中式橱柜的代表之一，L036檀之香整体橱柜被列入欧派经典橱柜的行列。“让生活，像檀木一样简约优雅，而又氤氲独特的生活香气……”，檀木是中国古典家具的代表性材料，曾是社会上层人士的身价象征。而现在随着公众消费能力的提升，越来越多的人开始追求更高质量的生活品质。檀木受到更多有品位人士的青睐，也是中国式橱柜的重要标志之一。欧派将其透露的浓浓的中国文化气息作为厨房文化植入的重要因素，中式的风格能够锁定有一定社会历练的消费者群体的目光，而这部分群体大多有着更强的购买能力，对于本土文化有着更加深厚的情愫，中式的厨房文化风格能够更顺利地进行文化植入。

OP12-X106卢瓦尔风情作为欧派一款典型的欧式橱柜，为消费者呈现了一幅法国恬静花园的画面。“静谧的田园、精致的山丘、幽深的古堡宅院、青苔斑驳……”这是此款橱柜传达给消费者的信息。对于追求新事物的消费群体，欧洲文化以其独特的风格吸引着这类人群。欧式橱柜主要传达的是一种欧式经典的厨房概念，相较于中式橱柜所带来的“本土风情”，欧式橱柜更像是一位西洋人走在斑驳错落的中式小巷中，给消费者一种眼前一亮的感觉。欧派对欧式橱柜的设计，正是源于这种耳目一新的效果，将欧洲的厨房文化“照搬”入中国的厨房，自然起到一种“外来的和尚会念经”的效果。

如果说中式和欧式橱柜的区别在于“本土”与“外来”的差异，那么欧派创新地根据中国特色进行中西融合的橱柜系列则算得上是文化交融的典范了。L058东方巴黎整体橱柜证实了这一点，“欧洲设计风格和中国式厨房完美结合起来，白橡木纹膜衬托出空间的明亮纯净，带着西方时尚的东方风情……”中西合璧式橱柜既能满足消费者对于异域风情的追求，又能将其真正融入到中国的厨房，至此，“洋为中用”的厨房文化的设计理念在这里得到了最完美的诠释。

欧派正是通过这三种橱柜模式为载体，针对不同需求的消费者提供最适合的产品，将其中西合璧的厨房文化融入到橱柜当中，让消费者拥有属于自己的橱柜和厨房文化，这种移植式的创新也将成为慕思今后的主推方向。

“中西合璧的厨房文化已经成为当前欧派实施品牌战略的基础，然而厨房文化的推广、中国橱柜业的崛起，并不是一个厂家所能够承担的，它需要所有业内外人士的共同努力，”欧派橱柜董事长姚良松表示，“这也是欧派举办厨房文化节的初衷。”

3. 移花接木，妙手回“春”

中国厨卫行业的环保和人性化还处于起步阶段，但它的发展趋势是毋庸置疑的，已逐渐成为整个社会、经济发展的必然要求，消费者的环保意识在逐步增强，达不到环保要求的产品势必被市场淘汰。姚良松分析道，“而与此同时，人性化也越来越受到人们的认同，现在很多成功的跨国企业都提出，他们提供给顾客的不是产品，而是一个系统解决方案，厨卫产品也是如此，消费者不是单纯为一个产品而购买，而是因为他对厨卫产品的多方面需求，因此关注人性需求是厨卫发展的必然。”

在实用性和时尚性方面，未来的趋势是使用型厨房家具向开放式享受型家具转变，厨房不再是传统的形式，而是一个集烹饪、娱乐、休闲、聚会、学习交流的多功能性的生活空间。消费者在选择厨房家具时，已不仅仅是为了简单的烹饪和储藏，更多的是为了体验和享受厨房生活。欧派橱柜的设计理念是将一种享受式的“厨房文化”融入到产品中，向消费者传达“家”的文化，同时兼顾了开放式与封闭式的组合，从中式、欧式到中西合璧，再到“厨电一体化”（即厨房电器、厨房用具与整体厨柜有机协调成一体），无一不体现着欧派的实用性和时尚性。

欧派这种欧洲厨房文化的移植，并不是单纯地照搬，而是创造性地移植并配合自身产品的特点，欧派创造了一种中国式的“欧洲厨房文化”，这种创造性的文化移植，将整体厨房的文化概念融入简单的厨房之中，将文化与产品创新巧妙地结合在了一起，形成了欧派特有的品牌优势。

第三节 本章方法论

创新是一切企业发展动力的源泉，企业能不能保持长久、持续的竞争能力，核心在于整个企业的创新能力，所以创新是一个驱动力。本篇所说的创新主要是技术创新和产品创新，除技术创新、产品创新以外，还包括管理创新、营销创新、渠道的创新、商业模式的创新。

企业要用最大化的资源来保证创新，首先要建立创新文化，创新文化就是鼓励创新，不追究失败，无论是产品创新还是管理创新或是任何创新，都要在团队中建立起创新的文化；其次要建立创新机制，奖励创新的成功，同时宽容创新型失败；最后要建立创新培训体系，跟随创新潮流，比如说今天随着市场变化，微博、微信、微电影等新媒体和新营销方式要即时运用和探讨。

诚然，创新的成本非常高，尤其创新失败后损失也比较大，但是与此同时带来的收益也可能会更高。企业必须要有这种观念：创新是风险最大的一种发展方式，但同时也是投资回报率最高的一种发展方式，创新给企业带来的长期收益巨大，并能让企业立于不败之地。诸如华帝、慕思、欧派、格兰仕等知名企业，其产品能够长期稳居第一品牌的宝座并非偶然。成功的创新不仅能为企业带来源源不断的利润，保持企业在激烈市场中的领先地位，更能够强化在消费者心中的形象，提升忠诚度。

创新理念唯一的不变就是变，一年一小变，三年一大变，从组织架构上、从管理流程上都要追求这样一个大的创新原则，而具体到创新的方法，可以从以下几个层面去追求企业的创新：

1. 需求式创新，诠释“需求是创新之母”

创新是一个动态的过程。消费者的需求总是千变万化，譬如在20世纪六七十年代，消费者主要追求的是实用、性价比高的产品，八九十年代侧重于产品的性能、功能，而今，随着生活水平的提高，更多消费者关注产品的个性、环保、健康。无论是哪种类型的创新，都必须确保其持续性，而关键则在于及时把握消费群体变化着的需求，只有契合消费者需求的创新，才能正确地被市场接纳。

需求式创新主要的动力就是消费者、市场、社会的需求。无论是外部环境（经济环境、政策环境、消费者市场结构等）的变化，还是内部环境（企业战略、组织变化等）的变化，都需要新的模式与之匹配。而根据这种需求进行的新事物的开发就是需求式创新。

当然，需求式创新需要企业具备敏锐的观察力，及时洞察因环境变化而产生的需求。从华帝“聚能灶”的诞生可以看出，在政策鼓励节能环保以及消费者日益追求绿色高效能产品的大趋势下，华帝准确地瞄准了市场急迫的诉求，通过自身的创新，从高效能的材料到节能的技术，再到环保节能旗号的推广，“聚能灶”成功地在市场迫切需求的关头脱颖而出，以其“绿色、时尚、节能、高效”的产品形象迅速占领市场，这便是“聚能灶”的制胜之道，也是华帝的制胜之道。

2. 整合式创新，资源的最优组合

创新不一定是技术的发明，更重要的是整合的创新。他山之石可以攻玉，其他行业成功的东西引入到这个行业里面可能就可以成功，所以我们说嫁接就是创新，是整合式的创新，是整合不同的资源，就像今天的苹果，很多东西不是它做的，比如说屏可能是三星做的，芯片也是三星的，甚至制造都是别人做的，这就是一种整合创新，一个比较好的模式，这是第二个要谈的问题。

现实中，可用的资源往往是零散的，将这些零散的资源有效地组合在一

起，形成新的东西，这便是整合式创新。整合式创新不是将资源进行简单的叠加，而是让各资源的效能有机地结合在一起，实现资源效用最大化的效果，也就是达到“1+1＞2”的功能。

慕思的全球睡眠资源整合是整合式创新的典型例子。将欧洲的睡眠资源进行整合，包括各供应商的材料和技术，系统地组合在一起，使这些资源组合成为自己的产品。这需要企业拥有过人的资源筛选能力，因为并不是所有的资源都能够被有效地进行组合。有时候资源本身很优秀，但是与企业自身的创新不相符合，那么也达不到期望的效果。慕思通过资源的整合，至今已推出三代睡眠系统，时至T—5“智能睡眠系统”的面世，在这些成就中慕思的资源整合能力可以说起到了举足轻重的作用。

3. 原创式创新，打造核心竞争力

企业的核心竞争力关乎其生死存亡，在激烈的市场竞争中，比拼的就是核心竞争力的优势。如何确保核心竞争力拥有源源不断的生命力，归根结底就是需要企业不断地为其注入创新元素。

创造史无前例的东西，可以说是“新”的最高形式。原创式创新不仅能快速地建立起差异化概念，竞争者在很长一段时间内还很难模仿，依靠这段时间，企业可以拉开与竞争者的差距，从而增加市场占有率。原创式创新需要的是企业核心技术的打造升级，需要一个漫长的创新、研发过程，同时对于消费者需求的把握也尤为重要。创新如果不能被消费者接受，所有的工作都毫无意义。正是把握了这一点，格兰仕经过多年研究，适时首创了第一款“圆”形概念的微波炉产品格兰仕UOVO，及时契合了消费群体的这种需求，实现了有别其他同类型产品的差异化。这是格兰仕核心竞争力的一次重要飞跃，集中体现在UOVO的“时尚、健康、高效”上。

4. 移植式创新，改造性“复制”

移植式创新是对现有资源的改造加工，依靠已有的优质资源，将其转化为企业所需要的资源，再投入到自己的细分市场。移植是个漫长的过程，不仅仅需要产品的创新，更需要及时把握市场的创新、战略的创新。一个成功的品牌，不仅要及时满足消费者需求，更要让消费者认同你的价值观和理念。

欧派的案例告诉我们，如何让一个市场还处于空白期的中国厨房市场接

受欧洲厨房文化，首先需要企业对已有的厨房概念进行改造，使厨房文化更适应中国的具体情况。文化的移植并不会起到立竿见影的效果，但是一旦形成，其在消费者心中的地位便很难动摇。移植式创新最重要的是对消费者观念的影响，让消费者接受新的消费习惯，这需要企业在强化自身产品创新的基础上，通过各种方式（品牌塑造、观念深化）让消费者接受，这将是一个潜移默化的过程，完成了这个过程，品牌的自我升级也就指日可待了。

创新变革是企业进步的源泉，先人一步创新变革则能让企业迅速在行业中建立起第一品牌形象。创新能够让企业走在市场的前端，及时迅速满足消费者的需求，保持产品、技术、营销等持续不断的创新，使得企业始终保持行业的领先地位。

第五章

渠道建设篇

第一节　得渠道者，得天下

做企业的人，不管他是大成或是小成；做营销的人，不管他是刚入门或是已经做到炉火纯青，应该都会支持一种理念，那就是：得渠道者，得天下。

1. 渠道的经典定义

渠道，顾名思义就是通道、通路的意思。例如水渠、沟渠就是水流的通道，公路、铁路、航线就是交通工具的通道。引入到商业领域，当然就是商品销售路线，也就是商品的流通通道。

营销渠道是企业完成其产品，或者服务交换过程、实现价值、产生效益的重要载体。营销渠道的主要功能是将产品，或者服务送达给消费者。

以上都是我个人对渠道的最直观的理解，其最权威的定义是美国市场营销学者菲利普•科特勒提出的，“渠道是指某种货物或劳务从生产者向消费者移动时，取得这种货物或劳务所有权或帮助转移其所有权的所有企业或个人”。

简单地说，渠道就是商品和服务从生产者向消费者转移过程的具体通道或路径。

2. 企业成功离不开渠道

渠道对于一个企业来说，非常重要，我们经常听到“渠道为王”“得渠道者，得天下”之类的说法。渠道对于企业，就好比马路对于车辆，如果马路不够宽畅，总是泥泞崎岖，就算是宝马也跑不起来。也就是说，如果企业的渠道不通畅，再好的产品也不能快速占领市场，企业也不能很好地发展起来。

渠道是连接企业和终端客户的纽带，是企业了解市场的触角，在日趋激烈的市场竞争中，渠道的建设对企业未来的发展规划至关重要。

因此，建设属于企业的独特的渠道就显得越发重要。

根据我的实战经验，企业进行渠道建设时，要结合企业目标或远景以及行业和产品的具体情况制订渠道战略，也就是确定企业在渠道建设上总的思路和原则，它是企业渠道建设的方向和灵魂，具有指导性，在一定时期具有稳定性。

3. 渠道“共赢、创新”，成就中国企业的第一品牌

近年来，“共赢”是众多企业与渠道成员共同的话题。“共赢”就是指交易双方或共事双方或多方在完成一项交易活动或共担一项任务的过程中互惠互利、相得益彰，能够实现双方或多方的共同收益。

说得浅显些，“共赢”其实就是渠道管理的一种方法，也是目前最被企业认可的方法。

几乎所有的企业都在呼吁“共赢”，如欧派、华帝、慕思等优秀企业，都在共赢中拓展营销渠道，成就了中国企业的第一品牌。

此外，营销渠道的不断创新和完善，也是成就中国第一品牌的关键因素。

众所周知，在产品、价格乃至广告同质化趋势加剧的今天，单凭产品的独有优势赢得竞争已非常困难，企业必需持续渠道创新，谋求渠道的优势。

正如整合营销传播理论创始人、美国西北大学教授唐•舒尔茨指出：在产品同质化的背景下，唯有渠道能产生差异化的竞争优势。

在本章节，我将以格力、雷士照明、欧派、华帝、慕思等优秀企业为例，详细探讨他们是怎样通过渠道建设、招商谋划、渠道管理和持续渠道革新，来成就中国企业的第一品牌。

第二节　渠道建设之实践案例解析

案例一　渠道建设，格力重构渠道决胜市场

每个成功的企业都有自己独特的渠道模式，像美的电器的“批发商带动零售商”的渠道模式，海尔的“零售商为主导的渠道系统”模式，格力电器的“厂商股份合作制”渠道模式，还有华帝的“区域总代理制”模式。这些渠道的构建，都是通过各方面，反复实践的结果，这些渠道模式，也无一例外地成为了这些企业的核心优势之一。

下面我将以格力电器重新构建渠道为例，全面回放格力构建渠道的过程，希望读者朋友能从中借鉴到一些经验。

早在1997年，格力在湖北的四个经销大户，在空调行业大战中，为了抢占地盘、追求利润，玩竞相降价游戏，结果格力在湖北的市场价格体系被冲得七零八落，格力和经销商两败俱伤。

时任格力销售总经理的董明珠提出一个大胆的想法，为此，她几度赶赴湖北，促进当地的大经销商和格力厂家抱成一团，并肩作战。不久，董明珠的想法得以实现，一家以利益为纽带，以格力品牌为旗帜，互利双赢的联合经营实体——湖北格力空调销售公司诞生，由厂商共同出资组建、各占股份、并实施年底共同分红。湖北格力空调销售公司在成立后的第二年就使销售上了一个新台阶，增长幅度达45%，销售额突破5亿元。

格力在联营体出现前，原先代理商必须先打款才能得到货品，成立渠道联营体后，格力总部向联营体派出财务人员进行监督，在对区域市场供货后，当联营机构分销到下一经销商取得货款后再打回总部，极大地改善了区域联营体的运作风险，可以把更多的现金用来投入到市场建设以及营销推广。

格力渠道体系自上而下分工明确，组织严密。格力空调省级合资经销商由省内最大的几个批发商同格力电器合资组成，负责对当地市场进行监控，规范价格体系和进货渠道，以统一的价格将产品批发给下一级经销商。这其中，格力只输出品牌和管理，在销售分公司中占有少许股份。此外，格力公司负责实施全国范围内的广告和促销活动，而当地广告和促销活动以及店面装修之类工作则由合资销售公司负责完成。

各地市级批发商也组成相应的合资分公司，负责所在区域内的格力空调销售，但格力在其中没有股份。

格力专卖店体系是区域渠道联营体直接管理，由区域联营体或下级经销商自建而成。格力先后在32个省市成立了区域性销售公司，这些多分支机构开拓了近万家专卖店。

凭借这些区域公司的支撑，格力对零售终端的掌控力度越来越大。

2004年3月，格力电器与国美在格力空调的销售上发生争执，格力电器认为成都国美擅自降价破坏了格力空调在市场中长期稳定统一的价格体系，决定停止向国美供货。国美则称由于格力电器在价格上不肯让步，与国美“薄利多销”的原则相违背，要求各地分公司将格力空调的库存清理完毕。

争执最终导致格力电器脱离国美的销售渠道。不过，格力销售额并没有就此受到太大影响，那时他们的专卖店已近万家，遍布全国。

厂商联营体激发了经销商的信心和动力，但为什么格力要以专卖店作为主导的零售形态呢？

当时，空调整个行业都看海尔，海尔的服务做得最为出色，这是由于空调产品安装、维修特点决定的。格力开专卖店的最初目的，也就是想让格力专卖店未来的服务走向专业化、标准化。

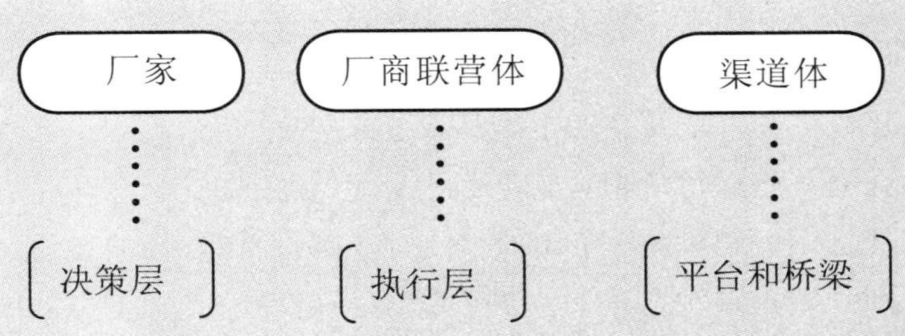

注：厂家是决策层，厂商联营体是执行层，渠道体是格力到达最终消费者的平台和桥梁，可以说，厂商渠道联营体这个环节是核心环节，要承上启下，同时又有销售任务的分解完成压力。

格力渠道的“三级体制”规划

这种专业化、标准化的要求按照董明珠的话来说就是：只要某一个消费者在格力专卖店买一台空调，格力全国营业网点都知道他在哪一家专卖店买了什么型号的空调，什么时候装的机，该消费者所购的空调无论什么时候在什么地方出现质量问题，只要打个电话，格力的服务就能即刻到位。

格力的这种专卖店模式从诞生以来就饱经各界争议和讨伐，然而其却顽强地生存了下来，并发展得越来越稳固，“活”得异常的好。2010年，格力空调以销售收入600亿元的成绩，继续领航国内空调业，连续九年国内市场销售第一，无人能敌。2012年，格力空调畅销第17个年头。这一年，格力电器实现营业总收入1000.84亿元，同比增长19.84%；净利润73.78亿元，同比增长40.88%，成为中国首家依靠单一品类产品实现千亿元的家电企业。

总结格力电器取得的这些成就，我认为应该归功于20多年来建立起来的营销渠道网络，格力创造出“格力专卖店”这一独特的渠道模式，通过多年的经营，逐渐形成了以城市为中心、以地县为基础、以乡镇为依托的三级营销渠道网络，也即是人们所熟知的“三级体制”渠道，或者“格力厂商渠道联营体”。

如今，格力数万家专卖店遍及全国，星罗棋布，国内渠道销售比重惊人地达到85%以上，呈现燎原之势。在空调市场，格力自建的优势渠道，提升了格力对供应链终端的掌控能力，成为了其他竞争对手难以追赶的关键所在。

案例二　招商策划，欧派、慕思强势招商，布局空白市场

如果渠道建设是一种布局或模式，那么渠道招商就是渠道的落地动作。招商是企业开拓市场，填补空白市场最快的途径之一。

很多企业刚开始做市场时，急着铺货，急着回收资金，凡是有人给钱，就让他做代理、做经销，不去审核考察他有没有运作市场的能力，有没有培养的价值。刚开始，这种操作带来的快速扩张是很风光，资金回收很快，市场也铺开了，到处都是专卖店。但过不了多久，就发现不对劲了，代理商不再进货，厂家怎么也出不了货，市场开始崩溃，企业陷入困境，甚至破产。

这是为什么呢？就是因为企业没构建好适合自己的渠道，招商时也缺乏长期发展眼光，招的经销商完全没有运作市场的能力，市场怎么可能做得起来？

我认为，企业要图长期发展，就必须要求经销商有运作市场的能力，并不是只要有钱就适合做经销商，切勿仅仅把招商作为企业圈钱的一种手段。在招商前，企业首先要确定自己产品的目标招商群，也就是哪些人有兴趣做这个产品，这就要根据产品的市场定位、产品特点、渠道特点来确定自己的经销商目标群。

那么，哪些人适合做自己的经销商或代理商呢？

企业选择经销商要有针对性，不要是蘑菇就采，虽然都希望篮子里的蘑菇越多越好，但是，对于有毒的蘑菇一定要学会放弃。否则，一开始可能是满足了自己的欲望，但最终会对自己造成莫大的伤害。

根据我的经验，选择经销商有以下几种方法：

1. 竞争对手的经销商。由于竞争对手的经销商对该行业、产品以及市场运作比较熟悉，企业可以利用其这方面的优势快速启动市场。由于竞争对手的经销商对行业非常熟悉，因此，要想将竞争对手的经销商变为自己的经销商并不容易。

2. 相关产品的经销商。相关产品指的是与本企业产品有关联或经销方式类似的产品，如保健品与医药、食品与饮料、小家电与空调、衣柜与橱柜等。由于这些产品的经销具有相关性，产品的经营方式有一定的相似性，因此经销商往往比较容易介入。这类经销商具有一定的销售经验，具有较强的经销意识，有一定的经济实力，而且在招商时也比较容易找到，他们应该是企业招商的重点之一。

3. 有闲置资金的潜在经销商。这部分经销商有一定的资金实力，同时又有投资的欲望，也可以成为企业的目标经销商。虽然他们缺乏行业知识和产品的经销经验，但是由于他们初次涉足一个新行业或初次经商，往往做事特别认真，只要具有一定经销的意识，经过厂家的培训与指导后，可以迅速成长为优秀的经销商。

以欧派橱柜招商为例，如果欧派橱柜要招商，它的招商对象可以选择在当地做得比较优秀的竞争对手的经销商；欧派橱柜也可以找衣柜、木门等相关产品的经销商；当然，欧派橱柜还可以选择那些有闲置资金的潜在经销商。

找到了目标招商群，接下来的问题，就是如何让他们愿意经销你的产品。

道理很简单，利益永远是驱动市场的原动力，也就是说，要想让目标招商群愿意代理或经销你的产品，你得让他们有钱赚。只要你的品牌好，利润高，质量过硬，政策支持多，他们一定愿意做你的产品，不但愿意，还会争着做。

欧派招商广告

以欧派家居的招商为例。众所周知，2011年广东欧派家居集团在全国区域，强势启动了橱柜、衣柜、卫浴、木门四大产业大规模招商，凭借欧派集团强大的品牌实力，再加上极具竞争力的“0元加盟”招商政策，向家居行业精英吹响了集结号，受到了社会的广泛关注。

关注过欧派家居这次“0元加盟”招商的经销商都知道，所谓“0元加盟”就是不仅不收取代理商任何加盟费用，还对符合加盟条件的优质代理商提供展示设计、装修补贴、广告补贴、培训支持、运营指导等一揽子扶持政策。如果我是找经销项目的潜在加盟商，我会很乐意加盟欧派家居，欧派品牌知名度高，产品质量也非常过硬，加上这次招商加盟的政策力度如此之大，有什么理由不加盟，有什么理由不挣钱呢？

欧派家居的“0元加盟”招商非常成功，就拿衣柜的招商结果来看，2012年，欧派衣柜专卖店开拓了400多家，全国独立专卖店累计达到了800多家。

有业内人士分析，在房产调控的大形势下，一、二级市场萎缩严重，三、四级的县镇市场必然会成为家居产品发力的“第二经济区”。欧派利用自身的品牌及整合优势，强大的研发与创新能力，强势启动欧派橱柜、衣柜、卫浴和木门四大产业招商，从而跨入“整体家居”大品牌实质性的一步。作为国内著名的家居企业集团，18年的发展凝聚了强大的综合实力。目前，欧派已经在全国开设9个生产基地，2000多家专营商场，拥有近30000名泛欧派员工，零售总额超过60多亿元。

这就印证前面提到的“利益永远是驱动市场的原动力”这一句话，品牌实力及招商政策的优惠力度，是快速招商，填补空白市场，完善渠道的重要手法。

能把这一方法运用彻底的，不仅仅是欧派家居，国内寝具行业的领导者——慕思寝具，也把这一方法用得出神入化。

慕思招商广告

慕思旗下的V6品牌是我2012年加盟慕思以后调整比较大的一个子品牌，根据V6产品的特点，对其进行了重新的定位，将V6打造成慕思的入门级产品，塑造成激情、自信、锋尚的品牌个性，深受80后、90后喜爱。V6品牌自2012年开始启动全球招商，渠道自一、二、三级市场向四、五级市场下沉，大力拓展渠道。通过上述举措，V6在2013年得到了120%的增长。

在V6一系列的招商计划中，最让人震撼的是它的极具竞争力的八大招商支持政策：

1. 品牌支持

每年投巨资在央视及全国多个卫视投放品牌广告，高速路牌、旅游景点、高铁、机场等高端户外广告遍布全国各地；同时联合国内外知名家居媒体（瑞丽等）、新浪、腾讯、搜狐、网易等进行全方位的合作，提供强大的品牌支持。

开业启动及总部统一广告支持，配合加盟商进行不同时段的媒体广告投放及多种方式宣传，创造最大影响力和品牌效应，抢占市场先机。

2. 店面支持

统一、标准化的SI及装修设计（店面形象、样品设计、展品陈列、软装搭配）支持；专业的设计师一对一现场指导，协助进行店面选址及实地考察，根据店面位置、面积提供设计方案，并对样品提供设计下单，店面装修施工指导，首次样品安装和软装设计师对展厅软环境的设计与营造。

3. 培训及开业支持

慕思商学院为经销商团队提供系统完善的培训，包括新店开业前的系统培训和后期不定期的集中培训、导师上门培训等，培训项目包括团队打造、销售技巧、专业知识、销售心态、营销推广等，帮助经销商建立强势的销售团队。

4. 管理运营支持

（1）加盟伙伴的人员组织架构筹建，岗位职责和行为标准，工作流程的制定、薪资体系、考核及奖惩等管理制度的输出；

（2）推行标准化的店面管理模式，提供日常规范运营管理的各类表单和文本等；

（3）系统内加盟伙伴营销案例的汇编和共享；

（4）加盟伙伴举行店庆、“3·15”、五一、十一等节假日重点市场推广活动的指导及执行；

（5）专业的营销指导，提供国内最专业的全套销售培训资料，为加盟伙伴提供专业的指导和必需的培训支持，公司数十位营销专家不定期的拜访交流、辅导，给予经销商提供运营支持，解决制约发展的各种症结。

5. 市场支持及区域保护

（1）施行区域保护、独家特许经营，有效地防止和控制窜货机制；

（2）为每个加盟伙伴量身定制推广计划和丰富的宣传资料、推广物料支持；

（3）根据加盟伙伴的业绩考核，对加盟伙伴进行相关的市场推广费用报销政策。

6. 开业及运营指导

开业前支持：

（1）开业前选址；

（2）开业前市场推广；

（3）开业前培训；

（4）开业前装修及摆场。

a. 乙方开业前，甲方将派出监理对乙方专卖店/专柜的装修进行监督及验收；

b. 乙方开业前，甲方将派出经验丰富的导师对开业摆场进行指导及验收。

7. 冠军联盟支持

冠军联盟是由八大行业冠军品牌组成，包括：大自然地板、东鹏陶瓷、雷士照明、万和燃气具、索菲亚、美的电器、慕思寝具、友邦吊顶，通过联盟的联合推广有效提升品牌的知名度和美誉度，同时客户资源共享，为经销商建立强大的客户资源库。

8. 售前、售后服务支持

公司有强大的销售服务支持团队，能定期跟踪各地市场的客户情况，并及时向当地经销商提供相关信息，保证经销商在客户售前、售后过程中的利益最大化，减少销售过程中各种问题的发生。

案例三　渠道管理，第一品牌的共赢法则

渠道建设起来后，接下来的问题就是渠道的管理问题了。渠道管理一直是企业最头疼的问题，很多企业因为没把渠道管理好，渠道冲突严重，造成市场一片混乱，最终企业陷入困境，甚至破产。

总结我操作过的品牌，他们在渠道，或者团队管理中，最重视的是企业与渠道、企业与合作方的关系，比如重视和员工的关系，重视和上下游厂商的关系。

员工在你的企业工作，你有没有给员工营造一个共同进步的空间，给员工支付的薪水能不能对得起员工的付出。客户不满意就不会持续购买，员工不满意也不会长久待下去，这就需要共赢的意识。

渠道上的经销商，是企业的衣食父母，企业之所以能将产品变为商品，再转化为资金，都应该归功于在市场一线开拓市场的经销商们。只有让经销商们赚钱了，他们才有可能愿意与企业合作，企业才能长久经营下去。

有没有与上下游厂商结成一种牢靠的合作关系（价值链）？如果对人不厚道，一味压榨经销商，别人也不是傻瓜，这样的关系能长久吗？只有链条上的各方都能合理收益，链条才能更稳固。

这就是“共赢之道”，企业共赢的第一法则。

在本节，我将以我在市场中运作过的品牌为例，详细分享这些国内企业第一品牌是如何做到共赢的。

1. “根深才能叶茂”，欧派让经销商先赚钱

欧派家居已在广州、天津等地开设有九个生产基地，拥有2000多家专营商场，近30000名泛欧派员工，60多亿元的年零售额。伴随欧派一起成长的，是数以千百计的曾经的白手青年、现在的行业精英——欧派全国代理商。欧派董事长姚良松有一个“树根理论”，欧派把这些代理商视为欧派之树的树根，像呵护生命之本一样精心培植。

欧派说，如果把欧派比作一棵树，那么，经销商就是欧派的树根，只有树根长得又深、又壮、又密，欧派之树才会枝繁叶茂，才会最终长成百年参天大树。

欧派把树根作为生命之本来精心呵护与培植，因此，不管风暴、旱灾，

欧派均能从容应对。风调雨顺之年，欧派之树则更会茁壮成长！欧派“百炼成金”的“欧洲品质中国价”“性价比为王”，欧派系统化、全方位的终端营销支撑，欧派“万山橙遍”的品牌战略支持，给前方市场源源不断地输送最精良的武器弹药，提供飞机导弹的空中支援，就如同利用欧派之树那繁茂的叶子进行光合作用，给欧派的树根源源不断地提供养分，让它们长得更深、更壮、更密；而欧派树根也把土壤深处的水分、养分源源不断地输给枝叶——形成良性循环，结果就是：欧派之树随着年轮的增加而快速地茁壮成长。

欧派的“树根理论”在业界广为传颂。为实现共赢，欧派采取一系列行动，促使经销商受益。欧派采取扁平化的销售渠道与个性化定制标准生产相结合，缩短销售路径，让经销商先赚到钱。在较短的代理路径和高性价比的产品面前，经销商赢得高额利润同时欧派的资金也在快速累积。

刚开始，欧派总部是不赚钱的，只有欧派的经销商赚钱，欧派选择让经销商先活，让经销商先强大起来，让经销商先赚钱，自己才赚钱。对欧派来说，这并不吃亏，根、树本是一家，根深，树才能壮大。渠道中的成员都获利了，欧派这个渠道龙头能不赚钱吗。欧派先富经销商的“树根理论”，形成良性循环系统，最终让欧派持续保持40％以上的增长，在市场中根深蒂固，得到长久发展。

2．“利益共同体”，厨卫霸主华帝与经销商共赢

欧派“让经销商先赚钱”的“共赢”法则已经被业界认可和传颂，有值得学习和借鉴的地方。那么作为厨卫领导者的华帝又是通过什么样的渠道模式与经销商们实现“共赢”？

众所周知，长期以来，厂家与经销商的关系常常处理不好，以致出现渠道危机。在处理经销商关系方面，华帝很有经验与方法，而且关键是做得还相当成功。华帝打造的“利益共同体”很好地化解了厂商之间的利益之争。华帝通过战略终端渠道变革，与经销商构成了“利益共同体”，厂商已经构成一个独立的整体，利益相互关联，为了得到更高利益，最好的相处方式就是合作，合作共赢，而不是相互冲突。相互冲突，起矛盾，只会两败俱伤，得不偿失，充分说明了华帝与经销商生死与共的血肉关系。

华帝现在的大多数代理商，其中80％都是从1992年华帝建立时就开始代理华帝的产品到现在，并且是专一的品牌经销。

构建“利益共同体”是华帝朴素的长久合作、合而为强的价值观，华帝公司、华帝所有员工、经销商、供应商及一切与华帝有合作或依存关系的社会团体、个人、消费者等都是华帝利益共同体的一员。华帝“利益共同体”是业内的奇葩。它将华帝集团、华帝员工、消费者、经销商、供应商等一切与华帝有合作或依存关系的群体和个人都纳入华帝“共同体”，并与华帝利益共享、命运共同、共存双赢。

在市场建设上，华帝的利益共同体理论直接反映到经销商政策上。华帝成功地解决了厂家与经销商在品牌及服务在区域市场的长远利益如何分配的问题，为此，华帝建立了独家代理制、反倾销协议、市场保护制度等三大机制，以保障共同体成员的利益。

首先是独家代理制，在每一个区域指定一家有实力的一级经销商，由一级经销商发展下面的二级经销商和三级经销商。其次是反倾销协议，为了维护双方利益和规范市场竞争秩序，华帝制订了以保证金为约束的“反倾销与市场保护”多边协议，靠这种机制严格控制市场，确保全国统一价格，防止不同地区经销商冲货。最后是市场保护制度，实行产品编码制，每台产品上都有独一无二的编码，出厂前存入电脑，市场上只要提供产品编码，就能够通过电脑验明正身。

商界巨子李嘉诚认为，“经商的奥秘关键是要多考虑对方的利益”。华帝“利益共同体”已经成为一套独立的属于华帝自身的运营理论，体现价值观念和企业意识形态体系。华帝“共同体”已经超越了企业文化，成为企业文化的外化和延伸，是市场文化和企业文化相结合的产物，是对现代营销市场一场史无前例的全新尝试，有人称之为“万众一心，众志成城”的“全民营销”。

3. “学习型组织”，慕思与经销商一起成长

慕思作为国内寝具行业的领导品牌所取得成功，在某种意义上，完全得益于学习型企业文化的建设和学习型团队的打造。在慕思，人是第一位的，以人为本，打造学习型经销商组织是慕思企业文化中最为重要的因素。

慕思寝具自成立以来一直发展得很快，并一直保持行业领先水平，其经销商政策发挥着不可磨灭的作用。

慕思自2004年创始之日起就十分重视对经销商队伍的培训，当年便开始

召开经销商培训大会，一直延续至今，从未中断。慕思每年进行4次经销商大培训，投入巨大。很多其他家具品牌的经销商转投为慕思的经销商，就是看到慕思培训给经销商带来的巨大提升作用。在每次经销商培训大会上，为经销商老板、经理到员工均安排了不同的培训课程，培训讲师来自各大著名咨询机构。

慕思有一套商业模式叫七星剑法，从主动营销、团队建设、激励机制到店面管理是一整套的管理模式，这套课程已经培训了很多次了，通过这些培训，来提升终端消费者的体验，从而提升经营能力。在接受过慕思的培训后，经销商反映不仅在知识体系上有了很大提升，而且性格也发生了很大的变化，从不爱分享变得爱发言，有冲劲，有激情。

同时，慕思公司内部还规定，凡是员工每年都有两次旅游的聚会，在工作岗位上比较优秀的员工，其父母都由公司接来东莞与家人团聚并参加旅游。每年的圣诞节，公司都会为老顾客寄送特定的礼物，以拉近彼此的合作关系和塑造慕思的品牌形象。让经销商、员工、顾客都能感受到企业文化的关照和温暖。

慕思通过不断地激励员工、培训经销商，与他们一起成长。当经销商的知识、能力得到提升，销售业绩提高扩大时，慕思的渠道体系也就越发健硕，企业品牌也越发强大。

在常人看来，一起享福容易，一块儿吃苦难。特别是企业，企业存在的目的就是赚钱，没有钱赚，还要陪你一起吃苦，任何企业也不会这么做。但慕思做到了，慕思认为人才是企业的根本，没有人，企业是不可能发展的，连生存都是问题，还谈什么做市场、赚钱。慕思从成立之初起，就把经销商当作自己的兄弟，与他们一起成长，一起经历风雨，这些从艰难中一起走出来的经销商与慕思的关系更牢固，更有冲击市场的能力，当然也不会出现恶性的渠道冲突问题。与经销商一起成长，慕思打造了一支战无不胜的市场常胜之军。

案例四　渠道变革，形成不可复制的竞争优势

这个世界每时每刻都在变，变是永恒的主题。慕思就有一个不成文的企业文化“企业唯一不变的就是变”。这里的变，其实说的是创新、变革。

美国最负盛名的管理学大师托马斯•彼得斯曾说：“距离已经消失，要么创新，要么死亡。”在产品严重同质化的市场中，谁能持续创新，打破常规，谁就是新的霸主。

因此，渠道也必须创新，只有不断地革新，才能随时应对市场的变化，才能找到最适合、最有优势的企业营销渠道，才能突破发展“天花板”，重新焕发企业活力，引领行业发展。

1. 雷士照明：由专卖店到隐形渠道的不断变革创新，成就照明霸业

在国内，被称为最佳商业模式的雷士照明，就是通过持续创新销售渠道，实现由零到行业领导者的飞跃，成就照明行业的绝对霸主地位。

雷士照明的成功源自于其对销售模式的创新。自成立以来，雷士照明频频发起销售渠道的变革，在业内率先引入专卖店模式、运营中心模式以及深挖设计师隐形渠道，从而深入挖掘了渠道的价值，极大地带动了销售，实现年均近55%的复合增长率。

成立伊始，因没钱打广告，雷士照明创造性地提出“补贴3万元打造专卖店”策略，即雷士照明对愿意加盟的经销商不仅不收取加盟费，还补贴3万元装修费。这一“优惠”的加盟政策收到奇效，要求加盟的经销商络绎不绝，雷士照明借此筛选出最优质的经销商，并很快建立了自己的渠道。另外，此举帮助雷士在海外巨头与本土制造之间成功卡位。2000年7月，第一家雷士专卖店在沈阳开张后迅速在全国推广，2003年达到300多家，2004年达到600多家，2005年超过1000家，截至2010年末，达到2810家。

专卖店模式成功运行一段时间后，问题随之暴露，一是效仿者众多，二是窜货现象严重。为此，雷士照明开始渠道升级，成立运营中心。运营中心由各省市最具影响力的经销商担当，其职责除了保留原有的终端销售外，还负责区域内的产品配送、品牌服务、市场秩序维护和销售规划。运营中心成立后，原有的规模较小的经销商不再通过雷士照明直接管理，而是由各区域的运营中心管理。成立运营中心的实质是将经销权集中，管理权下放，由以前的小区域独家经销制和专卖店体系向运营中心负责制转化。在利益和权力的双重刺激下，各运营中心纷纷向三、四级市场扩张，加速了雷士照明全国营销网络的建设步伐。

如果雷士照明的渠道策略仅限于此，则难言高明。事实上，雷士的渠道

策略中，对隐形渠道的开发更是技高一筹。与一般产品不同，照明产品的销售除了有形的渠道外，还有无形的隐形渠道。所谓隐形渠道，是指众多的家装公司、工装公司、设计院、设计师、装修工、电工等影响照明产品销售的力量。数据显示，几乎60%以上的照明产品尤其是工程用灯的销量，都是被隐形渠道中的设计师队伍所主宰。

深谙此道的雷士是怎么操作的呢？一是动员经销商组建专业的营销团队，并对业务人员进行专门的培训管理；二是对当地装修公司和设计院进行跟踪和拜访，加强与专业设计人员的联络；三是定期邀请装修公司及设计院的专业人士参观企业，加深他们对企业及产品的了解；四是对设计公司及设计院的活动提供各种形式的赞助。这种类似学术营销的方式，成功地将雷士与隐形渠道相关者的利益捆绑在一起。

隐形渠道对营收的贡献大致可从产品结构中窥见一斑：商业照明和工程照明占比近八成，而家居照明的贡献不足两成。正是有形渠道的展示功能与无形渠道的营销功能相结合，有效提升了雷士渠道的销量。

渠道变革成功后，雷士照明将此经验向国外复制。2007年10月，雷士海外首家自主品牌旗舰店在马来西亚开张，之后业务进入泰国、越南、印度尼西亚、巴西等地，目前海外专卖店达200余家。

雷士照明控股有限公司创始人吴长江认为，作为企业的掌门人，不一定要事事俱细，但是要把握好企业发展的方向，制订战略规划，整合各方面资源，特别是在企业快速发展的时候，更应该做好企业团队管理，控制风险。企业家是企业的灵魂人物，是企业运营决策的主导者，是企业生存状态的责任人，应该边做边想，边学习，并且总结、思考，创立符合自身发展的商业模式，最终才会获得成功。

2. O2O模式是家居企业触电方向

渠道的革新，除了可以从传统渠道入手，开拓新型渠道模式也未尝不可，例如企业进军电子商务，开拓网络营销渠道。

马云在2010年的广州网货交易会上毫不避讳地说："今天你不做电子商务，五年后你会后悔！"

但现实是，橱柜、衣柜、寝具等产品有很强的个性化（大小尺寸）和售前售后服务需求。家居产品不像其他产品，看看图片，选选颜色就可以的，而是需要根据实地设计，专业人员安装和完善的售后服务。还有重要的一点是，通过电商渠道流向用户的产品，谁来负责售后服务？让厂家或当地经销商去做售后都不太合适。这也是为什么家居产品迟迟不开拓电商渠道的根本原因。

虽然电商渠道对于家居行业有很多不适合的地方，但网络营销还有其不可代替的优越性。例如橱柜是笨重的大件家装，传统的消费链条十分复杂，如建展厅、进卖场、售前售后运输等。网络营销方式则不需这些，可以说大大地减少了运营成本。

家居建材行业的领导品牌尚品宅配和美乐乐，就已经开始在电商渠道上创新了，他们都为网络营销和传统渠道找到了一个比较合理的平衡点，而且大获成功。

尚品宅配在网上开专卖店，然后通过网络寻找到消费者，然后让消费者直接提交订单，区域服务上门测量确认，确认之后交由工厂定制家居产品，由区域服务上门安装，服务到位。这样做，砍去了很多中间环节，大大节省双方成本，具有了价格上的优势，很多年轻一族对这种网购方式非常感兴趣，网络营销手段已经渐成了行业的公认的有效渠道之一。

我个人认为，如果能找到一个电商与传统渠道的平衡点，企业是可以进军电商的，但永远不要想着谁会代替谁，电商成功的关键在于与传统渠道相结合，020模式将是家居行业的触电方向。

第三节　本章方法论

渠道对企业的重要性毋庸置疑，任何企业的成功都离不开这三个字：天，地，人。天即是天时，就是机会，即企业是否把握了市场空间、市场规律；地即是地利，也就是维持整个企业运转的环境体系和整条生态链；人即是团队。在“天、地、人”这三个成功关键点中，最重要的就是“地”，渠道就是企业的“地”，再成功的模式、再好的产品没有渠道就无法落地，无法变成经济收益。所以渠道是整个企业成功的“地”，也是一个企业成功的支持和支撑，得渠道者得天下。企业在经营渠道时，须注意以下几方面的问题：

1．渠道的宽度和深度。渠道的宽度就是不同的渠道类别，比如说做家私有建材卖场渠道、全国性家具卖场渠道、地方性家具卖场渠道、独立专卖店渠道、电商等，不同的渠道就是不同的宽度，一定要做到全渠道营销，把渠道做宽；其次，渠道要有深度，要下沉渠道，稳定渠道的根基，不仅要做一级市场，还要下沉到二级市场、三级市场甚至四级市场，从省级市场下沉到地级市场甚至县级市场，才能稳固渠道的根基，提高渠道抗风险能力。

2．渠道必须追求共赢，品牌和渠道共赢，而且先渠道赢，后企业赢。古人有云：大舍大得、先舍后得。只有经销商和合作伙伴取得成功、获得更多的盈利，企业才会有更多的追随者，才能有持续的成功。

3．渠道必须有科学的激励机制和考核机制，要激活渠道，使渠道充满活力。很多渠道的经营者成功以后就会有惰性，要避免渠道商的惰性，努力让他们保持经营的激情和热情，就必须要建立起先进的激励机制和淘汰机制，才能激活整个渠道体系，保持源源不断的盈利能力。

4．渠道要保持不断的学习培训并提升素质。仅有企业总部的高素质营销团队不行，营销体系的成功不仅取决于自有团队的素质，更取决于整个渠道体系的素质，要通过不断培训和学习，提升渠道的实战能力和核心竞争能力。

5．渠道要保持不断创新。渠道会随着社会发展不断变化，比如说当今电商迅速发展，仅双十一购物节当天，天猫的营业额从2012年的190亿元到2013年的350亿元，发展和变化的速度远远超过了我们的预料，随着80后、90后的崛起，电商渠道已经是企业必须重视的课题。而随着电商的发展，电商一定会从现在主流的BTC（Business To Customer）模式向OTO（Offline To Online）模式变化，渠道策略也就要进行相应的调整。

6．渠道的管理和维护。在企业经营过程中，渠道的冲突是在所难免的。有些冲突不伤及内脏，视为良性冲突。有些冲突是恶性的，处理不及时会伤及到各个利益群体，甚至会导致企业破产。这就需要企业对渠道进行必要的控制与管理。

总之，渠道是企业生态链中最核心、维持企业生命线的一环，建设并维护好渠道是企业的成功之本。如本章中提到的慕思、欧派、华帝等，通过共赢法则和较好的渠道管理机制，都在渠道建设上独树一帜，并获得企业与经销商双赢的结局。通俗的理解，重视经销商、让经销商赚钱，无疑成为了企业渠道建设的法宝，也是成就第一品牌的共赢之术。

第六章

品牌文化篇

第一节　文化，品牌和企业发展的灵魂

有人说，世界上一切资源都有可能枯竭，唯有文化生生不息。

1．企业文化的定义

关于企业文化的定义，无论是在管理学界还是战略学界都存在诸多定义。

但是本质上对于企业文化的定义都是大同小异。我将其归结为：企业文化是一种价值观，是企业长期形成的稳定的文化观念，并受到历史传统以及特有的经营理念和风格的影响。企业文化包括一个企业独特的指导思想、发展战略、经营哲学、价值观念、道德规范、风俗习惯等。

企业文化有广义和狭义两种理解。广义的企业文化是指企业所创造的具有自身特点的物质文化和精神文化；狭义的企业文化是企业所形成的具有自身个性的经营宗旨、价值观念和道德行为准则的综合。

2．企业文化的特征

企业文化作为企业精神的支柱，其特征主要表现在以下六个方面：

（1）独特性：企业文化具有鲜明的个性和特色，具有相对独立性，每个企业都有其独特的文化积淀，这是由企业的生产经营管理特色、企业传统、企业目标、企业员工素质以及内外环境不同所决定的。

（2）继承性：企业在一定的时空条件下产生、生存和发展，企业文化是历史的产物。企业文化的继承性体现在三个方面：一是继承优秀的民族文化精华，二是继承企业的文化传统，三是继承外来的企业文化实践和研究成果。

（3）相融性：企业文化的相融性体现在它与企业环境的协调和适应性方面。企业文化反映了时代精神，它必然要与企业的经济环境、政治环境、文化环境以及社区环境相融合。

（4）人本性：企业文化是一种以人为本的文化，最本质的内容，就是强调人的理想、道德、价值观、行为规范在企业管理中的核心作用，强调在企业管理中要理解人，尊重人，关心人。注重全面发展，用愿景鼓舞人，用精神凝聚人，用机制激励人，用环境培育人。

（5）整体性：企业文化是一个有机的统一整体，人的发展和企业的发展密不可分，引导企业职工把个人奋斗目标融于企业整体目标之中，追求企业的整体优势和整体意志的实现。

（6）创新性：创新既是时代的呼唤，又是企业文化自身的内在要求。优秀的企业文化往往在继承中创新，随着企业环境和国内外市场的变化而改革发展，引导大家追求卓越，追求成效，追求创新。

第二节　品牌文化之优秀企业文化案例解析

案例一　慕思“健康睡眠”文化，让品牌成为一种信仰

企业文化是品牌的灵魂，品牌的精神力量是企业文化。在全球化竞争的今天，企业文化建设对于企业的生存与发展至关重要，企业是否拥有自己独特的文化以及企业文化建设的好坏，直接关系到企业能否持续健康发展，企业文化建设是提升品牌影响力的高效途径。

慕思成立至今将近十年，能成长为寝具行业的典范标杆企业，能创造出行业内颂赞的奇迹，铸就强有力的品牌影响力，得益于企业文化建设。

1. 品牌背后的企业文化

“企业文化是价值观、伦理道德、行为规范、群体风格的外化体现；是企业精神、经营理念为核心的独特思维方式、行为方式和企业形象。塑造企业品牌，靠的是先进的企业文化。慕思的品牌建设是以企业文化建设作为基础的，慕思品牌能赢得广泛的知名度和美誉度，很大原因来自于慕思强力打造特有的企业文化”。

慕思企业文化的发展方向是“让品牌成为一种信仰”，慕思希望今后公众提到慕思或者其子品牌能立刻让人们想起的就是健康、梦想、创新、人才、分享等等慕思提倡的企业文化，希望未来慕思的精神就是社会普遍希望

追求的精神，从而成为一种社会信仰。

从慕思一系列推广其品牌文化的活动中不难看出，慕思将企业文化融入其品牌当中，品牌通过外在表现的方式向公众传达慕思的企业文化，

全球健康睡眠文化之旅

是企业文化社会辐射作用的重要体现。企业文化对于品牌形象的塑造不言而喻，它从本质上诠释了品牌于公众心目中的定位和意义。过去的几年间，慕思对其品牌进行了连续的传播，例如“慕思全球睡眠文化之旅”，通过一系列体验活动、专家调研等将慕思的品牌文化植入人心，这种传播不仅仅是品牌的传播，当消费者确切感受到品牌影响力的时候，蕴含在品牌之后的慕思企业文化便渐渐浮出水面。慕思借由品牌推广的活动，让品牌观念深入人心，而一旦这种观念成功植入，公众体会到的就不仅仅局限于品牌形象，更多的则是企业文化的感染力。这种效应虽然需要经历一个漫长的过程，但是一旦形成，便难以动摇。

“让品牌成为一种信仰”是一个庞大的工程，它不仅表明了未来慕思企业文化的发展方向，同时它揭示了当前慕思企业文化的深度。就目前而言，慕思的睡眠文化、创新文化、人才文化、分享文化已经形成了持续的影响力，慕思已经成为了“健康睡眠”的代名词。

在近十年的发展历程中，慕思不遗余力地普及其“睡眠文化”理念。

2009年，慕思与中央电视台《健康之旅》栏目合作，在世界睡眠日联合推出两期特别节目“慕思找回好睡眠”，整个节目围绕现代人面临的睡眠困扰，以及如何利用寝具的调节来改善睡眠等热点话题展开，深受观众喜爱。同年，慕思与中国睡眠研究会共同合作，启动了贯穿全年的“慕思2009全国健康睡眠万里行”活动，拉开了365个与“健康睡眠”共同相伴的日子，把健康睡眠的理念普及到社区，普及到每个家庭。

同年，慕思发起首届消费者欧洲睡眠体验之旅，行经德国、比利时、意大利三个国家，此次欧洲之旅以见证为主，在游览欧洲美丽风光的同时，慕

思欧洲优质的睡眠资源供应商资源首次与消费者见面。

2010年，慕思与五星级酒店联盟，创建国内第一家“睡眠私人会所”，让慕思的贵宾客户除了在家里可以享受舒适的慕思睡眠系统之外，出差也能享受到和自己家里一样的睡眠。

同年慕思“第二届欧洲健康睡眠文化之旅”启动，从德国到比利时，从法国到意大利，行程十余天，感受欧洲睡眠文化，探访慕思欧洲供应商，并在意大利兰博基尼总部，见证了慕思与兰博基尼寝具举行战略合作伙伴签约仪式，这一历史性牵手也是第二届“慕思畅享•欧洲睡眠文化之旅”带来的重大成果。

2011年，慕思携手华谊知名导演、明星，发起华谊兄弟东莞之夜；在北方，与中国睡眠研究会等合作发起北京睡眠高端论坛。关于睡眠文化的高端探讨和大众层面借助娱乐营销的普及成为当年慕思世界睡眠日活动的一大特色。

同年，慕思发起“第三届欧洲睡眠文化之旅”，此次慕思联合国内最具影响力的财经媒体《21世纪经济报道》，共同举办了这一活动。与以往两届最大的不同之处在于慕思从此开启了探寻睡眠文化的新篇章，不再是单一参观欧洲的寝具和制作工艺，了解西方的睡眠文化，更是带着东方人对睡眠文化的思考，去欧洲交流睡眠解决之道。自2011年7月始，慕思睡眠文化之旅国内站已经开启，慕思在上海、成都、广州三地广邀嘉宾，展开了从“眼、耳、鼻、舌、身、意”六根出发寻找健康睡眠的思想沙龙活动，各界专家也从不同的专业视角参与到睡眠文化的探讨与争鸣中来。

11月慕思睡眠文化之旅欧洲站成行，围绕六根而来的睡眠文化探寻也延伸到国外，感受丹麦的慢生活、在法国闻香、去枫丹白露看皇室寝宫、感受瑞士的精密制造、触摸意大利的好设计……这一年的文化之旅将对睡眠的关注上升到生活方式、品质生活层面，境界无疑更提高了一层。这一年的参与主体分两队，经销商消费者团和媒体团，从不同角度感受不同的睡眠文化，年度生活家、知名媒体人梁冬随行，对此次睡眠文化之旅给予极高评价。

2012年，慕思携手中国健康教育中心、卫生部新闻宣传中心、中国睡眠研究会、中国医师协会发起“2012世界睡眠日暨全球健康睡眠高峰论坛”，论坛在北京钓鱼台国宾馆举行，众多权威专家齐聚一堂畅谈“健康睡眠，幸福中国”主题。这也是世界睡眠日自引入中国以来，首次国际规模的大型睡眠峰会。在此次峰会，卫生部联合与会各方代表共同宣读《全球健康睡眠北京倡议书》，积极倡导健康生活方式，呼吁公众关爱睡眠。

与此同时，第四届“慕思全球睡眠文化之旅•澳洲站”也正式拉开帷幕。慕思邀请到古天乐等明星加盟，并为睡眠文化之旅开启新的航线，走向澳洲。每一年的探索之旅都让公众对慕思睡眠文化的理解加深一层，对品牌本身的启发也很大。欧洲之旅是一个很好的起步，但作为一个全球范围整合优质睡眠资源的高端寝具品牌，慕思的关注点不会仅仅拘泥于欧洲，而是会拓展到全世界。

慕思的快速成长，正是瞄准了国人对品质生活、健康睡眠追求意识的苏醒与萌动，同时，慕思“睡眠文化”的品牌运作，也为中国品牌全球化做了一个非常好的探索示范，在某种程度上，它的视野格局、创造力与品牌张力甚至已超越国际同行。而更重要的是，慕思依托其品牌文化的大力推广，也让公众看到了其特有的企业文化内涵。企业文化通过对品牌走向、战略走向的指导，深深影响着慕思的前进方向。

2. 文化渗透到企业运作各方面

一直关注慕思成长的著名实战营销专家鄢帅成曾表示，慕思之所以成功，除了抢得市场先机和独特的差异化营销，慕思的企业文化才是企业的核心竞争力和可持续发展力。

企业文化是经营管理之魂，不论是慕思员工还是慕思经销商，都围绕慕思的使命、愿景和核心价值观，将企业文化建设工作与经营管理工作有机结合，使得慕思的企业文化真正渗透和融入到各项经营管理过程中，促进精细化管理水平和管理效益，为慕思持续健康稳步发展提供强有力的文化支撑和精神动力。

（1）使命：让人们睡得更好

世界卫生组织调查显示，全球有29%、我国有38.2%的人有睡眠障碍，部分大都市有近60%的人备受睡眠困扰；中国6个大中城市睡眠调查显示，75%以上的焦虑抑郁患者同时伴有失眠，而长期失眠又会增加其健康危险，甚或自杀风险……当今社会是一个高速发展、高度竞争、高度压力的时代，对现代人来说，良好的睡眠日益成为“现代生活的奢侈品”。

人的生命，有1/3的时间是在睡眠中度过；有了1/3的健康睡眠，才有2/3的的精彩生命。当睡眠问题也成为社会的普遍问题，慕思将“让人们睡得更好”作为企业使命，做的就是一种公益性的事业，这既体现的是睡眠事业的伟大和光荣，也体现了慕思使命的神圣。

多年来，慕思致力于人体健康睡眠的研究和人类睡眠质量的提升，睡眠产品不断创新升级，让健康睡眠得到更完美呵护。

（2）*愿景：成为全球最受尊重的健康睡眠品牌引领者*

慕思的愿景是“成为全球最受尊重的健康睡眠品牌引领者”，这彰显的是企业的一种精神与风范。

要使全球人尊重，首先要慕思人从自我做起。在慕思，人是第一位的，这是慕思企业文化中最为重要的因素。慕思自2004年创始之日起就十分重视对经销商队伍的培训，每年进行4次经销商培训大会，一直延续至今，从未中断，投入巨大可想而知。很多其他品牌家具的经销商就是由于看到慕思对经销商培训能给受训者带来很大提升，因此转投为慕思的经销商。在每次经销商培训大会上，从经销商老板、经理到员工均有不同的培训课程，培训讲师来自各大著名咨询机构。在接受过慕思的培训后，经销商反映不仅在知识体系上有了很大提升，而且性格也发生了巨大的变化，从不爱发言变得爱发言，有冲劲，有激情。对顾客，在每年的感恩节、圣诞节等特殊节日，公司都会寄送一定的礼物，以拉近彼此的合作关系和塑造慕思的市场形象。慕思企业文化的照射和温暖，不论是经销商、员工还是顾客，都是深有感受。

要使全球人尊重，就要有全球化的技术、渠道和人才，要有全球化的视野和市场。慕思是全球健康睡眠资源整合者，广泛与瑞士DOC，比利时Artilat和Rako，德国Otten，意大利Figino，Bedding S.R.L和Lamborghini等国际优秀寝具供应商建立起长期合作关系，无论是选材、设计、工艺、款式，慕思都整合了世界最先进的设计理念和技术资源，并以满足人们的个性化睡眠要求而成为行业典范。慕思的全球健康睡眠资源整合不仅在产品和技术层面，更兼顾全球人才的整合。公司聘请法国知名设计师Maurice（莫瑞斯）作为首席设计师，还有丹麦设计师James是慕思第四代睡眠系统的主要开发者，多年的实践与成长，慕思设计团队形成了一支具备超强适应力和精准判断力的队伍，慕思旗下拥有的“歌蒂娅、凯奇、0769、3D、V6、爱迪奇、苏菲娜”七大自有品牌，每一款设计都能体现产品深度价值、竞争价值和销售推力，让健康睡眠和时尚自由得到完美融合。

慕思还是健康睡眠文化的首倡者，以实践行动大力推行睡眠文化，以推动普及健康睡眠理念的先行者形象，举办全球顶级的各种睡眠盛会，引领国际健康睡眠潮流。为了探索全球各国的睡眠文化差异，倡导健康睡眠理念，让大家更深入了解慕思所整合的资源精华以及慕思健康睡眠系统“高级定制”的构成，慕思自2009年起，举行了每年一届的慕思全球睡眠文化之旅，这已然成为慕思传播睡眠文化的重要表现方式之一。慕思作为中国质量检验协会副会长单位、中国家具协会副理事长单位，积极承担企业公民责任，连续多年携手中国质量检验协会举办“3·15全国名优企业质量诚信承诺”活动，并积极协办“全国质量月优秀典型企业质量诚信倡议”“中国质量高层论坛”等活动。慕思还多次承办“全国健康睡眠万里行”活动，以“科学管理睡眠”为主题思想，走遍全国各大城市，数千社区，向10万余企业家赠送健康睡眠的书籍，旨在改变国人的睡眠观念，帮助国人提升睡眠及生活质量。慕思还曾携手中央电视台《欢乐中国行》，共同举办以“慕思唱享·健康睡眠”为主题的大型演唱会，此次空前强劲的健康睡眠理念的宣传，标志着慕思倡导健康睡眠的时代到来；此后，慕思以关爱睡眠为宗旨的多种活动都有明星助阵，引发了人们对睡眠的兴趣。2013年3月，慕思联合《南都娱乐周刊》在北京举办“慕思特约第三届明星公民颁奖盛典”大型公益活动，同时携手五大主流网媒首发“睡商调查”报告，呼吁公众对睡眠问题的重视；7月13日，第四届中国睡眠大会在江苏无锡隆重开幕，在当晚的“慕思对话世界睡眠大师”论坛上，慕思与中、美、英等国的睡眠大师共同交流了睡眠对人类的影响，这是继2012年慕思联手卫生部举办“全球健康睡眠高峰论坛”之后的又一次全球顶级的睡眠盛会。

在美国芝加哥举行的“2012—2013年度GIA全球家居创新大奖”颁奖盛典中，慕思一鸣惊人，荣获素有家居业“奥斯卡奖”之美誉的全球家居创新GIA大奖，成为中国寝具行业首个获此殊荣的企业，也是中国地区唯一一家获得此大奖的家居企业代表。如今的慕思已成为消费者所熟知的健康睡眠理念的倡导者，为中国创造国际健康睡眠品牌注入了强有力的信心。

（3）核心价值观：客户满意、整合创新、合作共赢

对慕思来说，企业文化是经营管理的魂，那么作为慕思的核心价值观“客户满意、整合创新、合作共赢”，无疑就是慕思经营管理的魂中魂，是经营管理的基本导向。

忠诚的客户能给慕思带来良好的口碑、持续的购买力、转介绍力和降低

开发新客户的成本。客户满意就是要使慕思的客户忠诚。慕思董事长王炳坤多次在各种场合反复强调：客户满意是企业的“生命底线”。为了进一步提升客户满意，2013年8月31日，慕思聘请了知名管理顾问杨大跃专业讲解“如何提升客户满意”，从管理、制度、流程、方法、规范等各个方面详细分析了提升客户满意的八大模式，始终向大家传达“客户是我们的衣食父母，要以客户为导向，努力践行客户满意的核心价值观”。在经销商秋季培训会上，我阐述了客户满意度的重要性，要求大家做到除了外部客户，还必须让内部客户满意；除了要做好售前、售中、售后服务，把客户当家人并让客户感动外，还要及时有效地处理客户投诉，并要建立一套完善客服体系，全面管理。

整合创新是企业提高资源利用率、降低成本的需要，也是慕思产生新的核心竞争力、实现品牌价值增值的发展灵魂。整合，就是整合不同的技术，整合别人有的东西为己所用，整合人才资源、设计资源、制造资源、营销资源和人脉资源；创新就是做到营销创新（如慕思七星剑法、冠军联盟、异业联盟）、渠道创新（慕思酒店工程）、广告整合创新（睡眠音乐CD、微电影）、技术创新（慕思第三代、第四代健康睡眠系统）、人力资源管理创新、机制创新、组织创新、文化创新。慕思在战略、技术、管理与质量保证体系等方面的不断整合创新，是保证慕思具有可持续竞争力和生存能力的根本。

合作共赢就是慕思追求消费者、员工、股东、经销商、供应商及相关利益方合作共赢。竞合时代，使我痛苦者必使我强大，慕思要感谢对手；慕思必须具备接受同行攻击的良好心态，并和当地媒体搞好关系；要舍得，包括对员工的舍得，对合作伙伴的舍得，对所有合作方的舍得；懂分享，包括利益分享，员工、股东、合作方运用合理公平的分享机制；要有责任意识，且是一对一责任；在合作共赢过程中，必须做到公开、公平、公正；还要有规则，待人要真诚；看结果，商业的本质是结果交换，包括慕思总部和所有经销商之间的长期等价交换关系；建立PK机制，有PK才有动力，才会促使慕思员工和企业不断向前；要有生活的智慧——人生六爱，爱生命、爱生活、爱工作、爱家人、爱员工、爱社会。对于慕思而言，这不是简单地让消费者、经销商的需求与企业长期获得利润结合起来，而是以合作共赢，体现对市场经济秩序的一种规范，对社会责任的一种担当。

慕思企业文化的形成非一朝一夕，她是由慕思企业所有员工经过传承、又不断增长和丰富起来的人文精神，是慕思经营发展的主体思想；她将带动慕思不断前进不断飞跃，走向世界，并在全球享有尊重。

案例二　欧派“家”文化，“内外兼修”下的自我超越

欧派的企业文化可谓是内外兼修的典范。

一直关注和倾心于“公平、光明”企业文化塑造的欧派，在内不断强化建设欧派企业“完美家园”的企业文化建设，不断深入深化的“两反、两让”（“反贪腐，反浪费”和“让每一个欧派人都有公平发展的机会、让每一个欧派人都能感受到关爱的权利”）主题活动，让每一位欧派员工都能感受欧派“以人为本”的家的关爱与温暖。另一方面对外加强“家•爱”品牌塑造与传播，让每一个欧派用户都能品味到欧派产品和服务“以人（客户）为本”温馨之家的理念和使用体验。

欧派整体衣柜

1. 人本主义下的欧派文化

从欧派“有家有爱有欧派”的理念不难看出，欧派正在极力营造一种温馨和睦的“家”文化气氛。提及“家”，人们自然而然会想到诸如“温暖”“港湾”“亲人”等词，的确，欧派亦在树立这种企业形象，这个过程通过企业文化渗透到组织、战略等各个方面。

欧派的企业文化除了倡导“公平、光明”，同时也注重“团结、自由”，详细来说，“公平”注重公平的竞争环境，严格的“规章化”管理，创造平等的竞争

机会，让每一个员工、合作者与企业共同发展；“光明”讲求光明磊落，开诚布公，开展批评与自我批评，诚实守信；“团结”强调员工同心同德、相互扶持、同舟共济、坦诚相待；“自由”即是人人都有选择岗位的权利，人人都有要求自身权益的资格，建立各抒己见、宽松有序的人文环境。

欧派的“家”文化与其产品有着密不可分的关系，欧派以橱柜、家居为主，这些产品都和“家”有着密不可分的关系。正如慕思“睡眠文化”一样，当人们提及到睡眠的时候首先想到的是床，而这正与慕思的产品契合。因而，企业文化的内涵很大程度上取决于产品的性质。

欧派在坚持建设和深化“公平光明”的欧派企业文化核心的基础上，也将焦点聚集于以团队精神、创新精神和奉献精神为内容的“家园文化”，这具有鲜明的时代和欧派特色。它是欧派在长期经营管理中形成的自身的优良文化传统，是企业文化建设实践经验的概括总结和升华，是欧派人在新形势下又一次自我超越。“家园文化”体现了干群之间，民主团结水乳交融的关系，具有暖人心、解人意、知人情、帮人难的亲和力，所以具有广泛的认同性。欧派的“家”文化具体表现在：

（1）以人为本：以人为本是现代企业文化的精髓，强调人是企业文化理论和实践的中心，企业文化建设与人息息相关。从一定意义上说，企业文化就是企业的“人化”。企业应该重视人、关心人、理解人、依靠人、尊重人、凝聚（团结）人、培育人，努力创造条件促成人的价值的实现。企业文化既要注意到人对企业发展的价值，也要注意到企业对于人的发展价值，力求把实现企业的价值和实现人的价值结合起来，统一起来，达到相互促进的目的。欧派企业文化的精髓是重视人的价值。欧派企业特色的“家园文化”，集中体现在倾听广大员工的心声，关心广大员工、关心优秀人才成长。人是生产力中最重要最活跃的因素，企业竞争最重要的是人才竞争。

（2）注重团队精神：这是欧派事业成功的保证。团队精神就是在共同价值观念基础上形成的，上下之间相互默契配合的精神。它一是具有凝聚力、向心力、亲和力、互相协作的团结精神；二是它具有组织力、号召力、勇于竞争、克服困难的战斗精神；三是它具有坚韧不拔、不达目的不罢休的拼搏精神；四是它具有敢于竞争、争创一流、与时俱进的进取精神。培育团队精神，必须理清共同奋斗目标与各个利益主体的关系，调整好企业、员工的利益，使广大员工干有目标，拼有动力。

2. 逐步丰满的欧派“家”文化

在中国传统文化中，“家”文化十分丰富。儒家文化倡导“修身、齐家、治国、平天下”的伦理道德，推己及人，由家到国。国是家的扩大，家是国的缩小。随着欧派企业规模不断扩大，人员的不断增多，人员地域间经济、文化、风俗差异都比较大，欧派“家园文化”正逐渐丰满。

欧派的“家”正逐步趋于完整，它涵盖了企业内部文化和企业社会形象两个层面的完整内容。人是第一性的，物是第二性的。而人的精神又是团队精神、创新精神和奉献精神的本源。内因是本质，外因是条件，外因通过内因而起作用。“家园文化”从追求人的价值和企业的价值双重价值目标出发，通过人的价值的实现来实现企业的价值，从而达到了人的价值的和谐统一。

欧派的企业文化根据外部条件的变化而不断地丰富。这种变化体现在从橱柜到整体橱柜到整体家居的转变，根据组织结构的变化不断延伸企业文化的内涵。其企业文化性质符合：大企业，不断适应环境变化（根据外部环境的变化对“家”文化的丰富和调整），通过企业文化激励员工的主动性和积极性（“家”文化增强员工凝聚力和主人公意识）。

总之，欧派的“家”文化建设以对社会的高度的责任感为重点，将丰富的中华文化、欧派企业自身的人文优势与现代西方企业经营管理制度完美结合，通过现代企业形象策略实施等各种手段，创新欧派文化理念，并有效地传达给社会。使欧派的企业文化客户的强烈共鸣，得到社会的认同，进而为欧派发展赢得竞争优势。

案例三　华为“狼”文化，硬汉型企业文化的典范

华为非常崇尚“狼”，认为狼是企业学习的榜样，要向狼学习“狼性”，认为狼性永远不会过时。这种进攻性的企业文化特征与其领导人任正非的个人特质有着密不可分的关系。任正非说：发展中的企业犹如一只饥饿的野狼。狼有最显著的三大特性：一是敏锐的嗅觉；二是不屈不挠、奋不顾身、永不疲倦的进攻精神；三是群体奋斗的意识。同样，一个企业要想扩张，也必须具备狼的这三个特性。在华为的发展历程中，任正非对危机特别警觉，在管理理念中也略带“血腥”，他认为做企业就是要发展一批狼。正是这种凶悍的企业文化，使华为成为让跨国巨头都寝食难安的一匹“土狼”。

1. 绝不退却的“狼”文化

华为的“狼”文化主要体现在：

（1）“狼”性领导

华为企业文化的核心其实反映最深刻的就是任正非雷厉风行的军人性格和军事化的作风。在华为，任正非以身作则，勤俭节约，行事低调，实行军事化管理。华为的文化形成很大程度上就是老板行为的示范效应。

专家学者在研究华为时发现，任正非始终是个绕不过去的门槛。他们得出一个经典结论：一个好公司想获得高速增长，没有一个好的企业家是不可能的。但一个好的公司不可能仅仅通过企业家的能力获得持续发展，企业持续发展的动力源自于制度和文化。

（2）拼命奋斗，垫子文化

在华为创业初期，华为的每个员工的桌子底下都放有一张垫子，就像部队的行军床。除了供午休之外，更多是为员工晚上加班时睡觉用。这种做法后来被华为人称作“垫子文化”。垫子文化是华为“拼命奋斗”文化的体现，也是从不屈从，认定目标就绝不轻易放弃的狼性特征。

（3）专注，不穿红舞鞋

狼的专注力也是其重要秉性。在《华为公司基本法》开篇，核心价值观第二条就做了如此描述：“为了使华为成为世界一流的设备供应商，我们将永不进入信息服务业。通过无依赖的市场压力传递，使内部机制永远处于激活状态。”在任正非眼里，电讯产品之外的利润，就像红舞鞋，虽然很诱人，但是企业穿上它就脱不了，只能在它的带动下不停地舞蹈，直至死亡。因此任正非以此告诫下属要经受得了其他领域丰厚利润的诱惑，不要穿红舞鞋，要专注于公司的现有领域。这种专注性极高的企业文化一直指导着华为在未来的发展。

2. 积极进攻，强调团队作用

狼能够在比自己凶猛强壮的动物面前获得最终的胜利，原因只有一个：团结。即使再强大的动物恐怕也很难招架得了一群早已将生死置之度外的狼群的攻击。所以说，华为团队精神的核心就是互助。

在“狼”文化的指导下，华为的管理模式是矩阵式管理模式，矩阵式管理要求企业内部的各个职能部门相互配合，通过互助网络，任何问题都能做出迅速的反应。不然就会暴露出矩阵式管理最大的弱点：多头管理，职责不清。而华为销售人员在相互配合方面效率之高让客户惊叹，让对手心寒，因为华为从签合同到实际供货只要四天的时间。

3. 培训＋制度，打造自己的营销铁军队伍

（1）塑造“狼性”与“做实”企业文化。20多年来，华为取得的业绩是骄人的，在中国企业史上可谓是一个独一无二的例子。华为需要依赖一种精神把这样的一个庞大而高素质的团队团结起来，并且使企业充满活力。华为找到的因素就是团队精神——狼性。华为的“狼性”不是天生的，现代社会把员工的团队合作精神的问题留给了企业，企业只有解决好了这个问题才能获得生存、发展的机会。狼性是华为营销团队的团队精神，这种精神是很抽象的，而且也是很容易扭曲的，这就需要有一种保障机制，使得狼性既可以正本清源地保留，这种保障机制就是华为的企业文化。

企业文化是华为之所以成为华为的一个不可缺少的东西，华为的企业文化可以用这样的几个词语来概括：团结，奉献，学习，创新，获益与公平。华为的企业文化还有一个特点就是：做实。华为的企业文化不单单是口号，而且是实际的行动。“狼性”与“做实”的企业文化是华为之所以成为华为的根本。

（2）魔鬼培训。华为的培训有如下特征：将培训变成一种习惯，培训不再是在新员工入职或出现问题后的救火方法，而是通过严苛的方式让业务员掌握技能的手段；将培训系统化，有专门培训岗位和培训师，公司按照计划有条不紊地开展课程；培训的效果有严格考核评估。绝大部分企业在讲师培训结束后，既不考试，也不评估，但华为十分重视培训效果的检视、考核和评估，新员工在进入华为公司前进行系统培训，培训后要进行严格的任职资格考试，只有通过考试的业务员才会被录用。另外，培训的结果与晋升、加薪相挂钩，纳入组织考评体系。这使得培训不再是单纯地熟悉公司业务，而是让员工在入职前就树立起一种强烈的竞争意识。

（3）制度化用人。经过魔鬼培训的业务人员，基本上具备了业务人员的基本素质，缺乏的就是实践经验。华为这个时候把通过培训的新销售人员

直接派往华为分布在全球各地的分公司或办事处，让他们在市场一线展示自己的才华，接受实践的改造。

有人认为华为这样的行为是盲目的。因为一个刚刚毕业的大学生根本不可能在市场一线杀出一片天地。然而当旁人看到华为的市场在不断地扩大，直到把战火烧到美国时，旁人才对华为的胆识产生敬意。在华为的销售人员中，业绩最好的销售人员并不是有丰富经验和经历的人，而是那些刚刚从大学毕业的雄心勃勃的新员工。华为市场一线人员的工作年限一般不会超过三年，因为三年的时间足以让销售人员了解华为产品与其他公司的产品的优势与劣势，一旦对这些了解，销售人员的士气就会大减，而任正非要保证一线人员永远充满活力。

华为公司的绩效管理强调以责任结果为价值导向，力图建立一种自我激励、自我管理、自我约束的机制。通过管理者与员工之间持续不断地设立目标、辅导、评价、反馈，实现绩效改进和员工能力的提升。目前采用的是季度考核、年度总评的方式。工作业绩考核主要围绕季度工作目标与目标完成情况，根据考核标准进行等级评定，任职资格主要围绕行为标准，通过证据对申请人达标与否进行认证。日报、周报、月报、季报和与之相适应的阶段性考核，保证了主业的不断增长和员工“阶段性成就欲望不断得到满足”。因为任正非相信：如果华为有一天停止了快速增长，就会面临死亡。只要主业还充满活力，我们的团队就有强凝聚力，员工就会拼命而乐此不疲。完善的制度，严格的考核保证华为制度化用人战略的实施，为华为打造营销铁军提供了制度保障。

华为这种“狼”文化可以说是硬汉型企业文化（鼓励竞争和创新，鼓励冒险，竞争性较强，产品更新快）的典型例子。这种类型的企业文化，使企业更加具有进攻性，集中体现在对外部的战略以及对内部的管理上。进攻型的企业文化能指导企业以迅雷不及掩耳的速度抢占市场，给竞争对手造成巨大的外部威胁和压力，如同狼群一样突袭围剿猎物。但是，这种企业文化也存在弊端，容易在行业内树立过多敌人，同时，狼性文化使得企业内部竞争和管理也趋于激烈，这也是华为今后需要解决的主要问题之一。

案例四　联想“混血文化”，曲折中前进的史诗

柳传志说：“一个企业的战略强不强，关键在企业文化。”而联想也是这样去做的，在收购IBM的PC业务之前，联想一直保持着一种独特但非常有战斗力的企业文化，这种文化的源头来自于联想创始人柳传志的宏伟远景：联想要成为一家真正的世界级企业。

在20多年的企业发展历程中，联想逐渐形成了自己独特的企业文化，一种将西方的制度文化与东方家长式文化结合的“混血文化”。

1. 亲情VS严格，不断调整的混合文化

联想在创业之初形成的是“生存文化”，企业文化的特征主要强调“敬业”与“危机感”。而后随着联想的发展与壮大，尤其是成立PC事业部之后，以杨元庆为首的年轻人走上了企业的领导岗位，联想的企业文化开始逐步向着“严格文化”靠拢，强调“认真、严格、主动、高效”。

而到了2000年，以提倡“平等、信任、欣赏、亲情”为主的“亲情文化”开始替代原有的企业文化。用柳传志的话来说，联想需要制造“湿润”的空气，在新老班子交接和组织拆分重组的时期，恰当地提出进行“亲情文化”的建设，目的是提高员工的满意度与合作精神，这种文化建设非常适应当时联想即将实行的向服务转型的公司战略转变。服务业的企业文化不仅需要效率，更需要“微笑”，联想试图通过对内部员工的影响，提倡员工的合作、支持与自主性，从而支持企业对外的服务业务，以期使客户满意。

联想的“混血文化”中，强调制度和过程控制的西方管理体系。联想非常重视内部制度的建设，而且对所有员工一视同仁，一旦违反了规定，就必须承担相应的责任。在联想创业初期，就曾定下开会迟到就要当众罚站一分钟的严格规定。再比如，联想非常重视每个财年年底的预算和规划，必须针对下一年提出明确的量化目标，在整个财年还要不断地审查过程是否与计划相符，年底达成目标会有丰富的奖励，反之则会有严厉的惩罚。这些更多来自西方的制度文化使联想的团队作战能力非常强，被称为“斯巴达克斯方阵”。

然而，当时的联想，本质上却透露着一种东方式的家庭文化。联想将自己的经销商称为“大联想体系”，把经销商当作内部人员来管理；非常注重

对“德”的培养，强调“事为先，人为重”；并购前，所有的新入职的员工都要接受“如模子”教育，几乎所有的联想高层都是通过内部晋级产生。

有人将联想的企业文化归纳为：既讲人情又讲体系，强调速度、执行和管理。这种独特的企业文化与联想的低成本高效率的竞争战略高度匹配，依靠强大的品牌拉动能力，助力联想成为中国乃至亚太地区和全球PC市场的第一品牌。

2. 东方VS西方，文化融合的危机

然而这种匹配却在发展之路上遇到了瓶颈。2004年，大规模收缩战略使得联想进行了一次战略性的大裁员，使其过去宣扬的“家庭文化”受到了严重的冲击。正在企业需要重新树立企业文化、重构价值观的关键时期，却又面临着收购IBM的PC业务的巨大挑战。除了业务的融合，文化的融合显然更具挑战性。

这是一次东方弱势文化对西方强势文化的融合。PC行业已经进入了成本和效率的竞争，IBM原有的企业文化很难适应PC行业“高效率低毛利”的运营模式。在2004年IBM将PC业务转手给联想时，其PC业务即便按照24%的毛利率仍然难以盈利，而联想只需15%的毛利率就能获得不错的业绩。

从收购IBM的PC业务那天起，联想原有的企业文化就和IBM那种非常包容、强调沟通的企业文化格格不入。在中国市场上，相对强势的老联想文化很快占据上风，一些在IBM工作多年的老员工因适应不了新的环境和企业文化而选择离开，留下的都是能被强势的联想文化所同化的员工。但相反的，在海外市场，联想只能保留原来IBM的企业文化，这种既不适应PC发展趋势、又不匹配联想发展战略的企业文化给联想带来了很大的困扰。

可见，当企业文化与战略、运营模式出现严重不匹配的时候，企业就必须做出改变。

经过一年多的过渡期，到2005年12月，联想引进了原戴尔亚太区总裁阿梅里奥等大批来自戴尔的高管。相对于IBM的企业文化来说，戴尔那种高效、直接、快速的理念更适合PC行业，同时也与联想原有的企业文化相匹配。

然而，企业文化的融合并不是简单的叠加，同时还要解决以哪种文化为主体的问题。遗憾的是，联想过早放弃了已经成型多年的老联想文化，接受了戴尔文化的俘获。戴尔文化中过度强调短期绩效的缺点亦在磨合中慢慢显

现出来。在战略方向上，阿梅里奥固执地坚持以商用大客户和ThinkPad产品为主的策略，对主流的PC消费化趋势视而不见；在市场策略上，他认为联想的奥运营销影响到了联想的短期业绩，这客观上造成了奥运期间联想在海外市场的推广效果甚微。

一直在老联想、IBM和戴尔三种企业文化中苦苦挣扎的联想，直到2006年才提出了全新的企业文化。但实际情况是，大多数员工根本就不清楚联想企业文化的内容究竟是什么。最终，文化上处于迷航状态的联想集团为此付出了沉重的代价。

3. 迷航知返，再次起航

2008年12月31日，柳传志重新担任联想集团董事长，上台后他所做的最重要的工作之一就是重建联想分崩离析的企业文化。2010年初，联想集团在全球各大区（中国、西欧、北美）开展了“文化日”启动活动，这正是其文化重建工作的内容之一。在“文化日”启动活动上，正式向骨干员工们推出了新的文化——“联想之道”，核心是“说到做到、尽心尽力”，具体体现为行为上的4P（Plan——想清楚再承诺，Prioritize——公司利益至上，Perform——承诺就要兑现，Practice——每一年每一天我们都在进步）。

2010年5月27日，联想集团公布了2009—2010年度业绩。截至2010年3月31日，联想集团的总销售额约为166.05亿美元，盈利1.29亿美元，扭转2009年约2.26亿美元的亏损。同时，根据业绩显示，在2012年过去的4个季度里，联想每一个季度的表现均跑赢全球个人计算机市场，在财年最后两个季度的销量增长，更是超过了主要竞争对手。集团个人计算机销量取得28.2%的同比增长，市场份额也达到了8.8%的历史新高。这次扭亏为盈很大程度上归功于联想“混血文化”的不断改造和调整，也使得联想的竞争优势一直保持至今。

由联想集团的案例可以看出，企业文化建设必须符合企业发展战略的要求，需要及时调整与之相匹配。企业文化在战略管理中过程中起着极其重要的作用，一个拥有优秀企业文化的企业会将文化作为重要资源，将企业的发展愿景以及企业文化的形式渗透给员工，从而使企业战略从制定到实施，都能够得到可靠的保障。

第三节　本章方法论

企业文化从某种意义上来说就是品牌的信用，相当于一个人的人格和名誉。在营销3.0时代，企业文化不仅是对内的，更是对消费者的，要持续建设企业文化，并取得企业内部和消费者的认同，将企业文化变成品牌的信用。营销3.0时代与2.0时代、1.0时代最大的不同就是文化营销，要向消费者营销企业的使命、核心价值观，而不仅仅是售卖产品。在当今社会，随着科技的发展、物质水平的不断提高，消费者购买产品更多的是购买一个标示符号而不是产品本身，比如购买慕思产品的消费者不仅仅是因为产品好，更多的是成功人士的身份象征与健康睡眠的生活理念；购买宝马或奔驰汽车的消费者也不仅仅看重产品本身，更多的是因为认同品牌的文化，并被品牌文化所感召，从而形成购买力。所以，企业要把文化的塑造和品牌建设结合起来，它对企业的发展起着非常重大的作用：

1. 导向作用是企业文化最主要的功能

企业文化是企业全体成员的共同信念、期望值与价值观体系。着眼于未来，适应市场需求和社会发展趋势的、具有挑战性企业战略的产生，离不开企业文化的导向功能。

慕思根据“让品牌成为一种信仰”的价值导向，立志成为“全球睡眠资源的整合者”，在其日常的经营活动和品牌推广中，无不贯穿这一条主线。从核心价值观的塑造，到日常营销、产品质量、服务、社会责任实践中，企业文化的指导作用都得到了充分体现。

作为一种无形的精神力量，企业文化渗入企业成长发展的各个方面：慕思企业文化建设深入产品质量：重视质量安全、坚持以质取胜、追求质量诚信、践行社会责任。重视质量安全，从原材料把关：慕思对于原材料的选择近乎于苛刻，为保证产品质量，缔造深度健康睡眠，不惜成本精挑细选，引入国际认可的高端原辅材料，整个睡眠系统的原材料都是选自于世界上顶尖的原料供应商。这些措施与其核心价值观有着密不可分的关系，也是企业文化导向的外在表现。

2. 企业文化是凝聚企业内外部资源的精神力量

企业文化的一项重要功能就是凝聚作用。营造共同的价值观，不仅能使企业内部员工形成强劲的向心力，使之与公司成为“命运共同体”，对外还能使企业各环节与消费者、经销商等目标一致。这种凝聚作用使得企业所有经营活动都能围绕核心目标进行，使各个环节成为一个有机运作的整体。

欧派“家”文化和华帝的“共赢”文化向公众展示了塑造文化凝聚力的重要性。“以人为本”是企业文化凝聚力的重要方面，欧派通过塑造一种“家”的品牌形象，对内使得员工对组织更加忠诚，对外契合了产品的特质，让消费者对于欧派文化更容易产生亲近感。欧派的“大共同体”已经趋于完备，而这种强有力的凝聚力也使得企业能够在激烈的竞争中保持着坚不可摧的防御体系。华帝因“共赢”文化的指导，“利益共同体”的战略规划才得以有效开展，善加利用企业文化使其发挥了有效的正面影响。

3. 企业文化是企业不断前进的“强心剂”

企业文化通过制度、价值观等产生激励作用。恰当的激励方式对于企业的持续进步起着至关重要的作用。企业精神和企业形象对企业职工有着极大的鼓舞作用，共同的价值观念使每个职工都感到自己存在和行为的价值。

以华为的“狼”文化为例，这种攻击性极强的企业文化反映出华为“团结，奉献，学习，创新，获益与公平”的特质，华为通过这种思想为指导，在制度激励、情感激励的基础上，极大地发挥了企业文化的激励作用。而这种类型的企业文化与其产品也有着密不可分的关系，电子产品的生产讲求高效、低成本的市场攻坚策略，华为的“狼”文化正好契合了这一特征。通过激进文化对员工的激励，使得华为在市场的攻坚战中保持着极强的战斗力。

4. 企业文化必须与企业战略相匹配

战略的制订不仅受到文化价值观和经营哲学的制约，同时企业在进行战略选择时还必须考虑到文化对未来战略实施的影响。由于企业文化的形成具有长期的渐进性，形成后保持较高的稳定性，因此，企业的战略制定与选择应尽可能利用本企业在现有文化上的优势展开。

从联想收购IBM的PC业务的例子中可以看到，当时的联想本身就处于文化交融的磨合期，IBM的企业文化与联想截然不同，文化整合并不是文化吞并，虽然文化吞并在大企业收购小企业这种案例中屡见不鲜，但是对于IBM这样一个拥有长久历史沉淀的公司来说，文化吞并显然行不通。而面对已经不适应PC市场发展趋势的IBM企业文化，联想在这个时候却忽略了企业文化的作用，文化上的碰撞使得公司高层在战略制订上出现了严重的分歧，最终导致了联想在这种碰撞中走向低谷。而后来的文化重建和融合又使联想再度腾飞。

总之，企业文化必须与企业战略相适应，这样才能让企业战略获得有力的支持与有效的执行。因此，作为企业的高层管理不仅仅需要制订适合企业发展的战略，更要在企业里建设一种与该战略相适应的企业文化，培养员工的文化战略与观念，让员工懂得企业的文化是有效执行企业战略的关键。

第七章

整合传播篇

第一节　整合传播，以小博大争夺眼球

酒香也怕巷子深。

好的产品、优秀的企业、伟大的企业家，其成功，也离不开传播。

1. 传播，品牌历久弥新的秘诀

所谓品牌传播，就是企业以品牌的核心价值为原则，在品牌识别的整体框架下，选择广告、公关、销售、人际等传播方式，将特定品牌推广出去，以建立品牌形象，促进市场销售。品牌传播是企业满足消费者需要，培养消费者忠诚度的有效手段，是目前企业家们高举的一面旗帜。

传播对品牌力的塑造起着关键性的作用。首先，商品力、品牌文化和品牌联想等构成品牌力的因素只有在传播中才体现出它们的力量。我们知道，品牌力主要是站在消费者的角度提出的，而要使有关品牌的信息进入大众的心智，唯一的途径是通过传播。如果少了传播这一环节，那么消费者将无从对商品的效用、品质做进一步的了解；品牌文化和品牌联想的建立则几乎是不可能的。

其次，传播过程中的竞争与反馈对品牌力有很大的影响。传播是由传播者、媒体、传播内容、受众等方面构成的一个循环往复的过程，其中充满竞争和反馈。在现代传播日益发达的“信息爆炸”社会中，人们再也不能企望接受所有信息，而是“逐渐学会了有选择地记取、接受，即只接受那些对他们有用或吸引他们、满足他们需要的信息”。比如，在电视机前，当你不满某个品牌的广告时，就会对该品牌的产品不满。如果绝大多数的人都产生这样的情绪，传播者在销售的压力下，就不得不重新考虑他的传播内容。因此在传播中塑造品牌力就必须考虑到如何才能吸引、打动品牌的目标消费者，考虑如何在传播中体现出能满足更大需求的价值。

再次，传播过程是一个开放的过程，随时可能受到外界环境的影响。在现实生活中，外界环境通常会对传播过程产生制约、干扰，从而影响传播的进行。

通过品牌的有效传播，可以使品牌为广大消费者和社会公众所认知，使

品牌得以迅速发展。同时，品牌的有效传播，还可以实现品牌与目标市场的有效对接，为品牌及产品进占市场、拓展市场奠定宣传基础。如橱柜领军品牌欧派，“有家有爱有欧派”的广告语响遍大江南北，让欧派爱的声音传递出去，迅速奠定了欧派的业内第一的品牌地位。

2. 品牌传播的主要方式

我认为，为了发掘品牌价值这一巨大的利益源泉，众多现代企业无不对品牌资产进行长期而艰辛地培育呵护，使得在今天的市场中，品牌的传播与提升成为大多数企业最大的竞争投资。根据我的实践，在品牌传播中主要总结出三种传播方式，企业新闻传播、广告传播和微传播。以下，我将结合欧派、慕思等案例对于品牌传播的三种方法进行探讨与分享。

（1）企业新闻传播：小投入，大传播

在我十几年的职业经理人生涯中，从华帝燃具、威莱数码、奥克斯空调、欧派家居再到现今的慕思寝具，这些品牌的健康成长都离不开新闻传播。这是一张好牌，在正确的时间打出正确的牌，能够让你在市场博弈中取得主动权。

何为企业新闻传播呢？企业新闻传播就是借助大众媒体、以新闻报道的方式把企业目标信息传播出去。因为这个传播是对企业目标信息的传播，是经过企业过滤的信息，因此，它不是通常意义上所说的新闻。

所以，企业新闻传播是一种营销形式，是营销以新闻形式来表现，正因如此，企业新闻传播又被称为“新闻营销”。当前是一个信息爆炸的时代，传播手段多样的年代，新闻传播对于企业品牌建设的积极作用越来越凸显，谁能更好地运用新闻传播的营销手段，谁就能抢先获得市场话语权，在大浪淘沙的市场竞争中脱颖而出。

总的来说，企业新闻传播，新闻是形式，营销是本质。公关界有句名言：没有新闻就制造事件，没有事件就制造概念。它深刻体现了企业新闻传播的营销本质。要做好新闻传播，必须要把握好营销的这个本质。

（2）微传播：微故事，大传播

企业的传播活动正在经历一场全新的“微革命”。随着全球数字技术、信息技术、互联网技术的进步推动着人类的传播活动大踏步向前发展，我们已经进入到了“微时代”，“微时代”正在进一步颠覆传统的大众传播模式，各类题材的“微”传播风生水起。

在我看来，“微传播”是以信息的数字化技术为基础，使用数字通信技术，运用音频、视频、文字、图像等多种方式，通过新型的、移动便捷的终端显示设备，进行以实时、互动、高效为主要特征的传播活动。

广义的微传播是指以微博客、手机短信、彩信、飞信、QQ、MSN、户外显示屏、出租车呼叫台等为媒介的信息传播方式。

狭义的微传播是以微博客以及视频网站为媒介的信息传播方式。以微博客和视频网站为媒介的微传播，是去中心化的裂变式多级传播模式，传播碎片化信息，借以实现自我表达、交往需求与社会认知。

微传播的核心特征就是“微”，即传播的内容是“微内容”（一句话、一个表情符号、一张图片、一段影片等）；传播体验是“微动作”（通过简单的按键操作、鼠标点击就能完成观看、转发、评论、投票等功能）；传播的时间是“微时间”（瞬间覆盖全网络）；传播的对象是“无数网友”（受众没有时空限制）；传播的方式是“微博、微信为主”（通过微博、微信评论转发、视频网站推放、贴吧评论、网络平面媒体解读）等，作为一种全新的传播方式，微传播集合了平民化、个性化、自发传播、随性化、圈群化五种特征，传播内容与形式也实现了多样化、受众广、传播快、成本低的特点。如下图：

微传播的内容与优势

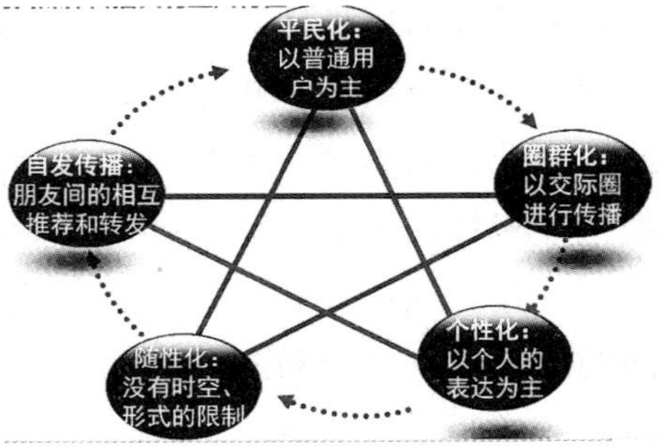

微传播具有五大特征

作为“微传播”的重要形式之一，微电影（Micro film）的兴起与微博一样，以势如破竹的速度，正在改变着人们的观赏思维，已经成为一种民众喜爱、高效独特的传播方式。微电影即微型电影，又称微影，微电影是指专门在各种新媒体平台上播放的、适合在移动状态和短时休闲状态下观看的、具有完整策划和系统制作体系支持的、具有完整故事情节的电影短片。内容融合了幽默搞怪、时尚潮流、公益教育、商业定制等主题，可以单独成篇，也可系列成剧。

微电影已经成为微时代的电影主流形式，事实上微电影脱胎于国外早已有之的“短片”。微电影之“微”在于：微时长、微制作、微投资，以其短小、精练、灵活的形式风靡于互联网。

事实上，微电影具有与商业联姻的先天基因，它神奇地把“广告”变成了“内容”，把品牌、产品通过故事和流动影像来包装、传达，可以说是一种相当高级的手段，在国外称为Videomarketing（视频营销），已经发展相当成熟，像BMW、Levi’s、SONY、NIKE、Coca-Cola、Pepsi、Apple、P&G、Durex这些大品牌，对于视频营销已经驾轻就熟。

相比电视广告等传统媒体，微电影营销的性价比非常高，其传播范围之广、接受度之高以及传播成本之低，吸引了众多品牌商尝试和采用微电影进行营销，尤其是微电影与生俱来的时尚、新潮、前卫气质，深得80后、90后年轻主流消费群体的青睐，成为各品牌商家非常看重的营销组合形式。

微电影的商业运作模式在为业界打开市场空间的同时，也有力推动我国文化产业的发展壮大。有网络测评机构预测，与广告相融合的微电影，到2014年将可能达到10倍的增长空间。“小体积”的微电影，或将成就品牌内容的“大理想”。

综合来看，相对于传统电影或长视频，微电影更为贴合品牌传播的需求。品牌客户对微电影已经越来越重视，需求正在迅速增长，而这种需求也在一步步地推动微电影产业链的拓展和延伸，并最终走向成熟。专家估计，我国微电影产业价值将在未来五年内达到100亿元以上。

可以说，“微电影”将传统的电影和电视拉回到人人皆可参与、互动和体验的“草根秀”时代，成为主流的信息传播方式。

这一点在我策划的慕思寝具微电影《床上关系》中得到了完美的诠释。接下来，我将着重围绕《床上关系》展开话题，力求为读者展示一个奇妙的“微电影世界”。

第二节　整合传播之市场实践案例解析

案例一　造势的魅力，“欧派欢乐中国行”助力欧派品牌升级

1. 内忧外患，举步维艰

2008年以前，经历十余年融合的家居行业渐渐步入了正轨，如一台豪华动车在飞速前行着。与此同时，企业品牌意识加强，市场需求旺盛，买卖双方处于极度亢奋的状态。然而，这个“盛世”局面在2008年被无情打破，在“内忧外患”（内：国家严厉的房地产调控、年初新劳动法颁布、建材原材料及人工费用成本剧增。外：金融危机席卷全球）的双重夹击下，家居行业不得不进入连续刹车阶段，整体发展速度放缓已是不争的事实，行业洗牌、整合不可避免，局势笼罩在迷雾当中。

2. 携手CCTV《欢乐中国行》，欧派亮剑娱乐营销

办法总比困难多。

欧派作为橱柜领军品牌，当众多家居企业在为席卷全球的金融危机和持续下滑的楼市而忧心忡忡之时，欧派正与当红娱乐节目CCTV《欢乐中国行》联手，打造了一场充满欢乐、激情的歌舞晚会展示企业活力和争霸市场的信心。从而在“内忧外患”的夹击下找到了一线光明——用“创新”的事件营销将品牌推广出去。

欧派欢乐中国行

2008年10月，欧派选择赞助央视著名娱乐节目《欢乐中国行》。当时很多企业都在做《欢乐中国行》或《同一首歌》，显然，这种营销方式并没有特别之

处。如何做得更加出众呢？这是对当时作为欧派集团营销总裁的我的一个挑战，更是对整个欧派团队能力的一个考验。

大环境影响下，生活压力将会愈来愈大，人们的快乐指数开始走低。2008年全球金融危机初现，消费者对未来担忧不已，汶川大地震的发生，毒奶粉的卷土重来，进一步引发人们对未来的不确定感，消费信心直线下滑。

怎样的娱乐营销才能将消费者重新拉回来呢？今天的主流消费者，喜欢颠覆传统、热爱变化，在信息如滔滔江海般泛滥的今天，传统的营销手段将会被消费者遗弃。品牌要打动消费者的芳心，就要像交朋友一样，让他们感到快乐、愉悦。而这些以创造快乐和幸福感为目标的营销策略，则是激发他们购买动机的兴奋剂。

3. 欧派CCTV《欢乐中国行》的新闻传播策略

对于欧派来说，如何让欧派《欢乐中国行》的娱乐营销显得与众不同，是欧派的团队所面临的最大挑战。经过数次的反思与讨论，欧派团队创新打造了一套与娱乐结合的企业新闻传播整合营销策略。

第一，找准娱乐载体与企业品牌的嫁接性，打好娱乐营销的基础。娱乐化的内容一定要与企业品牌或产品相关联，能够对品牌价值有所促进。大型综艺节目《欢乐中国行》作为央视名牌栏目，在风格上不仅强调综艺节目的时尚性，更着力于展示地域文化和城市魅力，突出浓郁的地方色彩，尽情展示祖国各地风采，这与欧派“有家有爱有欧派”的理念在一定程度上不谋而合。同时，《欢乐中国行》所邀请的明星在欧派的消费群中有着超高的人气，对消费者的吸引力巨大，具有极高的投资价值。

欧派欢乐中国行海报

找准娱乐载体目的是更好地植入企业的产品和理念。2008年在广州市可容纳8万人的奥体中心，荧光闪烁、群星闪耀、欢乐如潮，一场会聚了刘欢、孙燕姿、范冰冰、宋祖英、韩红等海峡两岸

消费者参加欧派“欢乐中国行”

三地明星的央视大型歌舞晚会节目《欢乐中国行》在这里隆重上演。晚会现场，主持人董卿在介绍每个新节目时都会提及欧派品牌，并不时穿插欧派企业文化与厨房文化；音乐才子林俊杰在演唱完成名作后，还用手中的荧光棒在锅、盆、碗、杯等厨具上演奏起打击乐，在“叮叮当当”有节奏的敲击声中让人品味到身处厨房生活的乐趣；情歌王子邰正宵还别出心裁地邀请了欧派一位年轻设计师一起深情对唱《有家有爱》，而歌手甘萍演唱的欧派企业之歌《有家有爱》则将晚会现场的气氛推向高潮。然而，和以往有所不同的是，在座无虚席的观众席上不时高喊“欧派！欧派！”的口号，并高举写有“有家有爱有欧派”的宣传横幅。

第二，整合资源，增加参与性，扩大影响面。让更为广泛的人群参与成为它传播与促销的主旨。如若能在事件前中后期实施相关的配套活动，营销事件将会起到事半功倍的效果。娱乐营销与其他营销方式最大的不同之一，就在于强调在营销过程中与消费者的互动。只有在活动中互动才能加深消费者对品牌与产品的了解。《超级女声》的成功关键之一就是让观看的观众用短信对选手进行投票，引发观众们惊人的参与热情。

首先，买欧派赢门票。在8月23日至10月7日期间，只要订购2万元的欧派橱柜或欧派系列产品，就能免费去广州看晚会了。订购3万元的橱柜或欧派系列产品，就可以带上你的另一半一同去享受晚会的精彩。

其次，看明星游广州。消费者在视觉得到充分享受的同时，还游览羊城广州的美景。欧派专门为难得到广州一游的消费者组织了珠江夜游活动，让各地消费者能够趁此机会更多地认识广州。同时，大家还一同参观欧派总部中国橱柜航母基地，了解品质橱柜的生产工艺和流程。

通过“买橱柜赠入场券”的形式，欧派邀请了全国各地10000名消费者亲临广州“欢乐中国行”现场，并组织他们夜游珠江，观赏广州美景，进一步加强了与消费者的互动，增加了消费者在营销事件中的参与度。

在促销措施的支持下，“欢乐中国行——魅力欧派”事件令欧派以3000万元的投入，获得了超过2亿元的销售回报，进一步扩大了欧派的市场占有率。

对于此次欧派“欢乐中国行”的娱乐营销，业内人士给予了极大的肯定，有人将之比作家居业的“超女事件”，让欧派的品牌更响亮。

4. 成功背后的反思

欧派“欢乐中国行”为何会获得如此惊人的成功？当深入探究“欢乐中国行”的整个运作过程时，我们不难发现，这次赞助的成功精髓就在于深刻把握住娱乐的本质，将原属小范围的娱乐、单向的娱乐、简单的娱乐变成一种全民性、互动性、内容丰富的娱乐。

欧派“欢乐中国行”的成功让家居业全新认识到了娱乐营销的超级攻势：当你能够深刻把握住大众的消费心理与娱乐精神，然后通过出色的娱乐化活动或娱乐化方式，在欢声笑语中将品牌精神与品牌信息潜移默化地传达给他们，引来数以百万计的关注，这无疑是成功的营销。

在广告的边际效应缩小、市场竞争激烈的背景下，欧派娱乐营销的成功给许多企业提供了一种新的营销思路：企业可以借助对时尚文化潮流的把握进行成功营销突围。

5. 造势“欢乐中国行”，主动传播“魅力无边”

危机背景下，欧派团队选择了“创新”的事件新闻传播的方法。之所以强调“创新”的事件新闻传播，是因为欧派在活动推广与新闻传播的策略上，有着不同寻常的思路和方法，能够将效应最大化。

在娱乐营销中，活动内容固然重要，但新闻传播同样不能忽视。如果说娱乐营销是品牌塑造的“发动机”，那么新闻传播就是“方向盘”。发动机是前进的源泉，驱动和发挥出它的强大威力，还需要正确操控方向，以最“经济”的代价到达目的地，也就是说必须做好以造势为目的的新闻传播，有了新闻传播的支持，娱乐营销的发动机作用才能演绎出来。从这个意义上来说，新闻传播动作正是娱乐营销的“导航”。

欧派的团队显然不会无视这些问题，他们既然创造了“欢乐中国行”娱乐事件，必须对事件广而告之，为企业造势。

菲利普•科特勒在《营销管理》一书中，对“合势”理论中的“造势”概念做出了初步阐述。科特勒认为事件营销可分为“事件选择”和“事件创造”。其中，事件创造是企业通过自身创造富有创意的活动或事件，引起媒体或者大众关注，是为“造势”。

显然，“欢乐中国行”是欧派的主动造势，在“欢乐中国行”事件的新闻传播上，展现出了欧派传播的艺术。

6. 新闻传播助力欧派“蝶变”

在信息高度发达的时代，酒香也怕巷子深，再好的酒也需要包装和宣传。在经过精心炮制下，欧派“欢乐中国行”活动取得了圆满成功，而如何深挖此次娱乐营销背后所诠释的欧派价值则需要通过新闻将之广泛传递出去。

第一，兵贵神速。新闻传播是十分讲究时效性的，在信息飞速更新的时代，谁的传播速度快，谁就占据传播制高点。欧派在晚会前夕通过国内各大主流媒体投放，进行地毯式传播，大规模造势。晚会举行后，又在全国数百家平面媒体和网络媒体继投放，进行持续有效的后期宣传，令欧派的品牌理念得到持续立体的传播。此外，欧派还在现场播放了长达3分钟的欧派宣传片，并把晚会现场精彩部分做成光盘和画册，在全国专卖店进行播放或销售，这些都让欧派的品牌形象再次得到传递。

第二，弹无虚发。新闻传播尽管具有高性价比优势，但必须挖掘出事件中与企业契合且有别于其他品牌的闪光点，才能点亮品牌内涵。这就要求我们策划的思路要新颖。如何去操作呢？在晚会前，欧派与专业的新闻传播机构展开合作，并取得良好的预期效果。由于CCTV《欢乐中国行》与欧派合作是其首度和企业合作，因此，“首度”是一个值得深挖的新闻点，如何将新闻点与欧派更好地衔接起来呢？经过反复敲打，结合欧派品牌的发展战略，最终敲定将“蝶变”写进去。

2008年3月开始，随着一个被业界誉为“蝶变”的“新巅峰计划”步入实操阶段，一个以橱柜为主，以厨电、卫浴、衣柜和建材为舰队的欧派“整体家居舰群”已逐渐展露新颜。

所谓“蝶变计划”又称欧派全面建设名牌体系三年战略规划，核心是以国际品牌企业为参照坐标，构建现代企业集团运营模式，吸纳、整合、优化资源配置，从产业、制造、营销角度全面建设品牌管理体系，从而实现由单一产品向集团化运营的“蝶变”。如何实现这个变化？欧派选择的助推器是娱乐营销。通过大众最喜闻乐见的娱乐方式将欧派的产品、企业实力、品牌内涵等进行直观、详细的演绎，让企业的品牌形象得到传递。

经过反复讨论后，2008年8月，欧派采纳了主题为“CCTV《欢乐中国行》首度结盟品牌企业，强强联袂 欧派营销‘蝶变’提速”的新闻内容，从《欢乐中国行》首次与品牌企业合作的角度挖掘新闻点，凸显了此次欧派与《欢乐中国行》在品牌推广方式的创新。

根据新闻点敲定新闻稿件后，接下来，就将目光聚焦在纸媒媒体与互联网身上。报纸锁定在各省市强势的报社媒体，而互联网的选择上则需更谨慎。在互联网占据日常生活主导地位的今天，铺天盖地的网站让消费者的选择对象激增，同时也存在着注意力分散的困境。因此，要做到消息精准传播，实现重点覆盖和交叉覆盖须借助良好的平台。

经过详尽的分析研究，在纸媒上选取了《广州日报》、《南方都市报》《燕赵都市报》《辽沈晚报》《三湘都市报》《武汉晨报》《海口晚报》《郑州晚报》《新安晚报》《钱江晚报》等省市强势媒体；在网络上则选取了雅虎网、新华网、人民网、新浪、腾讯等知名门户，共计100多家强势媒体发布。并且新闻点比较突出，稿件成品得到了编辑们的认可，发布十分顺利。不到半个月时间里，就完成了以上100多家媒体发布范围覆盖东北、华北、华东、华南、华中、西部，实现了全方位的媒体推广。

在8月份第一轮预热传播取得了成功，实现了对欧派品牌诉求点、事件核心点、公众关注点的结合，改变了过去欧派带给人们总是与“橱柜”沾边的形象，营造出一个以橱柜为主，厨电、卫浴、衣柜和建材为舰队的欧派整体家居舰群形象，在社会掀起了一股强烈的欧派旋风，助力了此次事件营销活动的成功。

第一轮新闻传播预热的成功让“欢乐中国行”的活动效应初形成，为接下来的造势开了个好头。趁火打热，很快，同年9—10月拉开了第二轮传播的序幕，为活动和促销进行全面造势，并采纳了产经、企业及娱乐三个新闻线路的推广主题：

产经新闻——

“中国制造”“大考”临头

牵手CCTV《欢乐中国行》，欧派领衔家居业率先进行品牌突围企业新闻——

欧派邀全国万名幸运消费者“零团费”享广州音乐之旅

娱乐新闻——

CCTV“欢乐中国行•魅力欧派”金秋十月广州见

——刘欢、宋祖英、刘若英等两岸巨星“会师”羊城

欧派携手CCTV《欢乐中国行》的事件是第一个产经新闻的切入点，在不景气的大环境下，欧派如此的大动作引来了媒体和社会的高度关注。而第二个主题是围绕当时欧派促销活动来进行开展的，并将“订购3万元欧派橱柜或欧派系列产品，就可以带上你的另一半一同享受晚会的精彩”这一促销内容与欧派的品牌理念衔接起来，为欧派致力打造快乐家庭生活的企业形象做出了很好的宣传。第三个主题则是从娱乐角度进行拟稿，聚焦明星效应与突出现场火爆场面，将人们的眼球吸引过来。

第二轮新闻传播不仅神速还强力。此轮新闻投放始于9月18日，当天，网易、腾讯、搜狐、新浪、《山西晚报》、《兰州晨报》、《三湘都市报》、《玉林晚报》、《珠海特区报》、《太原晚报》、《生活新报》、《深圳晚报》皆刊发了对这一事件的报道。好戏还在后头，紧接着，《燕赵都市报》、《钱江晚报》、《海峡都市报》、《华西都市报》、《南方都市报》、《新安晚报》、《扬子晚报》等百家媒体也争相加入报道大军。其中，《燕赵都市报》、《海峡都市报》、《山西晚报》、《辽沈晚报》、《齐鲁晚报》、《钱江晚报》、《兰州晨报》等七家媒体更是三稿齐发。经过众多强势媒体多角度的传播，欧派想要表达的行业责任、促销、明星等信息与亮点得以悉数展现。

案例二　整合营销，慕思“澳洲睡眠文化之旅”悦动中国

1. 整合营销，成功的关键

一场成功的营销背后往往是多次战斗轮番攻击换来的硕果。从某个意义上来说，“整合营销传播”是打开成功的金钥匙。美国南卡罗莱纳大学教授特伦奇•希姆普认为：

（1）整合营销传播学是制订并执行针对顾客或与未来顾客的各种说服

性传播计划的过程；

（2）整合营销传播学的目标在于影响或直接影响有选择的受播者的行为；

（3）整合营销传播学认为，一个顾客或一个未来顾客在产品或服务方面与品牌或公司接触的一切来源均是未来信息潜在的传播渠道；

（4）整合营销传播利用与顾客或未来顾客相关的并有可能被接受的一切形式的传播。

总之，整合营销传播学开始于顾客或未来顾客，然后反馈，以期明确规定说服性传播计划的形式与方法。

说到底，整合营销传播理论的本质就是建立一种关系，建立企业产品与消费者之间的一种稳固关系。而这种关系能否稳固则取决于传播过程中的连续性、导向性以及互动性的程度。我先说一个整合营销成功案例：加多宝，为国内企业实践“整合营销传播”模式提供了参考的典范。

（1）从品牌诉求上谋求契合。加多宝正宗好凉茶配“中国好声音”被形容为天造地设。

（2）其次，媒介系统与推广渠道进行完美的整合。在加多宝《中国好声音》播出短短一周时间内，节目便成为网络最热词，收视率节节攀升，可谓全民关注的娱乐节目。加多宝趁势开展网络评选活动，吸引网民参与增强互动性，同时结合线上线下进行数万次路演宣传为加多宝《中国好声音》造势，并和媒介宣传步调保持一致，把消费者的关注度集中到一点上，消费者看《中国好声音》、听《中国好声音》的歌曲时，自然而然就会想到加多宝，而购买加多宝产品时也会想到“加多宝中国好声音”这一赛事活动。

全球健康睡眠资源整合者慕思，采用“整合营销”模式，结合自身情况和消费者需求，整合资源，合理布局，通过“慕思澳洲睡眠文化之旅”，2012年首先在国内四大城市昆明、天津、武汉、长沙携手古天乐等巨星开展巡演活动，弘扬企业文化，赢得社会认同；同时在活动期间开展终端促销活动，全国大回馈活动，有效地扩大市场占有率，加快品牌推广；携手42名幸运者游澳洲的同时，还开展了有关睡眠文化的高峰论坛，探究澳洲健康的生活方式，传播了企业理念，产品概念，树立品牌形象。通过一系列有影响力事件的传播，引导社会关注度，提升品牌地位，在行业“过冬年”轻松实现品牌逆市上扬，成为无可争议的寝具王者。

2. 行业“寒冬论”盛行，步履维艰

2012年，全球经济危机潜伏，欧债危机未除，国内经济增速放缓，楼市惨淡，国家宏观调控不放松……面对外交内困的经济形势，国内品牌纷纷瘦身应对市场寒流，慕思却反行其道，推出叹为惊人的营销，启动“全球睡眠文化之旅•澳洲站”，并在国内四大城市昆明、天津、武汉、长沙开展巡演活动，为“全球睡眠文化之旅•澳洲站”造势。

在被业内人士普遍认为“过冬年”的家具业、寝具企业也陷入了困境，在此背景下，为提振消费市场，各种促销活动呼啸而来，“健康睡眠”“品质生活”等宣传自己品牌的口号随之而来。但一个不容乐观的事实是，传统的中国消费者随意选购床垫，很多人“健康睡眠”意识薄弱，不会花大价钱选购优质床垫。而国内某床垫品牌健康研究中心数据显示，中国“睡眠安全”问题显著，有80%的床垫存在软硬不适、释放有害气体、电磁场等危害。

3. 四大城市巡演，慕思逆势“蝶变”

作为全球健康睡眠资源整合者，立志做世界睡眠品牌的慕思意识到，在逆势下，可以通过举办大规模有影响力的活动，告诉世人什么是真正的“健康睡眠”，引导国人认识睡眠文化，体会睡眠文化，将国人的品质生活的追求引领到更本质的层次。

经过一系列的调查研究，慕思就确定了举办“慕思第四届全球睡眠文化之旅•澳洲站”。之所以选择澳洲，是基于两个要点。一、慕思在2010年举办了“畅享欧洲睡眠文化之旅”，对于定位世界睡眠品牌的慕思来说，仅仅走进北半球的欧洲是不够的，因此，此次选择了南半球的澳洲，进一步丰富健康睡眠文化资源。二、澳洲人向来非常注重生活品质，据了解，悉尼、墨尔本等城市都拥有丰富的历史文化和优质的睡眠资源。中国作为全世界最勤劳的民

慕思“澳洲睡眠文化之旅”悦动中国

族之一，在注重健康、享受生活方面却远不及澳洲。正是因为意识到这个问题，慕思致力于向国人推广“健康睡眠”理念。希望通过发起“全球睡眠文化之旅•澳洲站”，让幸运的消费者走出国门，实地体验澳洲的睡眠文化。

慕思“澳洲睡眠文化之旅”——李宗盛助阵武汉站

慕思第四届“全球睡眠文化之旅•澳洲站”消费者合影

在活动策划上，慕思可谓佳作不断。一个出色的活动，须在前中后期做到精心策划。为将活动效果最大化，慕思确立了在国内四大城市昆明、天津、武汉、长沙为活动宣传及造势，一方面是因为这四大城是营销区域重点，另一方面是想让全国更多消费者参与。

做好开局是成功的关键。慕思第四届“全球睡眠文化之旅•澳洲站”活动得到影视巨星古天乐、知名电台节目主持人春晓以及国内两大知名乐团小娟&山谷里的居民、哈雅乐团和素有“低音王子”之称的歌手赵鹏等知名娱乐人士助阵，同时，慕思全球首发睡眠音乐碟和音乐枕。

对于活动营销本身来说，活动是手段、是方式、是媒介、是平台，营销是目的、是结果、是诉求、是最终归属。因此，慕思当然不能错过宣传产品的机会，当天下午古天乐前往昆明慕思专卖店体验，并表示慕思的睡眠产品很不错、很舒服。在昆明居然之家看到，伴随着本次慕思“全球健康睡眠文化之旅 • 澳洲站”的启动，大量的消费者走进慕思专卖店，体验、选购健康睡眠系统。有消费者朋友表示，慕思对健康睡眠文化的大力推广，让更多人知道了如何选购合适的睡眠产品，即使不买床，了解如何让自己睡得更好，体验慕思的产品也是值得的。

本次“全球睡眠文化之旅•澳洲站”活动，慕思还启动全民大回馈，凡消费买满5000元即送澳洲游抽奖刮刮卡，有机会获得澳洲游的名额，同时购满5000元，送慕思浴巾1条；购满1万元，送慕思乳胶枕1个；购满2万元，送慕思旅行枕1个；购满3万元，送慕思音乐枕1个。同时，在活动期间，凡消费者进店（慕思全国专卖店）就送“慕思精美纸巾盒一个”；开单即送睡眠音乐CD，即可参与大富翁掷色子互动游戏，有机会获得毛巾、浴巾、拖鞋、伞、睡眠音乐CD、弧形护颈枕等奖品。

慕思“澳洲睡眠文化之旅”悦动中国

我们可以看到，活动的成功与慕思的精心策划是分不开的。作为活动营销来说，活动与营销是紧密结合的，古天乐等娱乐界知名人士同样存在睡眠问题，而他们现身说法更能令慕思的健康睡眠理念更有说服力，与此同时，首发全球首张睡眠音乐碟，更是与活动的主题相关，并结合全民大回馈活动，令活动的影响力上升到一个新的高度。

4．慕思新闻传播，启动多角度传播平台

慕思主要是通过活动传播健康睡眠，并以全球睡眠资源者的品牌定位宣

慕思“澳洲睡眠文化之旅”促销活动

传睡眠文化，普及健康睡眠理念以及推动健康睡眠产业的升级，由此，慕思整合了国内各大报纸媒体、网络媒体，从企业线、消费线、行业线角度，深入精准地对本次活动，对“睡眠文化”“健康睡眠”等理念进行了深度传播。

针对慕思携手古天乐在昆明启动慕思“全球睡眠文化之旅•澳洲站”，在天津携手小娟、哈雅乐团、赵鹏等明星发布慕思全球首张睡眠音乐碟事件，对于媒体来说，已经是全国性的震撼消息，通过各角度的报道，为消费者提供了最快的全新资讯亮点；对行业履行了寝具业领导品牌对市场、对社会的培育职责；同时为企业本身提升品牌价值和知名度。

5. 报纸媒体与网络媒体传播

企业新闻传播的方式多种多样，而其中能快速见到成效的是报纸媒体与网络媒体，在区域传播与人群传播上均有出色表现。

（1）报纸媒体提升活动高度

《南方都市报》《北京晨报》《长江商报》等多家报纸对慕思“全球睡眠文化之旅•澳洲站”进行了报道，虽然报道中的内容各有侧重，但都传递了慕思对健康睡眠文化的探寻与整合，以及对国人进行“健康睡眠”理念的普及。

2012年8月9日，《桂林晚报》以较大的篇幅从行业角度对昆明站活动做了报道：

桂林晚报 2012年8月9日 星期四 透过现象看本质
编辑李富宁/版式钟涛 实习生覃彤/校对宁永春/24小时报料热线 2834000 QQ报料：1289756400

携手消费者去澳洲体验睡眠文化
探寻全球健康睡眠，慕思推动本土睡眠产业走向世界

日前，为探寻全球健康睡眠，推动国内睡眠产业发展，世界第三代健康睡眠系统领导者、全球健康睡眠资源整合者、国内寝具业领导品牌慕思强势启动“买慕思游澳洲，享音乐睡眠”大型回馈活动，邀请消费者去澳洲体验澳洲睡眠文化。

慕思“全球睡眠文化之旅澳洲站”在昆明盛大启动

日前，慕思在昆明启动“第四届全球睡眠文化之旅·澳洲站”活动，今年，慕思将带领国人前往澳洲体验澳洲睡眠文化。活动当天，影视巨星古天乐、Channel[V]著名主持人李晨、慕思总裁姚吉庆、慕思营运中心总经理盛艳、当地经销商、近千名消费者出席。

据了解，游澳洲的“幸运消费者”是通过“买慕思游澳洲，享音乐睡眠”的活动产生，全国的消费者凡在8月4日—8月26日期间，买满慕思产品5000元，即送澳洲游抽奖刮刮卡，有机会获得澳州游的名额。

同时，为了更大范围地回馈消费者，凡进店(慕思全国专卖店)、开单、参与互动游戏，都将获得慕思送出的神秘大礼包和慕思健康睡眠产品，礼包因消费金额的不同而有差异。

据悉，本次慕思的澳洲睡眠文化之旅，在国内分四站，分别为昆明、天津、武汉、长沙。

积极引领国人体验澳洲睡眠文化

慕思总裁姚吉庆表示，慕思欧洲之旅做了三届，每一年的探索，对睡眠文化的理解、对品牌发展的启发都很大，但作为一个整合全球健康睡眠资源的寝具品牌，我们要将目光瞄向全世界。今年，慕思的目标是澳洲，让更多的国人感受澳洲独特的睡眠文化，探讨中国与澳洲的睡眠文化差异、普及健康睡眠理念。

强势推动本土睡眠产业走向世界

慕思首席文化官邱浩洋表示，慕思每年一届的世界睡眠文化之旅，让更多的消费者、经销商、网友、设计师参与，共同探寻各国睡眠文化，增强交流，提升国人健康睡眠意识，同时，也将中国的睡眠文化传播到了世界。

有专家指出，推陈出新是事物发展的规律，在寝具行业，慕思无疑是创新的领跑者与践行者，从整合全球资源，到改变发展；从探寻世界睡眠文化，到产品创新，慕思正在加速世界睡眠文化交流，推动国内的睡眠产业迈向新的里程碑。 莫秋兰

《桂林晚报》对“慕思睡眠文化之旅 · 澳洲站”的报道

2012年8月10日，《北京晨报》从企业线角度对昆明首站活动做了报道：

北京晨报

2012年8月10日 星期五

慕思吹响"全球健康睡眠文化之旅澳洲站"集结号

王者旋风，慕思启动"全球健康睡眠文化之旅澳洲站"活动

日前，全球健康睡眠资源整合者慕思全球健康睡眠文化之旅活动，再次盛大起航，首站启动仪式在昆明世纪金源宴会厅举行，超级巨星古天乐、Channel [V]著名主持人李晨、慕思总裁姚吉庆、慕思营运中心总经理盛艳、当地经销商以及消费者等欢聚一堂，共同开启"慕思全球睡眠文化之旅·澳洲站"的序幕。

作为"慕思澳洲睡眠文化之旅"的启动首站，昆明备受瞩目，启动舞台搭建以T台走秀为主体，国际时尚元素十足，充分诠释了慕思全球健康睡眠资源整合者的定位。现场被布置成"梦境空间"，穿越梦境之门，有不同的梦境旅程，感受别样的健康睡眠文化。除了梦境营造，现场精美、优雅的梦幻丝带舞、澳洲风情走秀、古天乐梦幻献唱、明星互动，带动现场嘉宾、消费者掌声连连，启动仪式得到了现场观众的一致好评。

据悉，为了普及健康睡眠，引起更多国人关注健康睡眠，慕思此次"澳洲睡眠文化之旅"，将陆续在天津、武汉、长沙进行盛大的活动仪式。

古天乐助阵

慕思健康睡眠系统全民大回馈

8月4日下午，古天乐前往昆明慕思专卖店体验了其新近推出的"第三代T-5智能化健康睡眠系统"等产品，并表示慕思的睡眠产品很不错、很舒服。

凡参加本次"买慕思游澳洲，享音乐睡眠"活动的消费者，买满5000元即送澳洲游抽奖刮刮卡，有机会获得澳州游的名额。

同时，凡消费者进店（慕思全国专卖店），就送"慕思精美纸巾盒一个"；开单即送全球首张睡眠音乐CD，即可参与大富翁掷色子互动游戏，有机会获得睡眠音乐CD、弧形护颈枕等奖品；同时购满5000元，送慕思浴巾1条；购满1万元，送慕思乳胶枕1个；购满2万元，送慕思旅行枕1个；购满3万元，送慕思音乐枕1个。

《北京晨报》对"慕思睡眠文化之旅•澳洲站"的报道

同一天，《山东商报》从消费角度作了如下报道，并且配上了图片一张，大号的黑体标题也使这篇报道相当抢眼。

山东商报 新家居

2012年8月10日 星期五

品牌聚焦

圆梦南半球，携手古天乐开启澳洲音乐睡眠之旅

全民大回馈"慕思全球睡眠文化之旅·澳洲站"惠动中国

携手古天乐

春城昆明开启音乐睡眠之旅

8月4日，慕思"全球睡眠文化之旅·澳洲站"昆明盛大启动，Channel[V]著名主持人李晨现场带来生动的主持，著名影视巨星古天乐大驾光临并现场演绎迷人歌曲，慕思总裁姚吉庆、慕思营运中心总经理盛艳及众多消费者共同参与，同时，慕思全球首发睡眠音乐枕。

据了解，本次"慕思全球睡眠文化之旅·澳洲站"活动，凡消费者买满5000元即送澳洲游抽奖刮刮卡，有机会获得澳州游的名额，同时购满5000元，送慕思浴巾1条；购满1万元，送慕思乳胶枕1个；购满2万元，送慕思旅行枕1个；购满3万元，送慕思音乐枕1个。

同时，在活动期间，凡消费者进店（慕思全国专卖店）就送"慕思精美纸巾盒一个"；开单即送睡眠音乐CD，即可参与大富翁掷色子互动游戏，有机会获得毛巾、浴巾、拖鞋、伞、睡眠音乐CD、弧形护颈枕等奖品。

"惠"享九州

慕思吹响全国集结号

据悉，慕思澳洲游将在天津、武汉及长沙相继启动。"买慕思游澳洲，享音乐睡眠"、"惠"享九州，吹响了"慕思全球睡眠文化之旅·澳洲站"活动的全国集结号。

慕思营运总经理盛艳表示，此次"慕思全球睡眠文化之旅·澳洲站"启动，慕思将邀请全国的"幸运"消费者去澳洲，感受澳洲独特的睡眠文化，探讨中国与澳洲的睡眠文化差异、倡导健康睡眠理念、帮助全民建立良好的睡眠习惯。

圆梦南半球

开启全球健康睡眠新旅程

慕思总裁姚吉庆则表示，此次慕思在连续三年邀请消费者参加欧洲游之后，首次把健康睡眠文化之旅带到南半球，"慕思全球睡眠文化之旅·澳洲站"是慕思全球睡眠文化之旅的延续，把健康睡眠的理念和文化传递到南半球，同时从南半球特有的睡眠文化中汲取有益的部分，整合到慕思的健康睡眠中来，让全球消费者都可以畅享慕思的健康睡眠。

文心

《山东商报》对"慕思睡眠文化之旅•澳洲站"的报道

对于此次慕思"全球睡眠文化之旅•澳洲站"昆明启动活动来说，及时的宣传报道是企业传播"健康睡眠"理念及活动效果的放大器。本轮新闻传播共有50家报纸从不同角度报道，河北的《燕赵都市报》、山西的《太原晚报》、湖北的《长江商报》、江西的《南昌日报》、广州的《南方都市报》、深圳的《深圳商报》、江苏的《江苏商报》、上海的《新闻晚报》、四川的《华西都市报》、陕西的《三秦都市报》、新疆的《新疆经济报》、辽宁的《辽沈晚报》等50家重要省市报纸媒体都快速做了相关报道。此次新闻推广范围覆盖华北、华中、华南、华东、西南、西北、东北，不仅集中在家居、地产版面，更有消费、产经、咨询等热门版面，将此次活动提升到一个全新的高度，有力传播了健康睡眠理念。

（2）网络媒体放大活动效应

随着网络媒体日趋成熟，责任感逐步增强，中国网民数量日益庞大，网络媒体的公信力已为世人公认。有数据显示，中国网民人数几年前已经位于世界第一。中国网民每天人均上网时间3.28个小时，而电视平均的使用时间才1.21小时。庞大的用户数量和如此高的用户接触度已经使互联网跃升为与传统四大媒体并驾齐驱的，甚至是超过了传统媒体的重要媒体。

而网络媒体有着传统媒体无以比拟的优势。

第一，受众广泛，传播速度迅速。网络是一个开放式、交互式和多维度的信息平台，无论是企业还是消费者个体都能从网络上查询，获取和发布信息，对企业来讲，可以选择的网络信息传播平台有很多，例如门户站点、论坛、博客、社区、邮件、交流软件等等。

第二，在人际传播上更具亲和力，兼具时效性、互动性的优势。网络传播类似于口碑传播，信息迅速在各大论坛、即时信息群落间主动传播，其影响力是巨大。从万科的博客门事件来看，王石的博文发表后的两天内，点击量超过30万。对于万科的怨言迅速在网络上发酵、蔓延，秋风扫落叶似的舆论攻击导致万科的楼盘滞售，万科A股三天内下跌12%。由此可以看出，网络在充当着信息集散地和放大器的角色。网络上流通的各种信息，迅速转化为传统媒体的报道和政府新闻发布会的主要议题。纸媒传媒塑造一个百年老店的口碑，需要漫长的时间累积，网络上的口碑传播可以在几个小时内塑造一个品牌神话。“酒香不怕巷子深”的想法，在这个资讯时代，已经完全不合时宜。

第三，可以跟踪浏览者的行动，通过数据统计，准确把握受众信息。传统媒介信息传播的一大弱势，是受众分散且被动，信息发布后，无法得知传播到什么层面，什么程度。从传播方式看，传统媒体形式下，信息的受众被动接受，信息的浪费率惊人。多数人都有在电视播放广告期间换台的习惯。而在网络形式下，网民浏览信息基本出于兴趣或需要而主动进行搜索，信息的命中率极高。

总之，在信息传播上，网络媒体的诞生与发展，改变了新闻信息传播的格局，网络公关传播有着强烈的“放大效应”，是企业传播品牌理念，提升形象的重要突破口。

在此次慕思“全球睡眠文化之旅•澳洲站”昆明站启动的造势上，通过数百家网络媒体大范围的快速传播，使慕思的健康睡眠理念传遍中华大地。

（1）包罗万象的门户网站

在网络媒体中不得不提门户网站。门户网站作为网络世界的“百货商场”或“网络超市”，信息包罗万象，也汇集着最广阔的人气，更容易聚焦眼球。慕思在此次昆明站活动也得到了包括人民网、新华网、雅虎、北青网、MSN中国、央视网、中华网、和讯网等八大知名门户网站的报道，通过报道将昆明站活动盛况以及健康睡眠的理念迅速传递到千家万户。

舆情频道 首页 | 舆情专题 | 人民舆评 | 舆情会商室 | 舆情排行榜 | 案例库 |
YQ.people.com.cn 舆情会商室BBS 创新与发展

探寻世界健康睡眠 体验全球睡眠文化

2012-08-10 09:20:10 消息来源：新华网 作者：

慕思吹响“健康睡眠文化之旅澳洲站”集结号

探寻世界健康睡眠，体验全球睡眠文化。

日前，第四届慕思“全球睡眠文化之旅·澳洲站”首先在昆明启动，超级巨星古天乐、Channel[V]著名主持人李晨等助阵，慕思随后将会带领部分消费者、媒体以及慕思经销商等，前往澳洲探寻澳洲睡眠文化之旅。同时，慕思还启动了全民大回馈活动，凡消费者进店（慕思全国专卖店）或购买慕思产品，都有机会获得神秘大礼一份。

慕思启动“全球健康睡眠文化之旅澳洲站”活动

日前，全球健康睡眠资源整合者慕思全球健康睡眠文化之旅，再次盛大起航，首站启动仪式在昆明世纪金源宴会厅举行，超级巨星古天乐、Channel[V]著名主持人李晨、慕思总裁姚吉庆、慕思营运中心总经理盛艳、当地经销商以及消费者等欢聚一堂，共同开启“慕思全球睡眠文化之旅·澳洲站”的序幕。

人民网对“慕思全球睡眠文化之旅•澳洲站”活动的报道

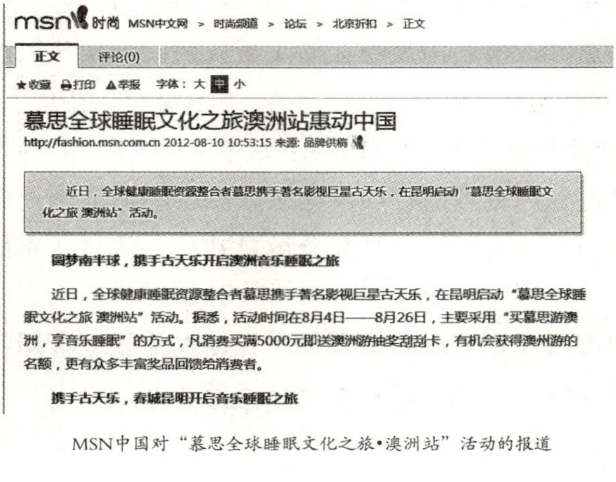
msn时尚 MSN中文网 > 时尚频道 > 论坛 > 北京折扣 > 正文

正文 评论(0)

★收藏 打印 举报 字体：大 中 小

慕思全球睡眠文化之旅澳洲站惠动中国

http://fashion.msn.com.cn 2012-08-10 10:53:15 来源：品牌供稿

近日，全球健康睡眠资源整合者慕思携手著名影视巨星古天乐，在昆明启动“慕思全球睡眠文化之旅 澳洲站”活动。

圆梦南半球，携手古天乐开启澳洲音乐睡眠之旅

近日，全球健康睡眠资源整合者慕思携手著名影视巨星古天乐，在昆明启动“慕思全球睡眠文化之旅 澳洲站”活动。据悉，活动时间在8月4日——8月26日，主要采用“买慕思游澳洲，享音乐睡眠”的方式，凡消费买满5000元即送澳洲游抽奖刮刮卡，有机会获得澳州游的名额，更有众多丰富奖品回馈给消费者。

携手古天乐，春城昆明开启音乐睡眠之旅

MSN中国对“慕思全球睡眠文化之旅•澳洲站”活动的报道

（2）财经网、家居网及地方网

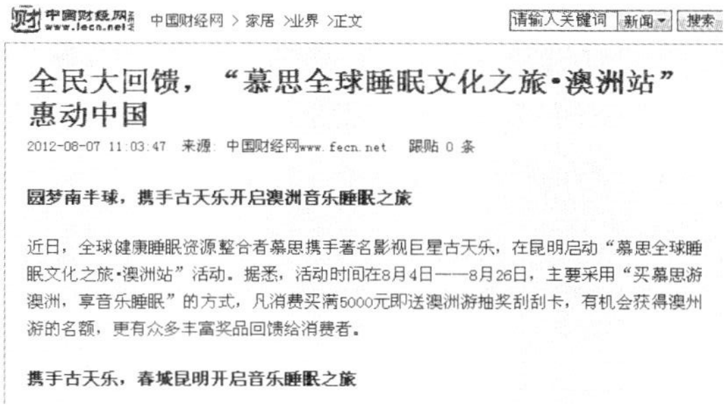
中国财经网 > 家居 > 业界 > 正文

全民大回馈，“慕思全球睡眠文化之旅•澳洲站”惠动中国

2012-08-07 11:03:47 来源：中国财经网www.fecn.net 跟贴 0 条

圆梦南半球，携手古天乐开启澳洲音乐睡眠之旅

近日，全球健康睡眠资源整合者慕思携手著名影视巨星古天乐，在昆明启动“慕思全球睡眠文化之旅·澳洲站”活动。据悉，活动时间在8月4日——8月26日，主要采用“买慕思游澳洲，享音乐睡眠”的方式，凡消费买满5000元即送澳洲游抽奖刮刮卡，有机会获得澳州游的名额，更有众多丰富奖品回馈给消费者。

携手古天乐，春城昆明开启音乐睡眠之旅

中国财经网对“慕思全球睡眠文化之旅•澳洲站”活动的报道

作为受高端人群关注的财经网、专业人群关注的家居网以及具备鲜明地方特色的地方网，也是企业新闻投放的重要窗口。借用财经网、家居网、地方网这三个网络媒体平台，慕思倡导的健康睡眠理念惠及更多的民众。

家具首页 > 新闻资讯 > 国内新闻

慕思吹响全球健康睡眠文化之旅澳洲站集结号

——古天乐助阵 给睡眠一次旅行

发布时间：2012-08-22 09:54 来源：亚太家具网 作者：企业供稿 【字号：大 中 小】

日前，第四届慕思“全球睡眠文化之旅·澳洲站”首先在昆明启动，超级巨星古天乐、Channel[V]著名主持人李晨等助阵，慕思随后将会带领部分消费者、媒体以及慕思经销商等，前往澳洲探寻澳洲睡眠文化之旅。同时，慕思还启动了全民大回馈活动，凡消费者进店（慕思全国专卖店）或购买慕思产品，都有机会获得神秘大礼一份。

日前，第四届慕思“全球睡眠文化之旅·澳洲站”首先在昆明启动，超级巨星古天乐、Channel[V]著名主持人李晨等助阵，慕思随后将会带领部分消费者、媒体以及慕思经销商等，前往澳洲探寻澳洲睡眠文化之旅。

亚太家具网对“慕思全球睡眠文化之旅•澳洲站”活动的报道

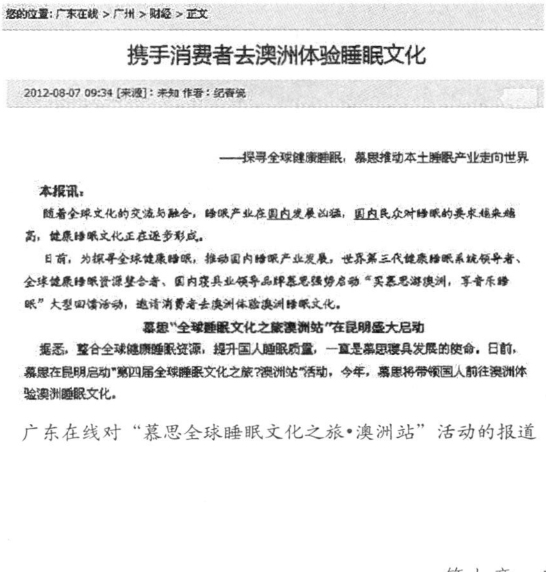
您的位置：广东在线 > 广州 > 财经 > 正文

携手消费者去澳洲体验睡眠文化

2012-08-07 09:34 [来源]：未知 作者：纪春筑

——探寻全球健康睡眠，慕思推动本土睡眠产业走向世界

本报讯：

随着全球文化的交流与融合，睡眠产业在国内发展迅猛，国内民众对睡眠的要求越来越高，健康睡眠文化正在逐步形成。

日前，为探寻全球健康睡眠，推动国内睡眠产业发展，世界第三代健康睡眠系统领导者、全球健康睡眠资源整合者、国内寝具业领导品牌慕思强势启动“买慕思游澳洲，享音乐睡眠”大型回馈活动，邀请消费者去澳洲体验澳洲睡眠文化。

慕思“全球睡眠文化之旅澳洲站”在昆明盛大启动

据悉，整合全球健康睡眠资源，提升国人睡眠质量，一直是慕思寝具发展的使命。日前，慕思在昆明启动“第四届全球睡眠文化之旅?澳洲站”活动，今年，慕思将带领国人前往澳洲体验澳洲睡眠文化。

广东在线对“慕思全球睡眠文化之旅•澳洲站”活动的报道

本轮新闻报道集中在2012年8月8日—8月27日之间，以“慕思”为关键词，搜索百度指数，如下图所示，本轮新闻报道期间，“慕思”的关注度如下框所示，从图中明显看出，波峰波谷明显，关注度随着慕思澳洲游事件新闻的报道上升，分别在2012年8月13日、8月20日和8月27日达到最高值。从三段高峰可以看出，慕思澳洲游的新闻传播对慕思的关注度起到了重要的影响。

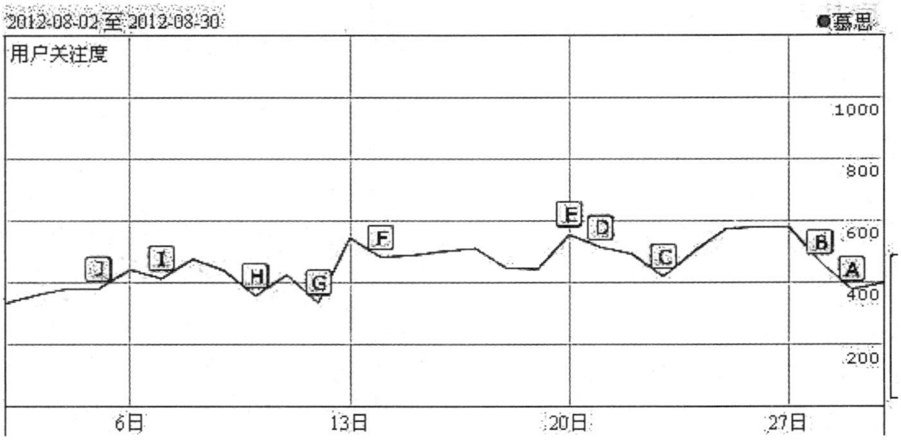

案例三 微传播，慕思微电影《床上关系》精彩演绎传播神话

2012年12月12日，由徐峥首次执导并主演的喜剧电影《泰囧》上映，在不到20天的时间里，票房就突破了11亿元，这部投资仅3000万元的小成本电影创造了中国电影史上新的票房神话。

无独有偶，同一年12月17日，由慕思寝具携手张元导演推出的首部网络贺岁微电影《床上关系》，仅上映一周，网络点击量就已经超过三千万次，在优酷、56、爱奇艺的观看排行中迅速攀升至第一位，仅半个月的时间网络点击量就狂飙至4000万，到2013年底已经突破1.6亿的点击量，创造了网络微电影的奇迹。

慕思微电影《床上关系》海报

中国约有6亿网民，并且数

据一直在增加，尤其是年轻群体几乎已经离不开网络，而随着生活节奏的加快，时间相对较短的微电影受到广大网友们的青睐，随着多种题材的微电影逐渐走入公众的视野，微电影已经变成了热门的娱乐文化方式，逐渐成为公众喜欢、熟悉的休闲方式之一。

从《床上关系》已经得到的追捧与反馈看，慕思再次树立了其在娱乐营销领域的又一里程碑。有品牌观察人士称，慕思推出《床上关系》，本质上是慕思品牌世界观的再次深刻传递。品牌世界观即品牌知觉的整体构架，品牌亦可以透过它理解世界并与之互动。慕思正在借此从改善睡眠小系统向探讨睡眠大环境逐步转变。

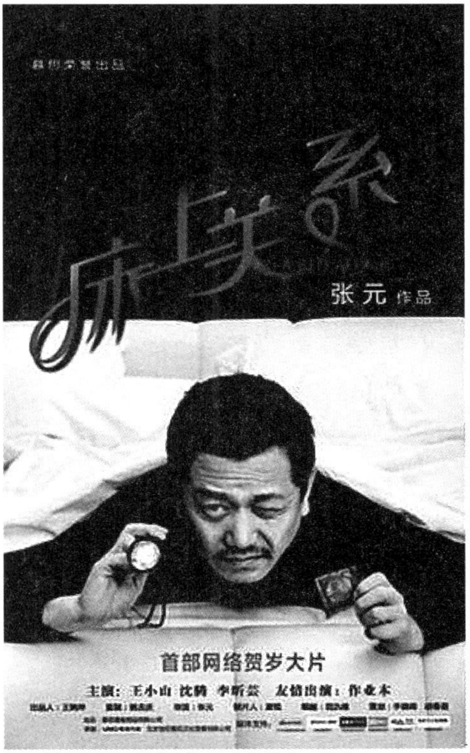

慕思微电影《床上关系》海报

1. 微电影传播秘诀一："电影名"噱头要做足

一部电影的片名到底有多重要？制作过《赌神》等多部卖座片的香港电影人向华胜曾说，影响票房的八大秘诀，排第一的就是影片名字。市场上除了中规中矩按主题取名的电影外，还经常见到一些另类奇葩的片名，尤其是一些中小成本的爱情片、喜剧片。

就以《床上关系》为例子，片名虽以充满"遐想"的字眼，却深深意喻"一觉醒来，代表昨天的过去，新一天的到来"，希望人们能相互包容、理解，能够勇敢地面对未来，对人生和生活充满正能量。

2. 微电影传播秘诀之二："电影内容"跟紧热点要"接地气"

《床上关系》这部聚焦夫妻关系的温情喜剧，讲述了一对年轻夫妻因一只安全套的失踪而引发的一场疯狂的争吵，片中的小夫妻为了在北京生活下去，为了房子十年不要小孩，为了生活放弃了太多，《床上关系》所引起的家庭矛盾实际上是众多生活矛盾的集中爆发，整个故事都在床边展开，从一场方寸之地的荒诞家庭闹剧折射出两性关系、婚恋观念等社会百态。

抛开制作和影片形式不谈，《床上关系》的确是一部现实主义作品，它精短的内容像是一片落叶，其所窥探的是整个时代的情感之秋。这种“以小见大”包括两个方面：一是在某个限定空间的情节中传递更广阔的内容。故事里的夫妻只不过吵了一架，但是通过他们之间的话语，我们可以想象到他们之前和之后的生活状态。二是这两人的床上关系只是全中国无数个两人关系的缩影。事实上，生活中有很多类似的情况已经发生或正在发生，电影只不过是随机掐了一段。

整个故事中，小偷一言没发，一开始他是侵入者，而后成为躲藏者。观众随着他的视角来观察剧情变化，他偷走的是物质，但主人丢失的不仅仅是物质，而是曾经的岁月和回忆。其实，夫妻之间的矛盾已经长期积累，避孕套只不过是一个引爆点。这其中蕴含了结婚时的门当户对问题、买房子与生孩子的问题、夫妻生活品位的问题等等，其本质是信任问题。

《床上关系》在嬉戏、荒诞中讲述了一段发人深思的故事，令观众感觉影片似乎就是自己生活的一面镜子，很多故事情节仿佛就是自己昨日的生活桥段，自己与生命中的伴侣似乎也能对号入座。在口碑分享的推动中，《床上关系》红遍网络。

3. 微电影传播秘诀之三：“微博红人”与名导“双剑合璧”

作为第六代导演的领军人物，张元导演在大家的印象中，向来是以文艺片见长，但这次却令人意外地执导了一部“网络贺岁片”。《床上关系》无论是对故事的叙述，对人物的塑造，还是对镜头画面的运用，都仍然带有张元强烈的个人风格。这次以张元为首，不仅匠心独运地汇集了“开心麻花”功勋演员沈腾和素有“文艺女王”之称的李昕芸担纲主演，更有万能的王小山、微博草根领袖作业本倾情加盟。因电影内容贴近草根生活，草根剧情感动人们，虽然没有一线大牌明星的加盟，却也取得了不俗的收视率和口碑。这要归功于草根领袖参演，知名导演加盟。影片刚一上线，便得到李开复、刘春、那英、陈坤等知名人士的转发推荐，最终取得数亿点击率的骄人传播效果。

对于电影市场来说，贺岁档一直是兵家必争之地，各大门派都试图在

慕思微电影《床上关系》发布会现场

贺岁档拥有一席之地。慕思正是考虑到这点，才推出首部贺岁微电影《床上关系》，另辟蹊径，采用一种新的渠道进行健康睡眠文化传播推广，开创了中国“网络贺岁电影”的先河，让《床上关系》这样一部小成本短片在网络这样一个新战场上笑傲江湖。

4. 《床上关系》微博传播策略的成功

《床上关系》网络爆红的主要原因在于它所采取的传播形式和传递的价值导向。慕思传播策略的成功实现了《床上关系》高效传播，通过网络的宽覆盖群体、传播快捷、灵活的传播，使得影片实现短期爆红的好效果。通过《床上关系》所传递的价值导向，映射出慕思的品牌价值，用一种温婉含蓄的手段，润物无声般地植入慕思健康睡眠的理念。

事实上，在《床上关系》的推广中，微博发挥了重要作用。2012年12月13日，《床上关系》出品方慕思寝具率先发起“关注@慕思寝具@床上关系电影并@你最亲密的人，20张首映礼券等你来拿。观影后写微影评@床上关系电影，更有机会获慕思护颈枕”的活动。而《床上关系》微博“@床上关系电影”也正式拉开积粉期，粉丝一路飙升，快速迎来6195位粉丝的关注。

《床上关系》影片取得上映不到两周点击率即突破4000万的佳绩，微博传播发挥了重要的作用。我们运用“百度指数”对《床上关系》做了用户关注度分析，将他与慕思寝具做对比，如下图所示，橙色的曲线代表用户对慕思的关注，绿色的曲线代表用户对《床上关系》的关注。在《床上关系》推出之后（2012年12月1日至2013年1月31日），慕思的用户关注度保持在1000以下，而《床上关系》却一路上扬，直接达到30000。

由此可以看出，微传播对《床上关系》关注度的提升，效果巨大。微博传播的成功具体体现在以下几个方面：

（1）名人与名人之间的互动、调侃与分享

在影片上映后，《南都娱乐周刊》主编、资深媒体人陈朝华发了一条微

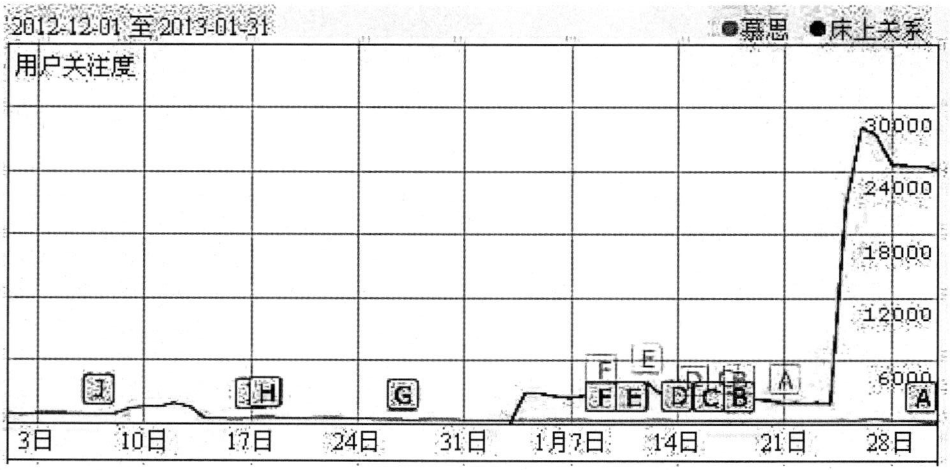

百度指数慕思、《床上关系》用户关注度分析

博，内容如下：推荐@张元导演的微电影《床上关系》，这部小短片由一个避孕套失踪引发的情感危机入手，把猜忌与信任、任性与安全感缺失等当代夫妻面临的困境演绎得淋漓尽致，紧凑节制，有张力有爆发力。关于床上关系，一点感悟：你可以在我的对立面思考问题，但记住：我们是爱人，不是敌人。这条微博引来导演、主演等的强势互动，也引来无数网络红人的转发。

（2）网民与导演、主演的互动

众多微博网友与影片的导演张元、主演春晚“郝建”沈腾、知名女星李昕芸、微博红人王小山、作业本等展开互动，掀起一浪高潮。

（3）各种公司、机构，评论人士以及高层人员之间的互动、评论

据了解，《床上关系》引起各大公关公司、传播公司、策划公司、娱乐公司、名人明星、知名乐评影评人、知名导演、各大媒体高层等的强势关注与口碑分享，如华谊兄弟音乐副总段迎九、时尚传媒集团出版副总裁瘦马、知名音乐制作人张亚东、《新周刊》创办人孙冕等。

（4）明星观影团、微博红人的拉动，网民之间的分享，助推《床上关系》一路飘红

据统计，《床上关系》引来姚晨、蔡康永、陈坤、那英以及李开复、袁裕来律师、陈晓卿、刘春等各路大腕的关注。截至2013年1月7日，与《床上关系》相关的微话题高达1128170条，可以说，微博的传播推动，对于《床上关系》的走红作用重大，总的微博互动量突破4970000条，而在网页中这

一数据更高，突破千万，达到19600000，实现了网络病毒式的传播。

5. 价值传播，慕思微电影《床上关系》掀起网络热评

《床上关系》引发的网友评论的火热程度是我和慕思没有预料到的，其关于爱情观、价值观的阐述接连冲击着观众时下最关注的问题，从而引发网友的热烈评鉴。

其实，不信任、猜测、怀疑引发的家庭生活矛盾很平常。同样是信任危机，这部由慕思出品，张元导演，演员李昕芸、沈腾以及网络红人作业本、王小山出演的首部网络贺岁大片《床上关系》却一点也不寻常，且发人深思。——网友热评

家庭原本不必大房子，一粥一饭的甘甜，半丝半缕的温暖都因懂得和怜惜而变成答案。怕我疑神疑鬼所以隐忍，怕你太多压力所以沉默。不诉苦的男人会不会太自我？太忍耐的女人会不会太懦弱？两个人的生活比想象的简单得多也复杂得多。至少婚姻是因为信任才缔结，坦诚注定要在仪式之前。——网友热评

看了网络爆红电影《床上关系》，一部关于丢失安全套而开始争吵最终折射了一个令人深思道理的电影。而我们会遇到什么？而我们会争吵些什么？其实，我们每个人除了在生理上求生之外还要在心理上求生，每种求生都需要各自尊严。两个人都在用各自定义的心理世界去审判对方，最终没有赢家。——网友热评

80后小夫妻都该看看，现代婚姻承载了太多东西，社会环境，父母子女，工作朋友，带来的变量太多，调整不好就会翻船。但婚姻的前提是爱情，走向死亡的婚姻多数因为爱情的润滑剂还未让两人充分磨合就急于或被迫进入婚姻的快车道。片中对床的特殊寓意值得回味再次推荐。——网友热评

当然，这部影片也迎来了众多专业影评人士的评论，如有评论称：作为一部微电影，《床上关系》展现的价值却不“微”，反映出当代都市人“家庭生态”的脆弱，丢失一个安全套，就能引发家庭危机，这部微电影或许折射出了当代人的一种真实的生活现状。

影片就是要给人看，如何让更多的人看、主动看、乐意看，这就需要良好的口碑分享。也正是成千上万的广大网民的点击观看、评论分享，造就了《床上关系》上千万的点击量、话题互动，也成就了集万千宠爱于一身的

《床上关系》。

6. 价值传播，慕思的娱乐营销之道

用微电影来传播企业的品牌价值观的方式正逐渐走上历史的舞台，也成为时下众多企业热衷的新兴传播手段。《床上关系》从多个角度将慕思品牌文化提升到了一个全新的高度。

（1）社会角度传播：以公益呼唤信任，传递家庭生活正能量

作为出品方，慕思推出《床上关系》并不只是娱乐与商业运作，还担负着传播社会价值的责任。《床上关系》传递相互关爱、相互理解的正能量，呼吁家庭温馨和谐，是一部公益性的电影。同时，希望通过广大网民的自发传播，让更多的人关注健康睡眠、关注健康生活方式。

“床”不仅是人栖息的地方、体能“充电”的地方，同时，也是家庭和夫妻之间交流的场所，是爱的发源地，通过《床上关系》的解读就可以洞察家庭关系的和谐程度，同样《床上关系》也是社会的缩影。《床上关系》也正是契合了时下“幸福中国”的主题，国家是由无数个小家庭组成的，只有每一个小家和谐，小家幸福，才能实现国家这个大家庭的幸福和谐。

作为健康睡眠行业的引领者，传播健康睡眠文化是慕思的使命。推广普及健康睡眠理念和健康生活方式，也是一种公益。在我看来，睡眠文化不仅仅只与夜间睡眠活动相关，还延伸至人们的价值取向、生活方式等方面，这是一个“睡眠大文化”的概念，也是慕思睡眠文化未来的努力方向。

（2）娱乐角度传播：借力娱乐营销，将健康睡眠推广到底

近年来，慕思一直在不遗余力地进行着特有的娱乐营销：从2009年发起的全球睡眠文化之旅，到2011年携手华谊兄弟传媒集团缔结“健康睡眠战略联盟”，关注明星睡眠健康；到2012年携手小娟&山谷里的居民、哈雅乐团、赵鹏等打造的全球首张睡眠音乐大碟《觉》，再到联合《南都娱乐周刊》举办“明星公民”评选活动；如今通过微电影《床上关系》进行的床与家庭关系、价值观的探讨等等，这一系列的微传播营销策略是一脉相承的。

第三节　本章方法论

在当今的中国社会，媒体业是一个非常分散和庞大的行业，有上万家不同形态的媒体存在，包括数百本杂志、数千份报纸、数万家网站，电视台的优秀节目也层出不穷，如《中国梦想秀》《中国好声音》《我是歌手》等等，令人眼花缭乱。从品牌传播的层面看，投放什么媒体才是真正最有效？在很多企业品牌发展和建设的过程中，对品牌投放和传播都会有很多困惑，怎么能迅速提升品牌的知名度和美誉度，是个非常大的难题。

从传播学以及资源优化的角度考虑，企业在发展前期，广告资源和预算不足的情况下，要采取以小博大的策略，先沉淀起来，资源积累到一定程度以后再集中放大。传播的策略中，媒体的运用策略非常重要，在20年前，媒体比较单一，品牌广告只需在中央电视台粗放地投放就可以达到很好的传播效果和营销目的，而现在媒体形态百花齐放，单一的媒体投放已经解决不了传播的问题，想要获得更大化的效果就要进行整合传播，这其中要掌握几个要点：第一，品牌传播一定要跟随消费者的认知、结合一些热点事件，进行事件营销制造话题效应；第二，传播的方式多采用娱乐营销的方式，在快速消费的年代，要以一些喜闻乐见的方式和消费者互动沟通。过去的传播是垂直营销、自上而下的方式，中央电视台说什么消费者听什么；如今刚好相反，现在是媒体说什么消费者质疑什么，所以现在的传播要做水平营销、消费者平等对话、即时沟通和互动，才能真正做到以小博大。随着媒体形式的不断变化，传播的方法也非常丰富多样化，如微信的圈子传播、微博的粉丝传播和娱乐营销的传播等，不过无论是什么方式的传播，都应把握以下两点核心法则：

1．善用新闻利器，助力整合营销传播

从加多宝《中国好声音》我们可以看到整合营销传播的强大效应，而在经济全球化的时代，整合营销传播在企业品牌理念传播，抢占市场上发挥重要作用。

如果说整合营销传播是企业抢占市场的武器，那么企业新闻传播就是这

个武器库中的核武器。企业新闻传播因其“小投入，大传播”“深入报道，深入阐述”的特性备受企业青睐。企业新闻传播策划俗称“新闻炒作”，在信息化瞬息万变的时代，新闻炒作具有不可替代的作用。

所谓新闻炒作就是新闻传媒有意通过与事实的新闻价值不相称的报道规模，对某些人和事所做的渲染式的报道。其关键是“炒”字，以“炒”换取“热”的效果。新闻炒作现象或是几家媒体大规模长时间连续不断对那些新闻价值不大的事件做过于密集的报道，或者一篇稿件，你报用我的，我报用他的，他报又用你的，如此“来回不断地翻动”，辗转刊登，旧闻不用出新意，新闻也“炒”成旧闻。

成功的新闻策划、新闻炒作，能有效地将传播者的主动性和创造性与受众的需求结合起来，成为媒体竞争的有力武器之一。它的目的在于更好地配置与运用新闻资源，办出特色，取得更大的聚焦效应。许多成功的企业如欧派、格兰仕、农夫山泉、加多宝等都曾利用这种方法塑造了良好的品牌形象，或带来了社会地位的提升，或带来了很大的市场份额，或是帮助品牌完成迅速的突围。

那么如何做好新闻策划呢？企业新闻策划的着眼点一般不会只局限于企业产品开发、营销领域，更深化的改革一般在企业的管理层面。另外，一次集中性的企业新闻策划的背后的动因，常常不是营销上的改变。比如，华帝的“两权分离”和“与万家乐结盟”，就涉及到管理的层面。

事实上，在慕思“全球睡眠文化之旅•澳洲站”昆明启动事件的策划上，不仅仅是活动的传播，营销的需求，还结合了“企业需要”。此处的需要还包括了企业战略、企业管理的需要。

这里需要指出的是，对于新产品上市来说，新闻报道尤其重要。通常，一个新产品的扩散需要一个告知、教育消费者的过程，新闻报道对此可谓十分擅长。如此次活动中就很好地结合娱乐元素，这款产品得以更好地传播出去，也间接促进的产品的销量。

而在“企业需要”层面，则是通过不同的角度的轮番炒作，紧紧抓住“健康睡眠”“全球健康睡眠资源整合者”等关键词，整合媒体资源进行精准密集的投放，不仅让慕思打响全国大回馈活动，还宣传了慕思作为寝具行业领导品牌对市场、对社会的培育职责，提升了品牌价值和知名度。而且，“健康睡眠”的理念也迅速流行起来，让更多的国人将注意力投放到睡眠质量上。也宣传了慕思用科技创新改善民生，做造福于民的大企业的决心。

2. 重视新媒体时代的微传播：以小博大的制胜之道

在微传播中，任何人都不是旁观者，都有可能成为推动者。

有人说，在微传播面前，一切隐私似乎都变得透明。每一次微事件发生后，人们都投入极大的兴趣进行调查，每个人都可能成为新闻调查者、新闻发言人、新闻传播者，而且不是一个人在奋斗，是和千千万万的网友一起。

微传播正以不可阻挡之势发展，人们的微语言和微行为之间产生了相互的细微影响。这些影响改变了我们的生活，也引起了很多人的思考，对于个人来说，可能小小的只言片语，就能一夜爆红，对于企业来说，可以实现四两拨千斤的巨大优势，一举收获品牌知名度与销量。毋庸置疑，微传播将成为一个越来越值得关注的新课题。

（1）微内容的成功是微传播的关键

慕思微电影《床上关系》的成功首先是有好的微剧本，《床上关系》故事虽小，却真实而又意义深远，令其赢得了观众的口碑。

片中展现出来的买房、养小孩、生活和工作中的各种压力都像是隐藏在情感中的炸药包。只需要一根导火索，矛盾在某个特定的时期被激化，整个家庭的幸福堡垒也就轰然倒塌。一个套，一张床，揭露了当下夫妻的许多情感症结：信任度薄弱、经济压力大、价值观差异、沟通缺失等等。而所有这些内容，都是在观众日常生活中正在进行着或迟早会发生的事情，影片不过是将这些现象综合揉搓成一场闹剧，因而极其容易引起观众的共鸣。加上知名导演和专业团队的介入，令这部网络电影的拍摄完全符合一部大电影的操作模式，高水准的制作成为其走红的重要原因。

无论是企业还是个人的微博传播，内容一样至关重要。

（2）传播表达手法独特，关键在于能引起观者情感上的共鸣

《床上关系》正是这样，剧情荒诞，镜头独特，小故事，大情感，作为一部温情贺岁喜剧，无论是对故事的叙述，对人物的塑造，还是对镜头画面的运用，都独特精准。同时，片中密集的笑点让很多网友“笑到肚子痛”，“开心麻花”沈腾在片中“至贱”的表演，万能王小山“至衰”的表演，都是片中不可忽视的喜剧亮点。

正是这种贴合当下观众心理的情节处理，让观众在观看《床上关系》的

同时，产生情感上的共鸣，似乎就发生在自己身上，成为口碑分享的关键。

（3）微传播可适当借助网络知名力量

微传播的效果优劣直接受到网络传播的影响，网络中知名度高的个人、团体、话题等对于传播的效果起着举足轻重的作用。《床上关系》主要通过网络渠道传播，网络红人的出演增加了看点和笑料，不仅能吸引大量网友点击观看，为这部网络电影聚集更多人气，还能减少营销成本。

同时，《床上关系》得到各路名人明星、网络红人一波一波微博的推动，如陈坤、李开复、刘春等网络知名人士的倾力推荐，正是这些名人的带动，引发无数粉丝的关注，产生巨大的叠加效应，助推《床上关系》爆红网络。

毋庸置疑，《床上关系》这部另辟蹊径首打“网络贺岁”概念的小成本大制作微电影，以四两拨千斤的态势，力克院线众多“贺岁大片”，成为了2012年贺岁档最不容忽视的一部网络喜剧。

第八章

企业责任篇

第一节 企业公民，卓越公司的不懈追求

做企业的最高境界是什么？

是做企业公民，奉献爱心，温暖人间，回报社会。

1. 企业公民的定义

众所周知，全球500强企业绝大多数已进入中国市场，它们在弘扬企业文化，实践“企业公民”价值方面的举动对中国企业具有相当的借鉴意义，尤其是以多种形式资助开展各类公益活动已经成为目前各大公司回馈社会的主要方式之一。在诸多跨国企业中可口可乐、壳牌等公司较为突出。

企业公民是指将社会基本价值与日常商业实践、运作和政策相整合的企业。一个企业公民认为公司的成功与社会的健康和福利密切相关，因此，它会全面考虑公司对所有利益相关人的影响，包括雇员、客户、社区、供应商和自然环境。

企业公民行为表现在六个方面：公司治理和道德价值、员工权益保护、环境保护、社会公益事业、供应链伙伴关系、消费者权益保护。对于小型公司来说，企业公民行为可能只是为了拓展公司业务，促进公共关系，或是获得其他利润，而零星推动一些小规模的行为。但是对于大型企业来说，企业公民活动通常被看成是企业整体中一个重要的发展策略。

在成熟企业中，“企业公民”这一理念已经渗透在了企业经营管理中，“公益策略”这一企业公民具体体现成为成熟企业必不可少的企业策略。公益事业虽然并不直接带来利润，但它对企业的潜在促进力却是非同一般。

在企业如何扮演好企业公民这个角色的问题中，提供公共产品和服务或许是一条值得探索的路径，尤其是提供公共文化产品，在当下时代更有深远的意义，因为价值本源的回归和伦理道德的升华始终是社会探索的精神主题，并且它会迸射出巨大的能量，指引着我们生活的方向。

2. 企业公民，卓越公司的不懈追求

在承担社会责任方面，慕思一直倡导“健康睡眠”走“企业公民”之

路。慕思自成立以来，就一直践行企业公民事业，以实际行动向公众展示着对社会的责任。随着慕思的快速发展，慈善事业也稳步跟进，在帮扶弱势群体、调节社会矛盾、构建和谐社会中，慕思努力承担了不可推卸的责任。这种责任不仅仅是推广健康睡眠理念，还涉及诸多公益领域。如今公益事业已经不仅仅是停留在简单的慈善帮扶行动和慈善文化理念的宣传层面，而更加侧重于履行企业社会责任，兼容顾客、员工和公众的需要，带动社会各界人士共同推进企业公民事业，对于慕思而言，在企业公民建设方面，正积极努力与国际接轨。

世界睡眠资源整合者慕思的企业公民活动不胜枚举，比较有影响力的案例包括：明星公民活动、睡眠高峰论坛等。

下面，我将结合慕思近期最具影响力的企业公民系列活动，对企业公民事业进行探讨。

第二节　企业公民责任之实践案例解析

案例一　慕思“明星公民”大型企业公民活动的前世今生

1. “明星公民”公益背景：明星公民，美好价值的公益践行者

“明星公民”——顾名思义，既是明星，亦是公民，社会赋予他们本身的标签即是“向善、向尚、向上”；他们是娱乐圈中的星光熠熠者，更是为公民社会带来美好价值的公益践行者。

2010年由中国娱乐第一刊《南都娱乐周刊》提出，“明星公民”旨在介绍给所有关注娱乐明星、名人的公众，他们也将作为代表，为娱乐圈乃至所有公共领域树立起一种充满爱心、温情、善意的美好价值观。娱乐明星，不能只靠作品说话，也不能只是在自己粉丝中得到拥护，他们更应该通过在公众面前展示美好的情愫和价值观，来形成自己的独特人格魅力。明星公民是

对娱乐圈中艺人的一种肯定，既是对他们在专业工作上的赞美，更是对获选者之人格、道德、形象的一个高度肯定。因此，“明星公民”应成为一把永恒的“标尺”，来精准地标量每一个娱乐圈公众人物的自身高度。“明星公民”不仅仅是一场颁奖典礼，而是通过明星号召、媒体持续传播、品牌参与，为“年度关注主题”带来积极改变、有实际社会意义的大型主题公益活动事件。

（1）第一届明星公民

2011年1月16日晚，“2010年度明星公民暨金牌推手颁奖盛典”在北京柏悦酒店拉开帷幕，揭晓了2010年度十大明星公民和年度金牌推手共16个奖项，范冰冰、姚晨、冯小刚、王中军、张纪中、高晓松、宁财神、李玉导演、江平（中影集团副总裁）、田华（央视《首映》栏目总制片人）等数十位明星和导演、制片人出席了颁奖晚会，另外，新浪总编辑陈彤、凤凰卫视中文台执行台长刘春、网易副总裁杨斌、《精品购物指南》总编辑张书新、南都公益基金会理事长徐永光、安乐（北京）电影发行公司总经理姜伟等多位媒体高层和机构领导也作为颁奖嘉宾出席了活动。

第一届“明星公民”盛典将“新公民学校”作为年度关注公益项目，主办方南都娱乐周刊联动全国各合作媒体向社会广泛呼吁，姚晨，佟大为、关悦夫妇最先响应了本次爱心行动，中国移动也向学校捐赠了新校服。目前，已经有越来越多的个人和机构关注到了“新公民学校”这个群体，也从多个方面解决了学校的一些实际困难。本次颁奖盛典年度关注“新公民学校”，关注农民工子女教育问题。“新公民学校”是由南都公益基金会发起的公益项目，委托新公民社工发展与教育中心执行，旨在锻造不同于公立学校、私立学校的第三种办学模式，即平民性、非营利和高质量的民办公助公益性学

明星公民“新公民学校”

校，实现让农民工子女有学上、上好学的目标。2007年9月至今，在全国已资助11所“新公民学校”，其中温州1所，银川1所，成都1所，南京1所，北京7所。

2010年9月10日，新公民社工发展与教育中心发起“新公民助校行动”，并在中国青少年发展基金会设立“新公民助校基金”，集合社会力量资助农民工子女上学。该基金收取零管理费，透过及时公布捐赠信息和学校财务报告等向捐赠者反馈报告，以此打造捐赠的玻璃口袋。

这个颁奖晚会历时3小时（含红地毯环节），取得了圆满的成功。全程有包括北京电视台、CCTV电影频道、东方卫视、光线传媒、新浪、搜狐、网易、腾讯、新京报、京华时报等50多家全国媒体超过100人的记者阵容为本次晚会进行了现场报道。

（2）第二届明星公民

2012年1月7日晚，第二届“汽车公民之星”明星公民盛典在北京柏悦酒店圆满落幕。

此次出席盛典的嘉宾：徐克导演、陆川导演、张元导演、张扬导演、高群书导演、周迅、范冰冰、王珞丹、黄晓明、秦岚、李宇春、冯绍峰、黄奕、张靓颖、惠英红、窦骁、周冬雨、沙溢、刘桦、莫小棋、邵兵、果静林、著名音乐人高晓松、许巍、星光国际总裁宋光成、海润影视董事长刘燕铭、博纳影业董事长于冬、张纪中工作室制片人宋亚平。

全程有包括中央电视台、北京电视台、CCTV电影频道、东方卫视、华语卫视、光线传媒、新浪、搜狐、网易、腾讯、新京报、京华时报等50多家全国媒体超过100人的记者阵容为本次晚会进行了现场报道。

（3）《南都娱乐周刊》——中国娱乐第一刊

《南都娱乐周刊》，独具娱乐精神的时尚读本，是中国国内唯一一份娱乐

《南都娱乐周刊》

新闻周刊。瞄准北京、上海、广州、深圳数百万娱乐时尚宠儿和潮流追捧者，以深入的独家调查、灵趣的图文组合、专业的作品评介，挖掘娱乐真相，解放娱乐思想，以新鲜的明星时尚演绎热门的潮流风格，还原时尚本色，定格物质靓点，轻松诙谐、时尚大气。

2. 慕思“明星公民”公益活动之内容：“健康睡眠”公益创意

有人戏说，生前何必久睡，死后必会长眠。

人的一生有长达1/3时间在床上度过，你对这1/3的时间是否真正了解呢？

（1）过度疲劳的人是在追逐死亡

全球每年有60万人死于过度疲劳，高速公路上大约有30%的交通事故与疲劳驾驶有关；长期睡眠不足，过度疲劳会引起内分泌失调，促使人忧虑焦急，引发种种疾病，造成工作效率低下，注意力无法集中进而导致安全事故。在2012年，陆续有媒体爆料说白领加班猝死、司机疲劳驾驶酿成重大车祸等等，透过这些触目惊心的事故，一个对公众健康有巨大危害的问题逐渐浮现：睡眠不足。而更令人担忧的是睡眠健康并没有引起公众足够的重视。

（2）“睡眠日”携手明星公民呼吁“健康睡眠”

人的一生中有1/3的时间都是在睡眠中度过。因此，睡眠是生命赖以延续的一种生理现象，是一种养生需要。但是，现在有越来越多的人出现了睡眠障碍。据统计，在北京、上海、广州等大城市生活的人群患亚健康的比例已超过70%，失眠、乏力、易疲劳是亚健康人群最常见的状态，所以调整好睡眠状态是保证健康的前提，而健康睡眠理念一直是慕思的核心理念之一。

为重新唤起公众对健康睡眠的重视，同时迎接“世界睡眠日”的到来，2012年的明星公民活动，慕思寝具与南都娱乐周刊一起，共同呼吁全社会关注健康睡眠，希望唤醒社会睡眠意识的觉醒。本届“明星公民”及“健康睡眠”主题也得到了明星的积极响应和大力支持，陈坤和海清分别应邀作为本届“明星公民形象大使”与“健康睡眠关爱大使”，携手南都娱乐周刊一同为公益呐喊、呼吁健康睡眠。

3. 第三届“明星公民”公益活动主要内容

（1）“第三届明星公民评选”启动仪式

2012年12月22日，由南都娱乐周刊举办，慕思特约第三届明星公民评

第三届明星公民启动仪式

陈朝华授予海清“健康睡眠关爱大使”聘书

选活动启动仪式在广州四季酒店隆重召开。出席本次评选活动启动仪式的有《新周刊》创始人孙冕，南方都市报常务副总编辑、《南都娱乐周刊》主编陈朝华。此外，陈坤“行走的力量”团队、“国民媳妇”海清、“好声音”学员大山等，也为第三届“明星公民”评选活动启动仪式揭幕。

作为全球健康睡眠资源的整合者和行业领先者，慕思寝具全程参与到本届“明星公民”公益活动中，与南都娱乐周刊一起，共同呼吁全社会关注健康睡眠。我在本次发布会上分享了健康睡眠的重要性及睡眠问题解决方案，我认为，当今社会睡眠意识的觉醒远远比财富、功名等更重要。改革开放后，中国的经济进入高速发展期，而研究表明，国家经济发展越快，人们的睡眠质量越差。当今社会公民健康睡眠意识的觉醒远远比拥有一张好床更重要。

启动仪式现场还发布了《拯救1/3生命》的睡眠公益片，这部公益片主要是从警示的角度剖析因睡眠不足引发的事故、猝死、健康危害、情绪连锁反应等现象，包括在办公室通宵加班猝死、在高速公路上通宵驾驶导致车祸、高空作业通宵加班导致航空事故等等场景的重现，这部片堪称为“睡眠

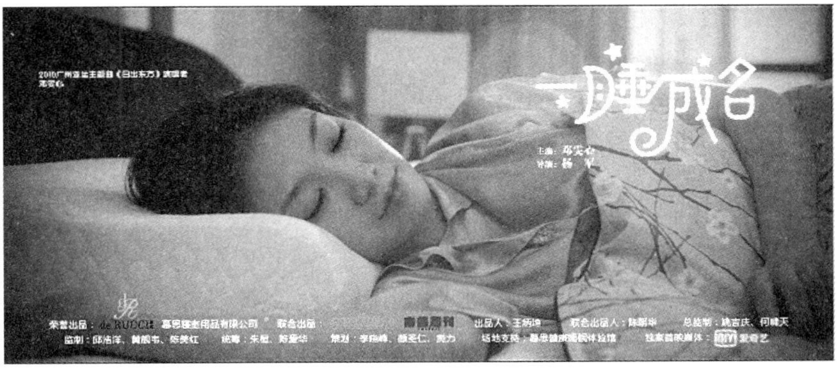

微电影《一睡成名》海报

引发的社会百态”，唤醒公众对睡眠问题的高度重视。

为更好地诠释“健康睡眠”的公益主题和意义，本次活动还拍摄了一部以“健康睡眠”为主题的微电影《一睡成名》，微电影以“央视春晚激光舞女王”邓雯心的梦想历程为故事原型，并由邓雯心亲自出演，演绎了“有好梦，才能美梦成真”的主题。

（2）“全民睡商大调查”及话题传播

睡眠问题得到广泛注意以后衍生出了“睡商”研究。“欠睡”成了社会问题，睡商很值得普及。“SQ（睡商）”这个概念源自美国，就像所谓的智商、情商、性商一样，“睡商”它是一个有内涵的概念，它记录了你对睡眠知识的了解程度，自我心理认识的过程，以及与他人、环境、社会的关系和适应程度。睡商高的人，他们的统一标签是：身体健康、精神焕发、皮肤光亮、思维敏捷。

睡商低下的表现则有如下几类：

A. 睡眠轻视族：认为睡觉是浪费时间，该睡觉的时候，可以看书、工作、娱乐、喝酒……总之就不睡觉，毕生与睡魔做斗争。

B. 主动不眠族：生怕别人说自己“怎么睡那么早啊？”所以就是不睡觉。视凌晨两点以前入睡为可耻。主要是怕自己睡得太好成为异类，最终想睡好也不行了。

C. 失眠恐慌族：最担心和别人一样失眠，偶尔一次睡不好就情绪紧张，害怕失眠会让生活不顺，其结果可能由偶尔睡不好向失眠转正。

D. 睡眠挑剔族：因为可能发生的一切问题睡不好，有各种顽固的睡觉旧习，适应新环境和任何动态的改变需要漫长的时间。

E. 睡眠牺牲族：被动失眠的最佳表现。往往是陪着别人不睡，为了别人的利益，牺牲自己的睡眠时间。

结合《拯救1/3生命》《一睡成名》等系列公益片的传播，启动仪式活动现场还以趣味互动的形式对参与者发起了“睡商”的问卷调查，并同时邀约知名媒体人、明星到慕思健康睡眠会所进行睡眠体验，对他们的睡眠情况进行分析；与此同时，围绕健康睡眠这一主题，在线上推出微访谈和“全民睡商调查活动”，二次传播健康睡眠理念。

中国一直缺少真实、可靠、样本量大、覆盖人群广的睡眠状况调研资料，中国民众的睡眠状况一直处于模糊状态，为了填补这一空缺，作为“关注睡眠，珍爱生命”明星公民活动的重要一环，慕思通过网络在全球范围内开展睡商大调查，共计有超过50万的网友参与了此次大调查，此次调查显示民众的睡眠问题突出并呈现多样化。

调查显示，抽样群体中，47%的企业主、55%的白领、42%的高管每天的睡眠时间在6小时以下；接受调查的人群中，24%的人群经常失眠，其中企业主、白领、高管、金融业人士和公务员等群体是失眠高发群体，其中超过50%的企业主经常性失眠；接近四成（39%）的人群经常疲劳驾驶，超过四成高管人群和超过35%的企业主、白领和学生皆表示因为缺乏睡眠而影响判断力，思维迟钝；超过80%的人群因睡眠不好而诱发心血管疾病、抑郁症、皮肤衰老加快、思维迟钝等并产生各种疾病。

根据“全民睡商大调查”的结果，“慕思特约”第三届明星公民公益活动围绕睡眠严重不足的三个代表人群——儿童、企业家、明星，陆续开展了“健康睡眠关爱行动三部曲”，即“儿童健康睡眠嘉年华”“企业家及名人健康睡眠联盟”“关爱明星健康睡眠”，通过睡眠不足代表群体的关爱以及媒体整合传播引起社会对健康睡眠的重视。

（3）儿童健康睡眠嘉年华

2013年1月19日，一场主题名为“童睡新体验，关爱伴成长”的“儿童健康睡眠嘉年华”活动于广州正佳广场隆重开幕。作为慕思第三届明星公民的重要子活动之一，此次举办嘉年华的目的在于唤起公众对儿童睡眠健康的重视，普及更全面的睡眠健康知识。

“中国城市少年儿童生活习惯研究”课题组的一项全国范围内近期调查显示，在被抽查的儿童群体中，有48.2%的中小学生感觉“睡眠不足”，23.5%的中小学生“晚上很难入睡”，入睡困难、说梦话、睡眠不安、磨牙、白天嗜睡等睡眠问题越发凸显。

明星公民“儿童健康睡眠嘉年华”活动现场

有关研究人员表示，青少年儿童睡眠不足不仅会制约他们的健康发育和全面发展，还容易出现情绪维持能力障碍和社会适应能力下降等问题。由此可见，改善中国儿童的睡眠问题迫在眉睫。

儿童与成年人的睡眠区别很大，青少年儿童生性好动，骨骼发育尚未定形，伴随着身体的快速成长，一旦睡眠不好就会引起注意力不集中，免疫力下降等诸多问题，影响身心健康。因此，为儿童定制专属的健康睡眠产品是大势所趋。此次“儿童健康睡眠嘉年华”活动正是出于这个目的，通过这种寓教于乐的方式，希望能唤醒家长以及公众对于儿童健康睡眠的重视。

此次“儿童健康睡眠嘉年华”特意邀请了著名童星、“秀兰•邓波儿中国真人版”元宝公主前来助阵，呼吁家长们重视宝贝的睡眠健康和快乐成长。

（4）明星健康睡眠关爱行

2013年1月11日，慕思特约第三届明星公民之明星关爱行顺利在北京举行，本次活动由南都娱乐周刊携各大主流媒体组成关爱团，探访了由海清主演的《抹布女也有春天》剧组，在北京的寒风中为各明星带来丝丝暖意。

海清给剧组的明星朋友赠送慕思枕头

1月12日是海清的生日，媒体团和剧组提前安排了蛋糕为她庆生，但海清反客为主，反而准备了慕思寝具的枕头作为送给剧组成员的礼物，希望大家都能重视自己的睡眠健康，从重视枕头开始。关爱团探班时，海清正在拍摄《抹布女也有春天》，海清在剧中饰演女主角罗小葱，是个寿衣店老板家的女儿，之前的工作是4S店汽修师，一个不做作，不拜金，简单率真的“大女孩”。但是人生总是充满许多的变数，被前男友抛弃，陷入纨绔上司林枫（芦芳生饰演）的感情夹击，接着阴差阳错地嫁了一个失业的草根漫画男吴桐（张译饰演），并经过努力，最终赢得了幸福。这次海清饰演的新时代抹布女，牺牲青春全心全意帮助爱人成功却被抛弃，经历了背叛，最终迎来“春天”。可谓是一个典型都市抹布女的职场奋斗与感情恋爱的模板。努力工作，独立自强，就像新剧《抹布女也有春天》中的罗小葱一样，为这个浮躁的社会源源不断地传递正能量。

而应邀作为本届明星公民“健康睡眠关爱大使”，海清同样对社会上对

“健康睡眠”普遍认识不足的情况隐隐担忧，她也希望通过本次的行动为人们的健康传递更多的正能量。海清坦言，作为演员，因为拍戏生活节奏被打乱，睡眠也是“饥一顿饱一顿”，为了保证良好的睡眠质量，海清会在睡觉前服用一片安眠药，另外，她会很注意自己的寝具舒适度，海清对于枕头很挑剔，自爆家里有20多个枕头，如果出行超过三天，也会自备枕头。

不光是演员，海清发现周围不是演艺圈的朋友，也会有各种各样的睡眠问题，引发她的警觉。要知道，睡眠不足已成为当下年轻人的生活常态。有报道称，世界卫生组织曾对14个国家15个地区超过2万人进行睡眠调查，显示27%的人，有包括失眠在内的多种睡眠障碍。与此相似的是，中国睡眠研究会公布的一项最新调查结果也显示，中国成年人仅失眠的发生率就为38.2%。

通过本次明星健康睡眠的关爱行动，全国近百家媒体对此进行了跟踪报道，并呼吁社会重新重视睡眠问题，再次引发大众对健康睡眠的热烈讨论。

（5）企业家及名人健康睡眠联盟

当下中国，各项经济指标不断在前进、不断在刷新，而健康指数却在不断下滑。亚健康，已是诸多都市白领的日常状态，而相较于大多数白领而言的少数派——他们的领导、企业家们，人们在关注他们的成就与掌声的同时，往往忽略了之于他们更为严峻的身体方面的问题——缺乏健康睡眠。更有不少卓越企业家由于工作强度过高、压力太大，长期得不到充分的睡眠，累垮、病倒的悲剧时有发生。有调查统计，造成企业家英年早逝的最主要原因之一是长期睡眠不足，加上屡屡超负荷工作，身心备受煎熬与折磨。

由《南都娱乐周刊》、《南都周刊》发起的慕思特约第三届明星公民之“企业家健康睡眠关爱公益行动”便关注到这一日益严重的问题，并展开了温暖的关爱行动。《南都娱乐周刊》、《南都周刊》、慕思寝具特邀社会各界精英人士，共同发起“关注睡眠，珍爱生命”的健康倡议，还特邀“国民媳妇”海清作为明星公民睡眠健康大使，共同推广此次活动。

3月20日，《南都娱乐周刊》、《南都周刊》携手形象大使海清，将企业家健康睡眠关爱公益活动传递到新浪总部，一起走进新浪网总编辑陈彤的办公室。海清代表主办方向陈彤总编辑转交了关爱健康睡眠的礼物。海清表示：由于互联网及新媒体行业的特殊性，互联网公司的高管们每天都有大量的工作和突发事件要处理，工作量之多、压力之大不言而喻，其他行业的企业家亦是如此。企业家这个特殊群体，不但是家庭的主心骨，更是中国经济腾飞的脊梁，承担着各种社会责任与内外压力。他们虽是高管人群，却也成为了严重缺乏健康睡眠的弱势群体。海清向陈彤总编送上关爱枕头并表达了自己的期待：企业家们在忙于工作事务的同时也要善待自己的身体。毕竟现代企业管理的核心仍然是人，健康的企业家体魄与健康的企业管理运作机制同等重要。企业家对自己健康负责，也是对企业负责对社会负责的一种表现。

"健康睡眠"特使、《南都周刊》执行总经理何啸天向杨锦麟先生赠送慕思枕头

企业家及名人健康睡眠联盟同时得到了50位知名企业家及名人的积极响应，著名媒体人、香港卫视执行台长杨锦麟，著名经济学家、乐平公益基金会理事长汤敏，搜狐公司副总裁刘春，红杉资本中国基金创始及执行合伙人沈南鹏等企业家对第三届明星公民的此项特别公益行动表示肯定，为活动写来寄语："睡得好，才能活得好、工作得好""睡好觉，很重要！""睡个好觉，做个好梦，从今夜开始"……这些遍布各个不同领域及行业的企业家都纷纷表达了自己对健康睡眠的期待，企业家的健康睡眠也是企业的重要无形资产，应该让健康的睡眠成为一种良好习惯。

"企业家及名人健康睡眠联盟"活动通过健康睡眠特使传递健康睡眠卡片、倡议签名、赠送爱心枕头等一系列关爱行动，与知名企业家互动，并通过视频、文字、图片等方式记录，整合资料，在网络与平面上进行二次传播，形成更广泛的影响力。

调查数据显示，中国有超过50%的企业家存在不同程度的睡眠问题，作为社会的精英阶层，企业家睡眠不好会直接影响到企业的发展，进而对整体经济发展带来不良影响。所以，企业家就是健康睡眠的倡议人和参与者，通过企业家来宣传健康睡眠活动也是这次策划的重点环节。

（6）发布《中国睡商白皮书》

在"全民睡商大调查"结果的基础上，慕思发布国内首部《中国睡商白皮书》。白皮书是一个国家的政府部门针对某一个行业向国内外正式发布信息、资料、政策的一种手段，它因带有高度的权威性和严肃性，因而能被人们认可。此次慕思发布的《中国睡商白皮书》，因其是国内首个聚焦国人睡商的文件，对于研究国人睡眠问题具有较高的参考价值和独特意义，可以说是衡量国人睡眠健康程度的重要参考指标之一。更为重要的是慕思将“睡商”的概念引入中国，让睡眠更容易为大众理解，也让公众有了评判自己睡眠状况的标准。

《中国睡商白皮书》涉及睡商调查、现状、睡眠质量标准等诸多方面内容，是慕思投注大量精力财力完成的权威之作，创下了睡眠领域调查的“四宗最”：调查人群样本最多，共计有超过50万的网友参与了此次的“全民睡商大调查”；调查区域覆盖最广，参与调查的群体遍布全球128个国家；信息最真实可靠，此次调查由慕思联合五大主流网络媒体和《南都娱乐周刊》共同努力完成；最具参考价值。“睡商”主要是记录个体对睡眠知识的了解程度，自我心理认识的过程，以及与他人、环境、社会的关系和适应程度。它为睡眠问题的研究和探讨提供了理论依据，也将有利于诠释寝具行业发展新趋势，对行业发展起到深远的影响。著名微博红人延参法师对慕思积极推广健康睡眠理念也表示了肯定，他说：佛门有句话叫教化众生，普及一个健康的生活习惯，就是一个公益的行为。这需要很多人、很多媒体、很多企业共同努力。

（7）明星公民颁奖

2013年3月20日晚，“关注睡眠，珍爱生命——慕思特约第三届明星公民颁奖盛典”在北京世纪剧院举行。本届颁奖晚会紧扣“睡眠”主题，不仅携手陈坤、李冰冰、邓飞等明星和知名公益人士为健康睡眠呐喊，颁奖盛典活动当天，数百位国内明星、名人、媒体会聚一堂，共同见证第三届明星公民的颁奖盛典并共同呼

慕思总裁姚吉庆和《南都娱乐周刊》主编陈朝华为陈坤颁奖

吁健康睡眠。陈坤、李冰冰、海清、杨幂、李小璐、贾乃亮、沙溢、胡可、陈数、俞灏明、江一燕盛装出席，并凭借各自在2012年度发起和推进的公益项目获封年度明星公民。王长田、曹平、蔡艺侬、张纪中、高晓松、高群书、李玉、张一白、李东学、龙丹妮、延参法师、《南都娱乐周刊》主编陈朝华等莅临现场，为健康睡眠公益再添星光。

海清与慕思总裁姚吉庆、《南都娱乐周刊》主编陈朝华共同发布《中国睡商白皮书》

4. 慕思“明星公民”公益策划之效果分析

本届“明星公民”及“健康睡眠”主题自启动以来就得到了海峡两岸三地的数十位明星积极响应和大力支持，共同应邀呼吁“关注睡眠，关爱生命”，海清应邀担任本届明星公民的“健康睡眠关爱大使”，她表示自己因为工作等问题经常性失眠，娱乐圈的高强度工作和不规律性也让她深感健康睡眠的重要性，而社会上因睡眠引起的种种不良后果更让她感到痛心，所以她觉得唤醒社会的睡眠意识是义不容辞的责任，在盛典现场，她也与大家一同分享健康睡眠的重要性，并和《南都娱乐周刊》主编陈朝华先生、慕思总裁姚吉庆先生共同发布了中国睡商大调查的结果。

凭借“爱心包裹”公益项目获得2012年度“明星公民”大奖的杨幂，更是在出席各类活动采访过程中大倒苦水：几乎每天都睡眠不足，六点完成拍摄工作，九点就要起床赶赴下一个活动任务，实在苦不堪言。

演员梁静表示，“明星”是公民中的优秀分子。歌手陈楚生则表示，任何一个歌手都是普通的公民，应享有和大众一样的权利和义务，而且明星公民更在意的是他的义务。

陈坤在颁奖现场接受采访时，分享了自己“睡得好”的方法，“睡觉前不看电视，不看书，尽量保持一个较为安静的形式和心态”。“人们总是认为演员很风光，当成为演员之后你会发现，你要传达给观众的是你真正理解的角色，你要塑造的不仅仅是外表，更加需要塑造的是你的内心”，陈坤如是说。

《南都娱乐周刊》主编陈朝华表示，明星公民不应停留在肤浅层面，要更关注社会热点，作为有责任感的媒体，《南都娱乐周刊》不仅需要要报道平时明星给大众娱乐的那一面，更要传递出明星作为一个普通公民所实行的公益影响，关注热点事件等对社会有价值的事情。

众多明星以睡眠手势号召社会重视健康睡眠

此次盛典聚会，慕思寝具携手南都娱乐周刊以及明星公民等一系列公共传播资源，发挥明星的引领优势，共同传递健康睡眠的理念，提倡全社会关注睡眠，珍爱生命，引起了各界人士的高度关注。

香港卫视副总裁兼执行台长杨锦麟先生曾寄语健康睡眠：“睡得好，才能活得好，工作得好。”

以热心公益事业而知名的公益人邓飞也认为：“睡好，才能做好事业。”

陈坤参加慕思特约第三届明星公民颁奖晚会

万达广场投资有限公司副总经理蔡世峰先生也一语道出了睡眠真谛：“关注睡眠质量，保持健康生活。”

“睡得好，才能干得好”，著名经济学家、乐平基金会会长汤敏先生如是说。

“睡好觉，很重

要”，红杉中国基金创始及执行合伙人沈南鹏用6个字解说了健康睡眠的重要性。

广东省电影公司总经理赵军先生从睡眠中悟出了禅机：“睡中有禅意，心安在此间。”

案例二　慕思“世界睡眠论坛”大型企业公民活动的幕后故事

1.“世界睡眠论坛”背景：中国睡眠大会——科学睡眠的公益权威

中国睡眠大会（Chinese Sleep Medicine Congress，缩写CSMC）是由中国医师协会主办，中国医师协会睡眠医学专家委员会、中国睡眠联盟共同承办的、洲际会议规模最大、涉及学科最全、专业影响力最广的综合性睡眠学术盛会之一，是具有中国特色、世界视野的最新睡眠科技展示与交流合作平台。中国睡眠大会暨全国睡眠科学技术大会自2010年9月在北京首次召开以来，迄今已先后成功召开四届，其中2013年第四届睡眠大会在江苏省无锡市圆满收官。

睡眠关系着每一个人的身心健康和生活品质，公众对健康睡眠的需求不断增长，进一步加快睡眠的基础和临床应用研究，共同探讨幸福生活的新奥秘，既有鲜明的时代特征，又有非常重要的现实意义。而睡眠高峰论坛正是探讨健康睡眠的最佳平台，从医学、社会、经济等多角度，围绕健康、科学睡眠主题展开一系列公益活动，促进我国睡眠学科规范化建设与发展，进一步加强睡眠疾病预防和控制，共同探讨世界睡眠及其相关学科热点，并逐步实现国际接轨。

“慕思2009全国健康睡眠万里行”新闻发布会

2. 往昔慕思健康睡眠大会系列公益活动

（1）第一届“慕思全国健康睡眠万里行”活动

“慕思全国健康睡眠万里行”活动从2009年开始每年都举行一次，旨在以公益活动的方式传播科学健康的睡眠理念，使更多的公众享受高质量的睡眠。首届“慕思全国健康睡眠万里行”活动由中国睡眠研究会主办，慕思寝具承办，搜狐网、无忧睡眠网协办。这次活动的新闻发布会在北京举行。

慕思欢乐中国行

这次以“科学管理睡眠”为主题的“慕思2009全国健康睡眠万里行”活动面向全国的消费者，时间跨越全年，由一系列旨在帮助国人提升睡眠及生活质量，帮助人们营造良好的睡眠环境的活动组成。启动仪式后，健康睡眠走进社区巡回讲座，健康睡眠消费券大型赠送活动，向10万名企业家赠送健康睡眠书籍等一系列公益活动逐一拉开帷幕。

（2）第二届“慕思全国健康睡眠万里行”活动

“慕思2010全国健康睡眠万里行”活动，在延续上届活动的理念和成功经验的基础上，又给“健康睡眠”注入了更多的内涵。作为年度活动的启动环节之一，为了让更多的国人亲身体验健康睡眠，响应国家“体验式消费”号召，慕思健康睡眠私人会所应运而生，隆重开业，它是慕思与嘉华大酒店联合打造的全球首创的高级睡眠会所，在五星级酒店中配备高级定制的个性化睡眠系统。启动仪式结束后，“嘉华大酒店•慕思健康睡眠私人会所”正式投入使用。慕思计划与全国更多的五星级酒店合作，计划在三年内拓展到10—20家的规模，让更多的国人体验到健康睡眠带来的愉悦。

这一年，慕思还牵手CCTV—2《欢乐中国行》栏目组，独家协办《欢乐中国行•魅力厚街》，打造了《欢乐中国行》史上明星阵容最为强大的一期节目，免费回馈给10000多位慕思客户及10000多位东莞人，丰富了人们的娱乐生活，提高了大家对健康睡眠的关注程度。

（3）慕思畅享•2011北京健康睡眠论坛

2011年，“慕思畅享•2011健康睡眠论坛”在北京举行，会议围绕“世界同睡的一天”的主题，就如何打造“健康睡眠系统”，保障公众的睡眠质量，助力于社会公众幸福生活指数的提高进行了热烈、深入的探讨和交流。

2011年，慕思携手华谊知名导演、明星，发起“华谊兄弟东莞之夜”活动；在北方与中国睡眠研究会等合作发起北京睡眠高端论坛。关于睡眠的高端探讨和大众层面娱乐营销的普及成为当年慕思世界睡眠日活动的一大特色。

2012世界睡眠日•全球健康睡眠高峰论坛

（4）2012北京世界睡眠日暨全球健康睡眠高峰论坛

2012年3月，围绕“健康睡眠，幸福中国”的主题，慕思在京举办了“2012世界睡眠日·全球健康睡眠高峰论坛”，这次论坛由中国健康教育中心、中国睡眠研究会和中国医师协会主办，来自卫生部、中国科协、世界睡眠医学联合会、世界睡眠联盟、澳洲睡眠协会、欧洲睡眠研究会、亚洲睡眠研究会、中国医师协会、中国睡眠研究会等机构的负责人及知名媒体人士盛大出席，纵论健康睡眠。

这也是世界睡眠日自引入中国以来，首次国际规模的大型睡眠峰会。会上，慕思与卫生部联合与会各方代表共同宣读了《全球健康睡眠北京倡议书》，积极倡导健康生活方式，呼吁公众关爱睡眠。慕思不仅独家承办了本次会议，并在会议上发布了“第三代T—5智能健康睡眠系统”，这是慕思为消费者献上的又一份重磅大礼。

（5）2012慕思澳中睡眠高峰论坛

“睡眠影响世界”，健康睡眠理念应该跨越国界，与国际接轨。2012年11月2日，我们围绕“睡眠影响世界”的主题，在悉尼大学举行了“澳中睡眠高峰论坛”，中国驻悉尼总领事馆副领事黄勇恒、悉尼大学睡眠研究教授沙利文、中国医师协会专家汪光亮、澳洲睡眠专家Auther、澳洲香熏公司Air-aroma市场部总监Mr. Brian Healy、慕思

慕思总裁姚吉庆与澳洲香熏公司Air-aroma 市场部总监 Mr. Brian Healy 签约

寝具总裁姚吉庆等中澳两国重要睡眠专家与学者，企业家和中澳两国的媒体人士出席，共同探讨了“睡眠影响世界”议题及当今世界睡眠产业的发展。

在论坛上，我就“中国的睡眠产业、睡眠市场发展”做出了论述，同时就慕思近年来启动的“全球睡眠文化之旅”所带动的中国与世界的睡眠文化交流与产业合作成果做了分享，开始了睡眠文化产业的国际交流。

这一届“澳中睡眠高峰论坛”成为了中澳两国睡眠产业与文化交流的重要窗口，会上，来自世界各地重量级的嘉宾们纷纷发表了各自所在领域及地域的睡眠研究成果与现状，交流分享了睡眠产品对睡眠质量的影响，及世界睡眠产业的发展趋势。这为在国内深入普及健康睡眠常识提供了难得的资源。

第四届无锡睡眠大会

3. 慕思无锡世界睡眠论坛公益活动内容

（1）“世界睡眠大会”公益之创意思考

慕思2013年携手中国医师协会等机构承办“第四届中国睡眠大会”，意在借助国内外权威机构和专业组织的强大社会影响力和说服力，举办关乎全民的公益活动，引起公众对健康睡眠的广泛关注和重视，改善睡眠疾病和困扰，利于构建高生活幸福指数的和谐社会，也期待促进我国睡眠学科的建设和科技创新。

举办睡眠高峰论坛的目的有三方面：一是向公众普及睡眠有关的健康知识和科普知识，呼吁公众关注睡眠影响身心健康的重要问题；二是呼吁加强对睡眠相关学科的知识的探索和交流；三是要大力促进和睡眠相关产业的发展。

（2）无锡“第四届中国睡眠大会”公益活动的主要内容

①第四届睡眠大会开幕

2013年7月13日，慕思全程协办的第四届中国睡眠大会在江苏无锡隆重开幕。这次大会汇集了众多睡眠领域世界知名的专家，包括儿童睡眠研究专家、睡眠养生专家、精神和医学方面的世界级专家等，是目前洲际会议规模最大、涉及学科最全、专业影响力最广的综合性世界睡眠学术盛会之一。

会议内容包括：硕博学术擂台赛、睡眠养生、生物节律与睡眠障碍研究进展、儿童睡眠障碍与心理健康等环节，特别是慕思对话世界睡眠大师环节，引起了睡眠界、医学界、企业界等的高度关注，并将睡眠大会论坛推向了高潮。

会上，我就“睡眠改变世界”的主题进行了分享，我从三个层面诠释了我要表达的主题：第一是睡眠对世界的影响是什么，第二是睡眠如何改变世界，第三是慕思坚守的两大核心。分享的具体内容得到了在场的各资深专家、世界级的大师的高度认可，这更加坚定了我们从整合全球健康睡眠资源到改革发展，从探索世界睡眠文化到产品的创新，从传播健康睡眠理念到未来成为世界级睡眠品牌引领者的决心和信心。

②睡眠改变世界，慕思深度普及睡眠理念

下面我就在第四届高峰论坛上，与各资深专家、世界级睡眠大师所分享的睡眠理念给大家简单介绍一下。

第一方面，睡眠对于世界的影响。在2013年的3月份，慕思携手新浪、网易、搜狐、腾讯五大主流媒体和南都周刊，发起了中国最大的睡眠大调查。调查结果显示，中国38.2%的人有睡眠障碍，经济越发达的地区睡眠质量越差，北上广深这些发达地区和其他沿海的发达地区一般睡眠不足6个小时的已占到40%—50%，特别是三高人群，企业家占失眠总数的50%以上。睡眠已经影响到中国的广大消费者，成为一个全民非常关注的社会问题。

睡眠不足有什么影响呢？第一是对健康的影响。在第四届睡眠高峰论坛上各位专家也谈到了，睡眠不足不仅会造成高血压、糖尿病、抑郁症等疾病，而更加严重的是由于这些疾病所带来的家庭的负担、社会的负担。第二睡眠对安全的影响非常大。基于公众安全考虑，现在中国严禁酒驾，实际上通过调查，因为睡眠不足造成的交通死亡事故的比例占到38%，远远胜于酒驾，睡眠不足驾驶同样是大家都应该关注的社会问题。最近的韩亚航空的空难据说和驾驶员的睡眠不足造成的疲劳有关。第三是睡眠影响人的效率。睡眠不足使人反应迟钝，主要影响工作、学习、决策的效率，这些不仅影响人的成功，也影响到决策的正确性，企业、团体的成功也因此而受到影响。人生1/3的时间我们在睡眠中度过，但是这1/3的时间如果睡眠不好，会给2/3生命带来灾难。

第二方面，睡眠如何改变世界？根据英国睡眠学会的研究，高质量睡眠有七大好处：消除疲劳；免疫抗病；促进成长；增强记忆；加快新陈代谢；延年益寿；永葆青春。具体来说，一晚上的睡眠可以迅速恢复体力，使人第二天精神焕发。同时深度睡眠可以提升免疫力，免疫抗病；70%的生长激素在深度睡眠的时候分泌，所以睡眠也可以促进增长，可以增强记忆，可以加强新陈代谢。

作为有责任感、专注健康睡眠领域的企业，如何利用睡眠的重要性来改变人们的生活？首先应该做的就是倡导健康的睡眠生活方式，让更多的人能享受到高品质的睡眠，提高生活幸福指数，用我们关注的1/3的生命去赢得2/3人生的精彩。其次，整合全球的最优质的睡眠资源，不断地创造出优秀的睡眠产品，改善人类的睡眠质量。另外，睡眠产业是一个活力无限的巨大产业，中国有2000多亿的市场，这对于拉动中国的GDP，拉动全球的GDP，提升人们的生活水平质量具有重大的价值和意义。

最后一方面我要分享的就是这么多年以来慕思坚守的两个核心，也就是做了两个比较关键的事情。

第一个核心就是持续地进行健康睡眠文化的传播和健康睡眠理念的推广。从2009年开始，慕思就开始欧洲睡眠文化之旅，2010年开始全球睡眠文化之旅，走访了世界各地，进行充分交流和不断地研究睡眠问题的解决之道，从欧洲的各个国家走到澳洲，让中国的消费者、媒体体验了澳洲、欧洲不同国家的健康睡眠方式，认识到健康睡眠的重要性。2012年卫生部跟中国睡眠协会举办了“3•21”睡眠日活动，“世界同睡的一天”成为中国众人皆知的节日。同时，我们也从狭义的睡眠文化推广到了广义的睡眠文化，2012年我们发布了首张睡眠音乐碟。在2012年底的时候我们推出了关注家庭和谐的微电影《床上关系》，目前点击率突破1.4亿。同年又拍摄了80后励志微电影《一睡成名》，关注年轻人在奋斗过程中的心理成长和睡眠状况。在2013年3月20号的时候，又推出明星公益的睡眠盛典，共同关注睡眠。

慕思总裁姚吉庆与世界大师论道健康睡眠

第二个核心是不断地整合全球化的资源，不断研发最先进的健康睡眠系统。慕思在全球范围内选择了健康睡眠方面的优质资源，包括比利时的阿兰蒂华公司、瑞蔻公司等。同时我们整合了世界优秀的设计资源，开启了通过原创设计引领潮流的新的先进发展模式。

站在科学的角度，我认为要改善睡眠质量，需要从软硬两个方面入手，软的是心理因素，心情要舒畅，要学会调节情绪，生活作息规律；硬的是外部环境，营造舒适的睡眠环境，使用优质的寝具用品。

4. 慕思无锡世界睡眠论坛公益活动效果分析

（1）世界睡眠大师指点迷津

第四届睡眠论坛大会有多名医学领域的科研权威和资深医师的参与，发表了世界前沿的有关健康睡眠方面的论文演讲和最新科研技术，大会引起了医学界、睡眠产业界和广大关心睡眠健康人士的高度关注。“睡眠改变世界——慕思对话世界睡眠大师”以开放、自由的方式呈现，获得众多专家和现场观众的一致认可。

在大会当晚的“睡眠改变世界”论坛上，我与美国睡眠学会主席，美国西北大学精神与神经学系教授Phyllis Cheung Zee,国际睡眠外科协会主席、美国威斯康辛医学院睡眠障碍研究项目主任T.B.Woodson,英国萨里睡眠研究中心主任Derk-JanDijk,中国睡眠研究会副理事长叶京英，全国政协委员、卫生部健康教育首席专家、卫生部原副部长殷大奎等世界级睡眠大师就“睡眠改变世界”主题进行了深入的讨论。慕思前沿的睡眠理论研究得到了权威睡眠大师的指导，对慕思乃至中国整个睡眠行业进行下一步的睡眠系统研发起到了推动和促进作用。

美国西北大学精神与神经学系教授Phyllis Cheung Zee表示，睡眠对人体的影响非常大，睡眠不好，生活作息不规律，就会影响人体新陈代谢，就会产生相关的疾病和问题，对健康产生重大的影响。

同时Phyllis指出，如何衡量睡眠时间足不足，世界上还没有一个定义和标准，如儿童的足够睡眠时间是多少，青少年的睡眠时间应该是多少才是足够的，均没有定论。现在美国正在写一本睡眠白皮书，就是专门给睡眠制定一个标准，让睡眠质量也有刻度可读。

Phyllis在大会发言中专门提到睡眠与生物节律的密切关系，其中睡眠减少与衰老具有高度的相关性，此研究课题对于面临老龄化威胁的中国社会具有重要的参考意义。

英国萨里睡眠研究中心主任Derk-JanDijk在会上指出睡眠不足会导致嗜睡、认知功能损害、基因表达改变、对健康的长期负面影响等。他同时也表示，睡觉时间太晚、家庭和社交活动繁忙、工作任务太重、交通运输以及人造光源等是导致睡眠不足的主要因素。

美国威斯康辛医学院睡眠障碍研究项目主任T. B. Woodson教授认为，提高睡眠质量可从多种因素入手，外界的温度、湿度、声音、气味等都会影响人们的睡眠质量，舒服的寝具用品也是影响健康睡眠的重要因素。

（2）公益效果

个人认为，本次睡眠大会最大的公益效果在于，慕思会聚了国内外知名睡眠大师和医学界资深医生解读健康睡眠，分享了具有权威性的科研成果和睡眠理念，从医学层面研讨了影响睡眠的各种因素，并从临床案例角度深度剖析了睡眠问题带来的危害和解决方案；世界著名睡眠大师也从专业角度就睡眠障碍和改善方法进行了指导和阐释。这些深度的研讨和专业的分享成果不仅是十分宝贵和难得的，而且是让众多民众收获幸福生活的重要资源。

作为全球健康睡眠资源整合者，慕思以“让人类睡得更好”为使命，一直在努力普及健康睡眠理念，改善人们的睡眠环境，提高人们的睡眠质量。众所周知，睡眠健康与每个人息息相关，如何让睡眠不再困扰现代人的健康，已经成为重大的社会课题。在这一背景下，慕思持续举办世界级睡眠高峰论坛，对话世界睡眠大师，深度普及健康睡眠理念，极具社会公益意义。

通过这次慕思对健康睡眠理论的深度普及，必将引起更多民众对睡眠的关注和重视，这有利于减少因睡眠障碍引发的空难、工业事故、交通事故等不良影响，对保障更多民众的生命健康利益有重大促进作用，对于构建稳定、和谐的社会也极具社会效益。

（3）慕思热衷公益的目的和意义

近些年，随着慕思的快速发展，慕思的慈善事业也得到了稳步跟进。多年来我们在帮扶弱势群体、调节社会矛盾、构建和谐社会中，不但积极为社会公益事业做出了应有的贡献，而且更在践行大公益期间提升了企业实力和声望。在慈善事业发展过程中，也得到了众多社会人士的关注和民众的普遍认可。

例行公益之事不仅仅是简单的免费午餐、体育用品捐赠、关爱先天性心脏病儿童等项目，而要从人类长远发展着眼，满足人们更高的精神需求。实际上，健康睡眠意识的缺少，才是时下公众面临的最大问题，如果公众的睡眠意识能够改善，大家拥有足够的、正确的睡眠，那么今天很多的交通事故、工业事故等悲剧就可以避免，公众的整体健康水平也会更高，这正是慕思多年来坚持推动世界睡眠日进入公众视野的原因所在。慕思一直坚持尽更多的企业公民责任，把创新、品牌、文化、企业公民责任做到极致。

慕思自成立以来都一直致力于将公益事业与国际接轨，真正实现经济效益和社会效益的统一，健康有序地践行大公益事业。如今慕思的公益事业已经不仅仅是停留在简单的慈善帮扶行动和慈善文化理念的宣传层面，而更看重在履行企业社会责任，兼顾客户、员工和民众的需要，积极鼓励员工参与的同时，带动社会各界人士共同推进慈善事业的发展。将企业发展和慈善紧密相连，发挥最大的效能，倡导爱心公益，构建慈善企业文化核心，以实际行动推动更多企业及社会大众参与到中国公益事业中来，取得社会大众的支持和信任，是慕思追求的长远、稳健、发展之道。

第三节　本章方法论

企业应该承担起企业公民的责任，企业要想做大做强，必须首先要从责任做起。企品如人品，做人要做好人才能做好事，做企业也一样。在营销3.0时代，消费者对企业的感觉是人性化、拟人化的，企业有没有以诚心的公益姿态回报社会，消费者才更愿意买你的产品，取得他们的认同和共鸣，这带来的意义非常重大。

做企业公民不能抱着只求回报的心态，不能想着短期效益，而是以持续、长久的、奉献的心态开展慈善和公益，因为企业发展得好都是消费者在后面支持，同时离不开政府和社会的支持，所以企业应当回报社会、反哺社会，得到社会、公众和消费者的认可，才能达到企业的良性循环发展。从长期来说，公益事业运用得恰当，同样会给企业带来巨大的收益和回报：

1. 选择与企业品牌定位协调吻合的公益事业

企业做公益的时候应该与所从事的行业结合，操作起来比较容易且能达到多赢的结局。比如睡眠是一个很大的社会问题，但没有引起很多人的重视，所以慕思作为企业公民的责任与使命，不管消费者是否购买慕思的产品，都要推广和倡导“健康睡眠”的生活方式，让人们睡得更好。从公益推广短期的效果来看，是要投入巨资并且没有回报的，而一旦人们理解了健康睡眠的理念和文化，大家都开始重视睡眠的时候，市场自然而然就会无限放大，可能就会给企业带来更长远的回报，同时有利于民众、有利于社会，实现共赢。又如慕思做的另外一个有关于睡眠的公益：成就梦想，关注人们的健康，让他们有一个很好的身体，是为了帮助他们更好地完成和成就梦想，这样，个人幸福感就会提升，社会就减少很多摩擦、更加和谐和美好。这种人文的公益关怀会更有价值，比单纯的捐款、帮扶类的公益更有社会意义。

同时，企业所选择的公益活动必须符合企业品牌的核心价值，以及目标人群的喜好。如果公益行为与品牌核心价值不符就会使品牌形象模糊。公益行为越多，大家就越不知道这个品牌代表着什么。因此，公益活动的具体策划，必须注意定位问题，公益活动要与企业主营领域，特别是营销任务的主体有着明确的相关性。当企业对合适的公益事业做出贡献时，消费者的信任感也就随着增加。例如，慕思推行的睡商大调查及《睡商白皮书》发布都是根据慕思品牌定位的核心价值来策划执行的，充分体现了专业的企业做专业的公益的原则，得到了公众甚至众多明星的大力支持和信赖。

2. 选择公益事业的关键群体

当所选择的公益事业受到企业关键群体关心和重视时，企业对社会活动的支持就会发挥作用。由于绝大多数的公益项目都是针对公司的主要利益相关者，如消费者、社区等。事实上，企业可以选择的公益项目非常的多，而且可以分别锁定在不同的领域。因此，企业在选择公益活动时，一定要清楚活动的目标受众。在具体的公益活动中，对目标受众的定位更应该是具体的，例如慕思举办第三届“明星公民”评选活动，对“关注睡眠，珍爱生命”进行了特别关注，邀请众多明星助阵参与，以明星的影响力唤起民众对健康睡眠的重视，起到了事半功倍的公益效果。

3. 视公益品牌策略为企业的长期战略

企业形象的建立是一项长期、复杂的系统工程，公众是通过多次参与对企业形象的评价，才建立起对企业较为确定的看法。因此，企业要确立相应的保障体系，有计划、分阶段地实施公益活动。企业良好公益形象的树立不能一蹴而就，企业对公益事业的经营要进入企业的战略规划，保持相对长期和稳定才能收益良好，否则就会使其效果大打折扣。例如，慕思从2009年开始就跟进公益事业的发展了，从欧洲睡眠文化之旅、全球睡眠文化之旅，走访了世界各地研究睡眠问题的解决之道；2012年我们发布了首张睡眠音乐碟，之后推出了关注人们生活状态的微电影《床上关系》《一睡成名》《艳遇》等；2013年推出明星公益的睡眠盛典，共同关注睡眠等，不间断的、有计划的公益活动正是慕思长远发展和践行大公益战略的具体体现。

附录　与知名媒体面对面

第一节　职业生涯18年

凤凰家居专访

慕思姚吉庆：我的归属感来自内心

访谈嘉宾：慕思寝室用品有限公司总裁姚吉庆

访谈时间：2012年9月29日

访谈主持：凤凰家居记者

凤凰家居专访慕思总裁姚吉庆

欧派合同期满选择慕思健康睡眠

凤凰家居：您在华帝工作那段时间，关于您的媒体报道铺天盖地。而这次您是出于什么原因选择低调离开欧派这个中国橱柜第一品牌呢？

姚吉庆：高调和低调因历史情况而不同。十多年前，从华帝七个老板集体退出到由我操盘再到我离开华帝就职于另一家企业，在当时的中国企业界来看是比较大的事，所以会引起社会的关注。而十几年过后，中国经理人和老板的合作已经常态化，就像球员转会一样正常，所以不需要什么高调。

凤凰家居：您确实把欧派带到了一个新的品牌高度。在这种形势下，您突然离开欧派宣布就任慕思的总裁真是让人意想不到，这其中的原因是否方便透露呢？

姚吉庆：正好合同期到期，又有一个新的选择摆在我面前。而且我觉得慕思的整个产业都很不错，它的健康睡眠产业前景很好，目前至少有2000亿的市场。我跟慕思的老板平时也有交流，他们的需求对我来说正好是一个契机。

18年4次跨行业发展坚持做职业经理人

凤凰家居：1986年毕业之后您就被分配到山西大型军工企业工作，在那个年代这种事业单位金饭碗的概念还是很强的，您为什么会选择离开呢？

姚吉庆：这可能跟我这个人的性格有关系。刚毕业那几年比较顺利，就觉得还可以有新的追求，想看看外面精彩的世界。1994年的时候局面不同，我有种强烈的冲动去改革开放做得很好的广东看看，否则我这一辈子就在那个企业，可能做到处长、厂长就退休了。来到广州一切从零开始实际上也是自己的一个重生。20年前我还是个书呆子性质的人，整天跟技术、软件打交道，不善于言谈，可能跟你说话都会脸红。当时都没有想到自己可以成为一个总经理，去领导一个企业，但现在自己的改变很大。

凤凰家居：您很享受这种尝试不同行业的变化过程吗？

姚吉庆：这种变化实际上是一个很享受的过程。如果一个导演拍过很多电影，每一部都很成功，才能证明这个导演也很成功。每个人对人生的追求不同，我自己有那种冲动去改变、去创新、去尝试一些新的东西。实际上，我把做企业当成一个兴趣、一种商业游戏，所以并不感觉辛苦，反而觉得通过设计实施一些战略方法使企业不断发展是一件令人快乐的事。

凤凰家居：2002年离开华帝之后您跟美加科技联合成立威莱数码也算是做了半个创业者，但最后为什么离开并出任奥克斯的总经理呢？

姚吉庆：离开华帝时，音响行业还是个非常灿烂的行业，合作之后很顺利，用一年多时间就发展到行业第三还开了1000多家专卖店，在音响行业里算是个小奇迹。但后来这个行业变化非常大，2005、2006年以后就大幅度萎缩，现在几乎看不到音响了。所以当奥克斯空调找到我，我便又开始做回职业经理人。当时奥克斯集团已经有200亿身家，我觉得这个选择是自己的人生一个比较好的发展方向。

凤凰家居：威莱数码的经历有没有让您坚定不走创业这条路了？

姚吉庆：威莱数码让我感觉到创业所需要的特质。创业者一定要有坚定的内心，另外创业初期的人才比较少，作为老板你什么事都要亲历亲为，什么都要懂一点。创业实际上是一个企业家的心态，我觉得我还是适合站在巨人的肩膀上前进，把一个已经具备一定基础和资源的企业带上另一个高度，而不是从零开始创业，因为我受不了那种煎熬。有的老板确实很厉害，自己创业成功后交给别人打理，然后再去创业。每个人的核心优势不同，一定要找准自己的核心优势。

职业经理人的归属感来自内心

凤凰家居：根据您说的说法，慕思提供了能够实现您价值观的东西。具体来说，慕思最吸引你的是什么？

姚吉庆：健康产业不仅仅是一个产业，它还是一份慈善事业。大家都不怎么关注健康睡眠，但实际上这个问题非常重要。全世界38%的人睡不着觉，中国更多。睡眠质量和GDP呈反比，GDP发展越快越睡不好。人们睡眠不好的社会危害非常大，加入慕思，如果能够通过研究睡眠产业提升人们的睡眠质量，可以算得上是个很大的成就了。

凤凰家居：你说的这个算是慕思面临的困境，睡眠对人这么重要，但是大家都没有意识到。

姚吉庆：睡眠质量对人类的影响非常大，所以我选择做这件有价值的事，我的后半生都准备这样做。慕思健康睡眠产业要做两大板块。一是做公益，通过反复宣传让全中国人、全世界人都了解健康睡眠的重要性。二是开发和生产能够改善睡眠的睡眠系统。慕思已经做了很多这方面的工作，通过大家喜闻乐见的娱乐方式教育大家普及健康睡眠的理念，消费者更容易接受。另外还要整合全球健康睡眠资源，做最好的产品。这就是为什么尽管慕思很贵，大家还会去买，因为它确实好，确实能够对自己的睡眠有改善。

凤凰家居：你觉得慕思有从本质上需要改革的东西吗？

姚吉庆：一是整个团队的建设问题。要做一个世界级企业就需要世界级的团队运作。二是慕思的渠道覆盖面还不够宽，但在渠道扩展方面有巨大潜力。三是要在产品研发方面始终走在行业前沿，通过产品技术竞争力和创新力保持领先地位。

凤凰家居：您被誉为中国第一职业经理人，那您觉得一个职业经理人的归属感来源于哪里？

姚吉庆：这只是个虚名。1997、1998年的时候，民营企业交给外人管理是不可思议的事，所以在当时引起了媒体的关注。但第一不代表最厉害，当时处于改革的转折点，第一职业经理人不是姚吉庆也会是别人。职业经理人的归属感不是在一个企业从一而终，而在于是否能够找到内心追求的东西。这种归属感来自于内心的情感，每次跨界都需要很强大的内心，有自信才敢这样做。

中国职业经理人已越来越专业

凤凰家居：很多职业经理人都希望在积累一定资源后，重新创立一个属于自己的企业，然后完成它的传承。那您的计划是什么？

姚吉庆：在中国很多人都这样想，有了经验就自己做老板。实际上职业经理人和创业是两种不同的发展道路，在跨国企业里董事长也是职业经理人，所以没有那么多创业机会。另外，即使是自己的企业也不一定能够传承下去。不过人生就是这样，在人生当中能做一件使自己开心的事，有成就感的事就足矣。

凤凰家居：18年来您站在改革的转折点上见证了中国民营企业不停发展转型的过程，您能否总结这些年来中国民营企业发生的变化呢？

姚吉庆：中国民营企业家的胸怀越来越广，很多成功的企业都非常有远见，善用人才，并开始从价值观、作风式的管理进入现代化的团队运营。另外中国民营企业开始更注重战略规划问题，不是走一步算一步。

凤凰家居：这个变化过程中，中国职业经理人群体的状况是怎样的？

姚吉庆：实际上职业经理人跳槽是很正常的，三五年换一个岗位可能更有创新性。职业经理人和企业的合作机制也越来越成熟，派生出一大堆不同的激励模式，总体来说更有利于保证职业经理人的权益和促进公司的发展。整个社会氛围逐渐成熟，职业经理人升值环境逐渐变好。中国职业经理人这个群体会更职业化，在职业操守、专业水准、运作能力等各个方面越来越专业化，而且会越来越细分。

凤凰家居：您打算以后都做职业经理人吗？退休之后有什么打算吗？

姚吉庆：我现在挺享受做职业经理人的人生，退休以后倒是有个梦想，我和其他职业经理人最大的不同是我从事过很多不同的行业，而且这些行业所服务的品牌基本上都是第一品牌。所以我退休以后，想做一家顾问公司，把我的经验传授给更多的企业。

第二节　操盘慕思

一、《南方都市报》专访

慕思寝具VS苹果手机：资源整合出奇葩

采访嘉宾：慕思寝室用品有限公司总裁姚吉庆
时间：2013年9月5日
栏目：公司
访谈记者：南都记者肖昕　实习生吕翠华

床垫就是“席梦思”么？寝具就只是用来睡觉的么？家居业就是传统的、没有科技含量的么？一家以“全球健康睡眠资源整合者”姿态出现的床垫企业正在打破这种观念，并用9年时间迅速成长为中国寝具行业第一梯度品牌；2004年成立至今，其年复合增长率超过50%，专卖店扩张到1600家。

“我们的商业模式其实跟苹果很相似，都是整合世界先进的技术及中国的制造优势，依靠品类创新，创造出新的消费需求。”慕思总裁姚吉庆告诉南都记者，该公司已经整合了全球20多家顶级供应商资源，营销网络已拓展到澳大利亚等海外地区。

床垫行业的“苹果”

“我们正处在一个推倒重来的商业社会，市场需求正随着消费体验的改变而改变流向”，慕思品牌创始人王炳坤对这点深有体会。

慕思寝室用品有限公司总裁姚吉庆

2003年，王炳坤去欧洲参加家具展览会。经常失眠的他却意外地睡了一个好觉。怎么回事？难道这张床能治好失眠症？王炳坤翻开床垫，发现这张床的骨架和床垫构造跟国内都不一样。于是，他决定延长欧洲行程，辗转找到了那张睡床的供应商，又辗转找到德国的睡眠专家，再经德国睡眠专家介绍，认识了法国顶级设计师Morris。

当然，王炳坤这么大费周折，并不只是为了“猎奇”。“中国有非常庞大的消费能力，中国的软床市场就有2000亿的蛋糕，如果扩大到床上用品的家纺行业，还有1万亿的规模。但盘子这么大，在慕思之前，市面上却没有开发以健康睡眠为诉求的寝具品牌。”姚吉庆给南都记者分析，比利时Rako做床架，意大利的Technogel生产新概念床垫材料，德国的Otten开发睡眠技术，澳大利亚的Air-aroma是开发芳香产品与精油的专业公司，但只有慕思把这些全球供应商的资源、技术整合到一起，全球首创了“健康睡眠系统”，把慕思打造成“健康睡眠”生活方式的代名词。

“这个商业模式其实跟‘苹果’很相似，苹果的芯片是三星生产的，屏幕是LG的，组装大部分由富士康完成，依靠硬件、软件、系统、服务的有机融合，开创一个全新品类，继而创造出新的消费需求。”姚吉庆说，慕思自2004年成立以来，每年的销售额增长超过50%，中国专卖店数量更是扩张到1600家。

引进定制化一床两制

这个资源“整合”出新品类的故事，到现在“看上去还很美”。不过，就跟苹果的产品质量仍为市场所诟病一样，外界质疑，慕思的供应商如此之多，产品品质难免会有瑕疵。

姚吉庆称可换个角度看问题：产品和品质只是品牌最基础的东西，如今的消费者更在意品牌的文化符号是不是能代表自己的身份和深层次的精神需求。

为此，他们开始致力于把专卖店做成顾客的健康文化交流中心。“我们的睡眠诊断系统会根据顾客的体重、身形、深睡时长等个性化指数来量身定制适合他们的床垫，即便是同一张床垫，由于夫妻两人的睡眠指数不同，床垫左右两边采用的布料、弹簧等也会有所不同。可以说，苹果通过App的不同下载，实现一个手机一个世界；而我们通过量身定制，实现一床两制，一人一世界。”

从家居业向大健康产业渗透

但是，“创新产品设计还不是我们最核心的竞争力。慕思最大的价值在于品牌渗透。”姚吉庆对南都记者说，“赠送礼物”的传统延续至今，每年圣诞节、感恩节等特殊日子，他们要给几十万个客户寄送礼物，可能是情侣毛巾，可能是慕思出品的“睡眠音乐大碟”，可能是健康睡眠课程，还可能是“慕思全球睡眠文化之旅”的免费出国体验机会。

这种跟进服务的模式，使得客户在使用其产品几年后，发现一些小问题都有专人上门提供服务。为此，“我们现在的顾客转介绍率已经达到38%—65%。”姚吉庆说，从睡觉这点事上，看出一个人对生活的态度和当下的状态。

据悉，继去年上线微电影《床上关系》获得1.4亿的点击量之后，今年2月28日，慕思寝具又和《南都娱乐周刊》联合出品了微电影《一睡成名》。而此前不久的8月12日，慕思又推出了第三部微电影《艳遇》，上线半个月获得了7000万的点击量。

这三部微电影呼吁全社会一起重视休息，一起救赎爱情、家庭、生命，但其背后暴露的是，这个床垫企业意图通过整合“大睡眠文化”的概念，从一个传统的软床家居领域，跨界进入健康产业。

第三方观点：中国风险投资界的“大佬”、原联想投资执行董事袁同舟

慕思在过去的九年中以超常规的速度成为行业的领先者，它为行业树立了新的理念和标杆，它重构了行业的产业链和价值链，对床上用品与家纺进行了整合，拷贝它模式的同行也成为了行业第二。有一天，它可能成为东莞的一张新名片。这些成绩可能源自商业直觉，而在商业模式方面，它进行了创造性的改变：将卖产品变为做服务；从购买到售后，知名度与美誉度能够同步提高。

二、《南都娱乐周刊》专访

从营销的1.0到3.0

采访时间：2013年10月

采访人物：慕思总裁姚吉庆

姚吉庆语速很快，似乎在拼命追赶他那高速运转的思维。从华帝燃器，到欧派厨具，再到慕思寝具，这位职业经理人的职场生涯，似乎从未离开过“家”的范畴。正因为如此，他懂得这些注重家庭观念的当代消费者，更需要什么。

10月的羊城，丝毫没有秋天的感觉，炎热依旧。刘德华的巡演，似乎为这个城市增添一丝悸动——演唱会的海报随处可见，地铁里，广场上，甚至住宅小区的电梯内。与海报同时出现的“慕思寝具”“健康睡眠”等字样，也在这铺天盖地的宣传轰炸中获得大量曝光机会。“效果要比预期的好。”慕思寝具作为赞助商，尝到了明星效应带来的甜头。然而这只是这家公司精心计划的娱乐营销布局中，很小的一部分。

明星背后的影响力

为什么是刘德华

同样的海报也贴满了慕思在东莞的总部——嘉华大酒店，似乎公司里的每个人都把这当成了一件“重要的事”，不只是营销，还有一部分是个人情结。对刘德华，慕思总裁姚吉庆也和普通的粉丝一样，充满期待，但他更期待“由慕思独家冠名的”刘德华演唱会，能给品牌带来什么样的惊喜。圈内人都知道，华仔极其爱惜个人形象，对合作商家要求严格，但这一次，合作却出奇的顺利，与其说是“慕思选择了刘德华，不如说是刘德华也选择了慕思”。在刘德华之前，慕思唯一赞助过的明星个人演唱会就是台湾小天王罗志祥的。而第二次尝试，慕思直接选择了“腕”更大的刘德华，冠名费用达千万，称得上是营销“大手笔”。

姚吉庆认为这“很值得”，他不仅看重天王巨大的粉丝号召力，更重要的是，“他洁身自好，勤奋敬业，在鱼龙混杂的娱乐圈，可谓‘模范’”。诚然，刘德华无论在演艺界、上流社会还是公益界，都有着极优的口碑与影响力，这些都是慕思所考量的因素。而刘德华的挑剔表现在，他的个人演唱会更愿意选择那些倡导正确价值观的商家。此次合作得以顺利达成，或多或少也和慕思主打“健康睡眠”有关。当然，回归到营销，姚吉庆必须思考如何将慕思的品牌影响力与演唱会本身相结合，“其实不是在追求演唱会结束后，有多少人立即来买慕思的产品，而是从长远的角度为慕思品牌的推广，打下坚实的基础。”他并不认同“快餐式推销”战略，纵然它能在短期内获得可见收益，但是对于企业的长远发展收效甚微。他更青睐于“体验式”的营销。

“慕思的体验式营销分为情感体验、产品体验和文化体验，”姚吉庆解释，由此出发，赞助这次演唱会就是出于情感体验层面的营销策略，“刘德华的粉丝群很广，他在我们潜在的消费群体中相当受欢迎。”而与“情感体验”并行的，还有姚吉庆颇为得意的“产品体验”。

在东莞嘉华大酒店的38楼，是慕思倾力打造的“睡眠体验馆”，全球仅此一间。馆内陈列着慕思即将推出的第四代健康睡眠系统。这套全新的系统采用了先进的拍摄扫描，能够为消费者更为精准地量身定制个人的睡眠系统。“定制你的睡眠”——正是慕思主打的产品理念。

对于参观者，这座耗资千万、占地2000平方米的体验馆，更像是一座巨大而豪华的酒店式公寓——入口左边是两间“健康睡眠测试房”，前来的体验者躺在特制的床垫上，一分钟之内，慕思专业的测试仪器即可以测出最适合该体验者的床垫软硬度以及枕头高度等相应指标，通过这套科学仪器的测算，为消费者量身提供最健康的睡眠产品。

体验馆的深处，是13间由香港著名设计师量身打造的高端样板房，分别配套展示了慕思公司旗下的歌蒂亚、3D、凯奇和0769四大系列的经典，共同构成了适合不同人群的健康睡眠系统，成龙、刘若英、林俊杰、赵薇等明星都曾在此体验过。

营销者的思想进阶

营销以人为本

来到慕思寝具前，姚吉庆曾辗转于华帝、欧派等家居企业。在该领域内，营销有一个特点：除了强调如何“卖产品”，更强调以人为本，通过多元的营销手段，让生活变得更美好。

姚吉庆最为推崇的，是现代营销学之父菲利普•科特勒，他的“营销三阶段”影响了姚吉庆这一代营销人——分别是以大众营销为核心的Marketing 1.0时代，以分众营销为核心的Marketing 2.0时代，以及创意营销传播的Marketing 3.0时代。相对应的，是营销者的关注点从产品，过渡到客户，再过渡到客户内心所需求的人文精神。

而姚吉庆把科特勒的“三阶段论”做了重新演绎：“之前在华帝时，应该还只是处于营销1.0时代，当时的消费者关注的基本只是产品的质量与性价比，当时华帝的广告语就是‘华帝燃具，三万六千次精确点火’，然后很多人看完这个广告都选择来购买华帝燃具。”“后来到了欧派，其实就已经开始尝试在做3.0时代的营销了”，此时，最重要的一点就是“认同”。“欧派选择蒋雯丽作为品牌代言人，并且采用的广告语也与其家居形象相贴合——‘有家有爱有欧派’。”关注消费者的内心与精神追求，就是营销3.0

时代的要义所在。

与1.0营销相比，2.0则反过来——是自下而上，去中心化的营销。相比1.0从上到下从左到右并且吃力不讨好的费钱方式，在2.0时代，企业只要一两个关键点做到位了，自然而然会产生更多的边际效应。“到了营销3.0时代，企业需要将消费者定位成是有独立思想、心灵和精神的完整个体。”姚吉庆注意到这样一个现象：消费者在选择特定的品牌时也会从购买群体的身份层面考虑，“就像你买化妆品是选Dior还是大宝，不同的购买群体所认定的品牌会存在差异。”

因此，慕思对目标消费者圈层做了定位，以“选择慕思的是什么人”为命题，“找准他们认同的主流价值观，将慕思的企业价值观与之对接，产生共鸣，从而使他们坚持选择慕思的产品”。

营销3.0 时代

让我们好好谈一谈娱乐

或许就像美国学者波兹曼所描绘的那样，“现实社会的一切公众话语日渐以娱乐的方式出现，并成为一种文化精神，我们的政治、宗教、新闻、体育、教育和商业都心甘情愿地成为娱乐的附庸。”这是一个名副其实“娱乐至死”的年代。而“娱乐营销”，一个当前营销界时髦的词儿，本质上就是为了让消费者开心地把钱花出去。此次赞助刘德华的演唱会，就是慕思“娱乐营销”战略中的重要一步。

尽管在这之前，慕思已经开始相关的尝试。2009年，慕思特约CCTV《欢乐中国行》，以一台盛大的晚会为“健康睡眠”理念造势，但受限于当时娱乐营销环境的成熟度，产生的影响力也较为有限。两年后，慕思正式宣布与华谊兄弟结盟，成为其“健康睡眠顾问”，为华谊兄弟旗下众多艺人的睡眠健康提供咨询与定制服务。

到2012年，慕思的娱乐营销更多的是通过“组合拳”的形式呈现，与《南都娱乐周刊》的“明星公民”合作更是将其推向了一个前所未有的高度。慕思将“年度特别关注主题定为‘关注睡眠、珍爱生命’”，把“健康睡眠”上升到社会公益，迅速引发行业重视与国民对于睡眠的关注度。

之后，慕思一口气推出三部反映睡眠问题的微电影，以完整的运作形式来传递品牌理念，并采用一种品牌价值观渗透的手法，巧妙地告诉观众健康睡眠的重要性。要知道，这位纵横业界多年的职业经理人真正有意识地制定娱乐营销战略，其实是他来到慕思后，娱乐营销对于他而言，也是在不断尝试中获取到的经验。

暂不考虑明星代言
形象，一个就够了

尽管姚吉庆个人非常欣赏刘德华，但他却从未考虑邀请其作为慕思的品牌代言人——仔细想想，似乎慕思从来没有邀请过明星为其进行品牌代言，它唯一的品牌人物形象——那位叼着烟斗的西方老绅士：熨烫服帖的衬衫，灰白的沿腮胡须，微锁的眉宇以及专注的目光，无一不体现出一种低调而奢华的格调。

“我们暂时不会考虑请品牌的形象代言人。”姚吉庆认为，老绅士的形象已足以代表慕思，“我们不想再去分散消费者的注意力了”。在营销学中，这被称为“视觉锤理论”，是营销学中定位理论的更高级版本——就好似钉子和锤子，一个是抽象的、内涵丰富的文字信息和一个美妙的、令人印象深刻的视觉呈现，为了达到最好的宣传效果，二者缺一不可。

相比文字而言，人更能识别图像。看见奔驰的三叉星时就很清楚那是奔驰，但如果只看到“奔驰”两个字时可能就不太会注意，或者像肯德基的白胡子上校、麦当劳的红鼻子小丑人就是很好的视觉锤。而对于慕思，单纯提到“全球睡眠资源整合”或者“健康睡眠系统”的理念时，消费者并不一定能联想到这个品牌，但当他们看到那个老绅士像，就会马上知道那是慕思，“这个时候请明星代言，就会多此一举，原有的视觉锤就会被破坏。”对此，姚吉庆很坚持。

虽然慕思对“明星代言人”不感冒，但借助明星的影响力为品牌造势的“曲线救国”之路却从未停止——华语歌后蔡琴以及国际巨星黄晓明都曾应邀助阵慕思举办的“全球健康睡眠文化之旅”，“王•后驾到”等类型的演唱会赞助也从未停歇。以姚吉庆的精明，他一定不会让合作止于赞助，慕思也将在娱乐营销的领域继续驰骋，就好似慕思遍布全球的1600多家专卖店一样，在姚吉庆脑海中，想必有一幅完整的娱乐营销蓝图。

第三节　欧派时代

搜狐家居专访（一）

欧派姚吉庆：欧派优势，定制产品规模生产

采访时间：2010年7月8日

采访人物：欧派集团营销总裁姚吉庆

采访主持：搜狐家居衣柜频道蒙辉

时任欧派集团营销总裁姚吉庆接受搜狐采访

记者：姚总，您好，感谢你接受搜狐家居采访。首先想问一下欧派做橱柜是从哪一年开始的？

姚吉庆：1994年。

记者：欧派在橱柜业是老牌领军企业，但在衣柜行业还算是后来者。你觉得欧派做衣柜，最核心的竞争优势是什么？

姚吉庆：最核心的竞争力是个性化定制与规模化生产的能力。橱柜行业是定制领域最独特的，既保证个性化定制，又要维持规模化生产，这个难度是非常大的。欧派做橱柜很多年，才形成这套方法。欧派现在每年要满足30万户家庭的需求，这个数字很可怕，很多跨国企业都无法做到。而这种模式，同样也是衣柜行业所需要的。衣柜行业潜质非常的大，如果解决不了这个问题，将会成为行业的瓶颈。这也是我们独一无二的优势。

另外，欧派有强大的品牌优势。通过这几年的运作，橱柜行业从没有人关注，慢慢变成了有很多人关注的行业。欧派的品牌也逐渐为大家熟知。我们的品牌定位——有家有爱有欧派，实际上营造的是家的感觉，是更适合自己的家。目前衣柜行业的品牌集中度还很低，这也是欧派的机会。

记者：目前欧派的终端是怎样的？是橱柜衣柜捆绑的，还是衣柜走独立专卖店模式？

姚吉庆：有橱柜衣柜的综合店，也有独立的衣柜专卖店。

记者：你觉得要让全国的市场基本饱和，衣柜终端数量应该要有多少家？

姚吉庆：现在很多衣柜企业其实都是区域品牌，覆盖全国的并不多。如果要做全国性的品牌，终端至少要在800—1000家。为什么这样讲？因为全国有300多个地级城市，有30多个省会城市，要保证覆盖率，所以我认为要有800—1000家。

记者：目前欧派在衣柜领域，近期的目标是什么？

姚吉庆：有几个方面。第一，我们要建立欧派衣柜产品的独特性，欧派要做行业的领导品牌，必须要有差异。欧派的衣柜跟其他品牌有什么不同？有几点，首先衣柜必须要解决收纳的问题。我们会调查消费者的需求，南方人、北方人；结婚的、没有结婚的；有孩子的、没有孩子的；年轻的、年老的……去根据他们的实际需求，去设计产品，将衣柜的收纳功能做到极致。

还有，就是做到产品的人性化。举个例子，欧派有感应挂衣杆。比如晚上要拿衣服，挂衣杆的灯就会自动亮起来，而人走了之后，灯又会自动熄灭。这些灯都是用LED光源，节能耐用，一个电池就能用一年。还有，比如我们要熨衣服，就要四处找熨衣板、熨斗，但是我们可以把这些设计到衣柜中，只要一拉开柜门，熨衣板、熨斗就在手边。现在，我们的板材都是按欧盟标准选取的，五金配件也是从国外进口的。总体来考虑，欧派进入衣柜领域后，从品牌、生产、宣传等等方面，我们的起点都会比较高。

记者：因为现在欧派从橱柜领域开始延伸出厨电、衣柜等产品。最后一个问题，假如给你一所房子，你会怎样使用欧派的产品？给大家描述一下你的欧派“理想家”。

姚吉庆：厨房要全部用欧派的东西，包括橱柜、厨电、厨房的吊顶。卫生间里，也有欧派的卫浴柜、坐便器、洗手盆等。然后衣帽间也都是欧派的。这些是我们近几年就可能达到的，在完成这些后，未来我们甚至可以有更多的家居产品。欧派逐步从整体橱柜的第一步走向整体厨房的第一步，再到整体衣柜，甚至做到整体家居。总结成一句话：有家有爱有欧派！

搜狐家居专访（二）

专访欧派集团营销总裁姚吉庆

采访时间：2010年9月27日
采访人物：欧派集团营销总裁姚吉庆
采访主持：搜狐家居记者

记者：广大网友，下午好!这里是厨房家具20年人物访谈的现场，今天来做客的嘉宾就是广东欧派集团有限公司营销总裁姚吉庆，欢迎姚总。

虽然我们探讨的是个历史性回顾的话题，但是我们还是想了解下目前的市场情况。2009年是一个不同凡响的年份，现在市场是怎样的？欧派在市场上是怎样表现的？

姚吉庆：2009年前期仍处于金融危机影响之下，现在危机基本上慢慢减弱，对于欧派来讲，在2008年初就制订了三年规划，具体分为："蝶变2008"、"飞扬2009"、"炫动2010"。不过当时也还没有完全意识到危机会开始。

现在为止40%的同比增长　揭秘增长原因

时任欧派营销总裁姚吉庆接受搜狐记者采访

正好2008年就遇到了金融危机，但还是用了去年定位的主题，实际上欧派在2009年整体发展情况比想象的要好得多，至今仍保持着40%的同比增长，应该说还是蛮理想的。特别是后面这几个月，增长情况越来越好，8月份超过了50%的增速。在全球经济危机影响，市场不是很景气的情况下，欧派仍然能取得这样的业绩是比较满意的。

记者：这么一个同比增长幅度背后的原因是什么？

姚吉庆：我觉得原因几个方面，第一，在金融危机来临的时候，特别是在2008年的时候，以董事长为首的欧派决策层，提出了在危机环境下我们不应“冬眠”而应去“冬泳”的战略思想。于是，在金融危机冲击橱柜家具行业的情况下，没有减少推广费用，而是反过来加大了投入。

主要表现在以下几个方面：

首先，在硬件方面。从2008年开始，投资1.5亿元兴建亚洲最大规模的制造基地(也是世界级的制造基地)。在这种低迷的环境下能够有这么大的重拳出击，在家居行业是不多见的，这对鼓舞整个团队的信心和对欧派未来的整体发展都奠定了良好的基础。

新基地建设方面，可以说完全跟国际接轨。由欧洲设计师进行设计，包括引进德国豪迈全套自动生产线，所以制造体系上完全跟世界一流的制造系统接轨，把中国的制造水平完全提到国际一流的水平上面。

其次，启动“再造车计划”，最核心的理念就是要激发整体员工创造机能，强化各个系统团队的建设，包括人才引进、人才培养和人才积累等。我们在2008年底也对整个团队进行优化，吸收了一些来自橱柜、家电等不同行业的优秀人才，不断充实到欧派整个团队。这样通过2008年下半年到2009年前半年运作，我们团队素质有了较大提升。

再次，在营销方面更加有力度。我们广告投放不仅没有减少，反而增大了。如今年一些电视台的栏目投入还是比较多的，包括全国高速公路的路牌都上了不少。

值得一提的是，我们推出了应对金融危机的“火炬计划”，总部投入两千万，进一步拓宽市场、稳固市场、提升市场。通过这几个动作，使我们在全国范围内“点火”，不断强化市场优势。这一点我觉得是我们的关键点。市场疲软的情况下家具行业很多品牌动作减少，这个时候欧派却是逆市出击，就相当于在大操场上大家声音都小了，把自己声音稍微调大一点，就显得更大了，所以这时候得到的回报会更好。

最为重要的是，现在社会影响比较大的“冠军联盟”，欧派也是联盟的发起组织者。除了欧派外，“冠军联盟”还包括东鹏陶瓷、大自然地板、美的中央空调、雷士照明、红苹果家具，其推广还是比较成功的。通过这几个月的发展，应该说发展态势是非常好的，从4月23日在人民大会堂启动新闻发布会，到5月1日的15个城市联动的促销活动启动，再到我们六七月份百城千店联盟促销活动启动，而且马上会启动千城万店的活动，也是在金融危机环境下能够迅速拉动市场非常有效的方法，这些方法都使得我们团队的销售业绩可以说一路飘红，发展态势还是非常不错的。

记者：我们现在建设的算是亚洲最大的工厂，面积有多大，坐落在哪里？

姚吉庆：在白云区，离我们旧厂不远。

记者：有多大的面积，为什么说它是最大的？

姚吉庆：产能已经达到了30万套，在亚洲应该是最大的，在世界上应该也排在前三位或者前五位。

记者：“火炬计划”是联合经销商广告运作的方式吗？

姚吉庆：总体来说，“火炬计划”就是全方位夯实网络的方法，全方位的对网络进行优化、对网络进行固化、对网络进行提升的过程，包括整个专卖店系统的建立，专门的连锁模式的优化和提升，渠道的一些建设，渠道的拓展，包括我们配套产品的提升等等，它是一个全方位的提升计划。

产品的系列拓展到衣柜　2009年实现2倍增长

记者：给我们具体讲一下欧派在渠道上有怎样的改变和提升？

姚吉庆：欧派在产品方面，2009年推出了40多套新品，研发设计提升是非常大的。我说的40多套产品实际上完全是风格的不同，不是说颜色的改变，如果是颜色改变、普通的搭配改变，可能就会上百种之多。

从产品的系列上来讲，欧派拓展到衣柜产品，通过2008年打好基础，2009年实现2倍的增长，所以衣柜领导品牌的雏形已经形成。而且今年估计衣柜也会有300家以上的专卖店出现，这对下一步欧派把衣柜作为新的增长业务，以及成为衣柜行业的领导品牌都将奠定良好的基础。同时在产品方面，除了我们现在发展比较好的主业以外，我们还拓展到净水器，还有一个厨房电器，比如电压力锅，这些产品发展也非常不错。这是从产品方面来讲我们有比较大的提升，无论从销量、从品牌上。

从产品设计上，从去年开始，我们就一直倡导原创设计、领先设计。实际不仅是橱柜行业，家具行业也存在这个问题，可能很多是模仿式的。但是要成为第一，要跟所有的对手拉开很大的差距，在原创设计方面就必须要走到前面去。这方面，欧派曾举办“中国厨房空间设计大赛”，实际目的就是倡导和推进中国原创设计。不仅要求我们自己的设计团队要不断创新，还要加强与国际一流的设计公司的合作。欧派今年有好几套产品就是欧洲的设计团队直接设计出来的，所以大家在现在欧派专卖店里面看到的东西会更时尚、更有现代感，而且欧派设计师还根据中国消费者的特点来进行设计。

整个橱柜市场、厨房市场必然走向一体化

记者：*从单纯做橱柜已经拓展到衣帽间，现在橱柜行业也有走多元化路线的企业，欧派为什么要走多元化的路线，当时怎么想的?*

姚吉庆：这是市场发展的趋势，实际上可以这么理解，整体橱柜市场有一个推进，这种方式消费者会越来越接受。为什么呢?因为类似于欧派这种品牌，实际上是一个定位于中高端的品牌，我们的目标消费群都是一些中产阶级，如白领、商业人士、中高端消费人士。实际上他们工作都非常忙，很渴望有一个对他来说比较简单、方便的一体化的解决方案，并且最好能满足他们个性化需求完全达到其个性需求的东西，而且舒适，品质又好，实际这是消费者的核心需求。我们做企业要从需求的角度出发，然后围绕这样的方向去经营。我觉得发展大了以后，再进行高度相关的多元化发展是必然趋势。所以欧派现在定位整体厨房，从整体橱柜的第一品牌过渡到整体厨房的第一品牌，这是必然的趋势。在过渡的过程中，实际上我们也走了很多年的路，从整体橱柜到整体厨房，背后至少有六七年的路走过来。

实际上今后是这样的流行趋势，整个橱柜市场、厨房市场是什么样的趋势呢？必然开始走向一体化，我们理解有几个一体化，第一，风格一体化；第二，功能一体化；第三，销售一体化；第四，服务一体化，必然走向这四个一体化。

第一，风格的一体化。过去有人会认为，买欧派橱柜再配上一个其他品牌的电器，这种认识保持了很长一段时间。但是慢慢地会感觉到，我这个橱柜跟电器要配套的，因为两个企业设计的东西，因为没有完全整合，必然要存在一个风格的整合问题，比方说做得比较古典的厨房，实际上现在很难在油烟机上找到一个古典的东西。想要有一个新的时尚的橱柜，实际上也很难找到这样比较流行的设计。怎么办？设计的时候一定要同时考虑，考虑整体风格的一体化，可以设计很多不同的风格，比如说可以有古典的、有现代的、有乡村风格的，也可以根据不同年龄阶层来分，比如从25岁到五六十岁，每个阶段有他的兴趣爱好，所以他装修家的时候风格也不同。可就在这种情况下，我们针对不同需求可以设计出不同的厨房风格，这是风格的一体化。

第二，功能的一体化。比如说一个厨房，不只是简单的储物就行了，实际上要从人体工程学的角度考虑。比如欧派这几年在全国调查了将近四千个

消费者，分不同的区域调查，调查他的饮食、烹饪习惯。比如北方人可能喜欢吃面食，南方人可能吃面食就比较少。此外，包括每个家庭主妇身材高矮不同，如果台面都一样高，站着不舒服，包括她弯腰取东西、上面拿东西，这些要充分考虑人体工程学，考虑她每天在厨房里面做饭的过程中走的路线。要让她走的路线最短、动作最直接，这样就很舒适，让她感觉到到厨房里面做菜实际上是一种享受、一种快乐，而不是受罪，在这方面我们考虑会比较多。另外消毒柜我们也做了很多功能改进，并有自己的设计专利。既吸收这些优秀的东西，又有自己的专利和发明，以此来解决整体厨房功能一体化的问题。

第三，销售一体化。现在欧派的店在全国越开越大，过去可能几百平方米，现在上千平方米的店也不少，像北京就是将近4000平方米的店。你进去以后可以一站式搞定，所以就解决了销售一体化的问题，就可以上门根据客户的需求进行设计，设计完以后全部安装好，不像过去橱柜找一家、电器又找了另外一家，现在是一站式的。

欧派为什么这几年能够发展非常快，而且橱电方面发展也非常快，因为网络特别多，全国目前网络已经开设到县里面，有的镇里面都放了，能够开店的地方就开店。

记者：多少个？

姚吉庆：现在将近2000个店。让我们的消费者随处可以看到欧派，随处可以买到欧派，这样实际上也是对服务、对消费者非常好的保证。

第四，服务一体化。所有产品，不管售前服务，还是售后服务，总要服务的，从抽油烟机到灶具、到消毒柜，甚至锅碗瓢盆，我们连刀具、铲子都做，包括净水器都做，所有东西一站式以后维修就比较简单。

这四个一体化，我觉得也是今后厨房的发展趋势，欧派在前几年已经在做了，而且已经引领了潮流，这是一个发展趋势。

记者：刚才说接近2000个店，有独立店，有跟大卖场合作的店，有比例吗？

姚吉庆：我们独立店应该比较多的，这个行业没有像国美、苏宁那么成熟，像红星美凯龙、居然之家，目前行业的大卖场还没有形成，所以我们大部分店，特别在地级市这些店基本上还是独立店。

记者：刚才说包括厨电，包括净水机、衣帽柜，是OEM还是完全独立生产？

姚吉庆：橱柜和衣柜，还有一些小的电器，我们是独立生产的，像一些其他的东西我们是ODM，我们完全是自己设计，再选择合作厂家去生产。但是我们主要的电器这块都是自己在做，有核心的研发队伍。

记者：欧派是怎样一个企业，或者它的规模是怎样的，能给我们介绍一下吗？

姚吉庆：人员方面现在总部将近4000人，不算全国的专卖店，每个专卖店都有几十号人。

记者：专卖店是加盟的吧？

姚吉庆：对，也有直营店，也有加盟店，是并存的一种方式，现在新的生产基地有二十几万平方米，旧的也有十几万平方米，应该有三十几万平方米的厂房，现在是第一期，第二期也正在启动。

记者：咱们的年销售有多少？

姚吉庆：在20万套左右。

记者：新厂年销售额是30万套？

姚吉庆：对，有一定余量。行业淡旺季不同，因为橱柜是定制化的生产，不像搞家电可以有库存。像空调可以在淡季的时候库存做大，到旺季的时候销售库存。橱柜行业不行，一单就是一单，你家的东西他家不能用的。

记者：其实谈到定制化，大家都说定制化可能是阻碍厨房行业做大、做强的一个至关重要的阻碍性的因素，因为每个人的需求不同，像你刚刚说的人体工程学、南北方生活习惯的差异，可能是导致厨房这个行业做不大背后的原因，我们来说一下欧派的定制化怎么去操作，和批量化、工业化生产怎么去平衡？

欧派是个性化定制、规模化生产模式的一个实践版

姚吉庆：这个问题很好，正是橱柜行业、厨房行业有这个特色，也是一个中国特色的橱柜行业，老外的橱柜没有这么复杂，在房地产开发的时候标准化方面制订得比较好。

中国有两方面，地产商也比较多，每个地产商的房间结构都不同。第二，跟中国的消费习惯也有关系，假如说不买精装房的话，包括你的朋友到他家看一看，每家的装修都是不同的，即使买了同一个楼盘、同一个结构的户型，你进去以后他家里的装修还是不同的，为什么？都希望我不管花10万还是50万的装修，我希望我家跟别人家不同，更有个性化。

所以我觉得中国的市场比国外还要难做，到现在为止没有看到国外的哪个品牌在中国能做得很大，至少排在5名、10名以后。为什么没有做大?不适应中国市场!中国市场的要求还是很复杂的。所以一定要是个性化的，每个人家里的厨房一定是个性化的，但是实际上也有一个好处，因为个性化，所以这个厨房才有溢价能力，完全标准化的话就是材料的成本，但是一旦个性化以后，就像搞一个工艺品雕塑一样，你要是精雕细刻的话就要很贵才行，否则做不出来，很多工艺品钱少是做不出来的。

但是又有一个契机，如果能把这种个性化的东西标准化生产出来、规模化生产出来，正好解决了个性化和规模化生产的矛盾问题，这个问题一旦解决得好，我觉得这就是一个很好的商业模式。

所以前几年大家在谈蓝海战略，蓝海就是有别于红海，再到后来大家谈长尾理论，就是说怎么把小的需求收集起来，进行规模化、批量化的制作。就像搜狐一样，这个平台搭好了，你客户越多的话效益越好，这也一样，我们橱柜每个都是个体，你能把这个个体的东西，每个个体都无限地放大，回来以后到了总部可以把它做成标准化的东西，比如柜门是标准的，全国总有很多的人，如果你每天的量足够大的话，还是可以把它合并同类项的，比如说有的是烤漆门，有的是板式的门，不同的门可能可以合并，不同的风格，实木的就是实木的，PVC的就是PVC的，可以完全分开，然后标准化生产出来，然后再把它分拆，再变成个性化的东西，发给你的客户。

所以我们说这种个性化定制、规模化生产的模式，应该是中国一个很典型的定制营销理论的实践版，欧派就是这样一个实践版。欧派在这个层面应该是走得比较早的，也是目前走得最好的。所以为什么很多很大的企业，进入了橱柜行业以后好像不灵了，不像在电器行业里面一砸进去以后马上起来，不是的，可能要走很多弯路，要交好多学费，最后好不容易才开始盈利，但是也做不起来。所以这个行业进入的门槛很低，做大的门槛很高。这个门槛还不仅仅是资金的门槛，就是有资金也没用，就是100亿投进来也起不到作用，最大的门槛我觉得你刚才说的这个点抓得很准，其关键点就在这儿。

记者：*其实我还是有些不明白，大家都知道橱柜是个性化需求，好多企业也在做规模，甚至是手工制作，定制化也在做，也是有人说我根据我自己的模块，根据这种定制化的需求，完成批量化的生产。*

欧派可能是走得比较早，走得比较好，在这个里面，定制化和工业化生

产处理过程中，所有的企业中间成功或者失败的关键点在哪？为什么欧派就做得那么好？

姚吉庆：我觉得有几个问题，一个是流程的优化，能不能制订优秀的流程，因为前人没有走过，你没有可以效仿的成功案例，要通过自身的摸索去优化它。另一个，我觉得是团队。对团队的管理实际上是个系统工程，因为这个环节很长，比如说从到消费者家里面去量尺寸，跟他一起设计厨房，再到下订单、签合同，到综合若干个环节分拆成可生产的单，变成分解计划，再合起来，这个过程就有无数个环节，这无数个环节就有很多道工序，至少有90道工序，又有很多的专业人才。比如说哪怕孔打错了，到了终端安装就有问题，一旦出问题改的成本就很高了。因为不像电器回来以后修一修，换了配件还可以卖出去，但是这个就无法退货了，必须要做到直到他满意，这样就是几个体系对整个生产工艺的流程，整个采购供应链的流程，都要打通，这样效率就很重要。

要有一套激励机制，一套人员训练体系，每个环节的人都要训练到位，包括上门服务。比如设计师要上门给消费者量尺，如果量尺出现错误，自然会导致后面的设计和安装出现系列问题。这是有中国特色的，国际上都没有可参考的东西。所以媒体上有人说，欧派是用做飞机的精神做橱柜的，这不是开玩笑的，确实是！欧派的几个高管，包括董事长，包括管制造的老总，这些人确实都是北航毕业的。实际上做飞机跟做橱柜还真有点像，做飞机，一个飞机厂接200架飞机的单就很好了，但是200架飞机怎么生产呢，实际上还要标准化生产出来，那上面有几百万个小螺丝钉，轮胎也有很多个，实际上还是批量生产出来的，橱柜是一样的，还比较麻烦。所以我进入橱柜之前也在想为什么这样呢，实际上也是有道理，只有这些人才能运作得比较完善。所以应该说在家具行业里面，橱柜行业需要更高素质的人才。

解读欧派模式

记者：大家都在说欧派模式，欧派模式到底应该怎么概括呢？

姚吉庆：欧派模式我觉得有三个方面吧。第一个模式，欧派是一个加盟连锁的模式，相当于麦当劳和肯德基这样的模式，企业大规模的发展，必须有一个加盟连锁的模式，这套模式就必须具备可复制性，这个模式里面就包括很多东西，比如说培训系统、终端展示系统、陈列系统、日常经营管理系统、物流系统、售后服务系统、财务系统、信息化的管理系统，各个系统要有很好的模式，而且这个模式要必须准确、标准化、可复制，这样才可能有一家店到二家店、到一两千家店，才能活得比较好，所以每个环节都要标准化、制度化，这是欧派的连锁模式，可以说对行业也是有价值的。

第二个模式，个性化定制，规模化、标准化生产的模式，这种模式也是独创，而且不断提升。

第三个模式，我觉得有一套独特的品牌推广模式，欧派在品牌推广道路上应该是走得比较早的，比如我去卖场，他们一看到欧派，消费者就知道“有家有爱有欧派”，他马上就知道，说明欧派这个名字，和“有家有爱有欧派”这个广告语已经延伸了，从产品阶段到了品牌化阶段，所以欧派也有一套独特的品牌运作的模式。

包括我们一起来探讨冠军联盟，这是一种更高层次的运作，是一个跨界营销，跨界营销大家可能在杂志上看过，但是实践版就很少看到，现在的冠军联盟就是中国的实践版，这样呈现给消费者，而且让他实实在在地见到这种效果，真正在金融海啸下推进企业的发展。

成功营销案例——冠军联盟

记者：*我觉得冠军联盟挺有意思的，因为之前我也参加过新闻发布会，感觉到6家都是一线品牌，也是比较知名的牌子，当时会有一些疑问，6家的专卖店，可能不在一个地方，消费群体可能有一部分是重复的，但是有时候可能这个消费者有厨房的需求，不一定有厨电的需求，还有其他种种情况，导致这个联盟如果真正让利给消费者的时候，可能就有一些问题。实际操作的过程中是否会出现这种问题，又是怎样去解决的呢？*

姚吉庆：首先，这个联盟，完全是不同行业的联盟，我们之间不是竞争对手，过去可能也出现过类似的联盟，比如过去的什么彩电联盟、DVD联盟，最后都不欢而散，实际上真正能够持续下去的很少。我估计可能4月23日开新闻发布会你们应该去了，你们也很关注，从那时候开始一路走过来，而且走的速度很快，而且越来越好，这样就不是一个简单性的事件营销、事件炒作，而是实实在在市场生产力，从15个城市到100个城市，再到马上启动全国1000个城市，最核心的问题我觉得最根本一点，因为我们是异业联盟，所以可以优势互补，可以资源共享。有很多资源，比如说我们的客户资源，他只要买房子，房子一买下来要装修，肯定要先开始考虑地板砖，铺什么地板砖、地板铺什么地方，衣柜用什么，用谁家的厨房，美的是中央空调，我们是主打高端人群，可能安装中央空调是比较有用的，几乎是同一阶段的消费群体。比如家私，全部装修好了还是要用家私的，所以目标消费群是比较一致的。你说唯一不一致的，可能家私在后面才买，但是前面这几个品牌肯定都是同时需要的，不可能说我家只做厨房，我的地板砖不用铺，不可能的，肯定要铺，这样我们的客户资源可以充分共享。第二个，对消费者来说，可能会觉得每个都是领导品牌、都是第一品牌，可能价格会比较高，我们如果买完第一个品牌再买第二个品牌，马上会有一千的优惠、两千的优惠，从第一个品牌拿这个优惠券在第二个品牌会顶钱用，在第二个品牌买会有优惠券在下一个品牌可以顶钱用。

一旦形成以后不具备可复制性，第一，品牌联盟和另外的联盟是不同的，消费者对它没有关注度，联盟起来都没有用，因为我都是第一品牌，大家一定希望用最便宜的价格拿最好的东西，所以第一品牌从推广上来讲就是一个叠加的效应，六个第一的叠加过程，使这种效应放大。第二，这是一种以小博大的方法，投入产出比很高。同样我们投入100万，每家十几万就可以了，但是达到的效果可能比100万还要好，每家的资源都联合起来用，同时也提高了消费者的效率，消费者实际上每天都很匆忙，希望快速地全部搞定。所以从这方面来讲，在这一块里是非常有优势的，冠军联盟就是通过这种方式去操作。

刚刚你谈的这个问题也不存在，因为即使现在没有买家私，装修完以后马上要买，前面所有积累的客户都可以到那边去买，这是非常有意义的一件事，就是说应该是几个赢。第一，跟消费者是达成共赢，消费者拿到性价比更高、更好的产品。第二，企业共赢，这6家企业都是共赢的，谁也没有伤害谁。第三，社会共赢，不需要用国家出钱来扶植这些企业，这些企业可以自发地扩大内需，也是6个作为不同行业的领导品牌，肩负了拉动内需的社会责任，我认为这几方面都体现得比较好。

记者：我们来回顾一下历史，欧派成立15年，这15年当中，就您的了解，有哪些特别显著的变化？

欧派的数个“第一”

姚吉庆：如果你问创业者——姚董事长可能说得会更形象一些，但是我感觉欧派的几个动作是做得比较好的，1994年开始第一个切入这个市场，进行第一个定制化的运作，每个行业里面只要是第一个切入进去，你就代表第一，这样在消费者心目当中，现在可以说欧派就代表橱柜，橱柜就代表欧派，可能达到这个境界，因为它做得早。就跟现在席梦思床垫一样，席梦思好像就是一个床垫，就是这样的感觉。从一开始生产不锈钢的橱柜，介入到现在你看到的整体橱柜的概念，这一步走得比较好。

第二个动作，环保，欧派是最早通过环保标志认证的企业，环保实际上是大家都在乎的，有的不好的家私买到家里面味道很大，特别是厨房里面身体更要健康，所以健康环保是比较重要的概念。率先在各个方面追求环保，我觉得更发挥了呵护人的健康的功能，这方面我觉得是做得比较到位的。

欧派第一个提出了信息化，因为一定要信息化生产，每个个性的东西靠人记记不住的，一定要用ERP、用信息化的流程，从客户下订单开始，到生产系统全部要信息化来管理，这方面做得也是比较好的，这也是重要的一个里程碑。

还有连锁模式的建立，也是最早做的，应该是开创了比较好的渠道模式，在加盟连锁方面欧派是走得最早的，而且算是比较正确的道路。而且不仅是连锁，更重要的是扁平化的渠道模式。比如在家电行业里面，实际上总想把这个高度扁平化，但是一直扁平化、扁平化，到现在为止还完全扁平化不了，比如说还是有总代理，底下他再发展零售商。我们不是，现在欧派的模式不管你是地级市、县级市完全归欧派总部，直接就是直营店，可以保证一致性。同时是加盟连锁，每个都是老板制，所以老板会在一线现场亲自管理，这样管理的单元比较小，反应速度比较快。

欧派在品牌化运作方面做得是比较好的，因为家居行业本来是低关注度行业，橱柜行业也一样，实际上有几个特点。一个特点，可以说两低，第一低是关注度低，别人买不会想品牌，第二个低是低集中度，现在买彩电你会马上说出三四个品牌，随便买空调，你也会知道格力什么的，马上说出来。买橱柜，现在好了一些，特别是两三年前指牌购买率是很低的。

但是行业发展的过程，前期一定是这样的状态，比如前期我们做灶具的时候，全国有一千多家，有高的、有低的，小作坊厂的灶具一台加5块就卖，这样肯定会出问题。一定是有一个鱼龙混杂的过程，再到市场净化的过程，再到品牌化的过程，再到集中度不断提升的过程。橱柜行业现在也有上千家企业，但是上了亿的企业就没几家，几百万的小作坊也很多，当然现在这几年在改变了。实际上我觉得欧派也引领了这样一个市场品牌化的改变，过去也许很多人不知道橱柜要买欧派，现在都知道了“有家有爱有欧派”。在这个行业里面欧派甚至是最早启动代言人，最早进行品牌运作的，最早在中央电视台打广告，从这方面看算是比较到位的。

发展当中最重要的还是要解决定制化、规模化的问题，包括这次我们新建了一个世界厨房基地，全方位地跟国际一流企业接轨。设备是百分之百引进的，流水线设计也是老外设计的，完全是欧洲一整套系统，不过是根据中国客户的需求来开发的，包括一些关键五金件都是跟奥地利的百隆这些企业合作的，所以保证质量。

这两年也看到一些在行业比较大的事件，比如像去年的“欢乐中国行走进欧派”，橱柜行业也是第一家做娱乐营销的，实际上通过这些大型事件，不断提升品牌的影响力、提升品牌的知名度。冠军联盟不仅是欧派的一个亮点，也是橱柜家居行业很大的亮点。上次我们在北京开一个中国房地产协会的论坛，跟他们沟通，他们也对冠军联盟非常认同。

记者：比较受人关注。

姚吉庆：对。

橱柜企业大部分都是地域性的品牌

记者：厨房行业其实发展20年，我们说这个历史，这整个20年到现在为止，生产制造集中在全国哪些地方？给我们解读一下目前现状。

姚吉庆：我觉得可能分布在四个地方，一个是广东，以欧派为代表的，再一个，算西南，成都、重庆这一带，但是这些单体的规模不是太大，一些地方性的品牌。再一个，北京和北京周边的一些市场。还有就是浙江市场，我觉得全国大概分布在这四个地方。

应该说现在全国性品牌很少，大部分都是地域性的品牌，这个我觉得是跟行业发展的特点和这个行业的特殊性有关系。比如刚才我们说的生产线那么复杂，来回运输不方便，可能一些地方品牌，只要做一做，服务周到一点，有一个特点、有一个优势也可能做得不错。所以现在基本上是这么一个现状，但是逐步逐步马太效应会出现，弱者更弱、强者更强，我估计很多小品牌已经退出去了，反而越大的品牌在这次金融危机当中活得还比较好。特别是现在当危机来了以后，精装修房的市场也起来了，照顾的不是那些杂牌，不是那些小品牌，而是大品牌，因为它更要注重信誉，房地产商不希望价格跌，即使跌的时候送更名牌的东西，是累加效应，所以精装修市场肯定是大品牌的竞争，而且服务各方面都可以保证。

记者：刚才您在前面的谈话里面提到了国际性橱柜品牌，可能在中国的销量还没有达到咱们国产品牌那么一个值，但是他们其实占据的市场是蛮高端的，给我们分析一下现在市场结构。

姚吉庆：终端这个市场是比较大的市场，当然也有很低端的市场，比如几千块的橱柜，这个也很多。

记者：农村或者乡镇。

姚吉庆：几千块以上的橱柜也还是比较多，但是都被小厂家分割了，尽可能低价、尽可能低成本，跟过去老百姓打家私一样的，随便小木工也可以去打，把这部分市场分割了。因为中高价位的市场还是比较大的市场，比如现在我们所说的中产阶级，一些白领，一些公务人员等等，一些小老板，这些人实际上消费能力比较强，面也比较宽，这个面会越来越宽。有的人预测，四五年以后这部分人群可以达到3个亿到4个亿，那就不得了了。但是更高端的那些客户，比如能买得起十几万、二十万、几十万橱柜的有没有？确实也有，但是终究还是少数，金字塔顶上的人，就像汽车一样，买保时捷的人、买宾利的人还是少数的。而且橱柜可以说太高端的话就是一个一个品牌的溢价，像LV包一样其实成本也差不多，品牌溢价。厨房更重要的不仅仅是体现设计，还是一种功能性的产品，还是要有装饰功能和实用功能的产品，所以人家放在家里面还是怎么好用就行，如果花了30万买了一个橱柜，一看跟买欧洲3万块的橱柜是差不多的，下次他的朋友也不会买了，还是买这3万的，这就是未来一个方向。

记者：就是说其实您最看好的就是中间这块市场。

姚吉庆：对。

记者：从您的观点来看，中国橱柜发展的制约因素是什么？以及未来橱柜行业是怎么样去发展的？

姚吉庆：我觉得整个中国的橱柜行业是一个非常有前景的一个市场，因为随着人民生活水平的不断提高，这是一个必然的趋势，危机会过去，这是一个必然的趋势。随着消费能力的提升，橱柜市场肯定会越来越成熟。其次，中国的城镇化程度还比较低，随着城镇化的推进，份额也会越来越大。再次，目前橱柜在中国的普及率还非常低，有人说3%，有人说6%，反正是很低，如果从现在到一个惯例，做到60%、70%的普及率，潜力还是巨大的，这是从市场的潜力来分析。

第二点很重要的，集中度一定会加大，现在橱柜厂不会越来越多，会逐步逐步向优势品牌集中，一定是这样。但是不排除有些品牌会马上发展起来，这个时局是在变化的，但是最后做不大就会死掉，这是优胜劣汰的必然趋势，也许死不掉，也许他会活下去，这个企业就像一个生态环境一样，有大鱼，也有小虾，不同的生态环境，这么一个操作模式，这种市场的格局必然会向名牌集中。

第三，必然会由现在发展到品牌化阶段，这也是一个必然的趋势。

我前面也说到了，整体厨房一定要走一体化的发展趋势，风格一体化、功能一体化、销售一体化、售后服务一体化，一定走这样的一体化道路，这是一个必然的规律。谁能够顺应这种规律，谁就能够迅速发展起来，最后就是企业和企业之间的竞争，就是整个供应链的竞争，供应链效率的竞争，再加上品牌的运作。品牌运作比较成功，未来发展就比较好。

总体上这个行业完全可以发展下去，而且我觉得这是最有机会产生世界级品牌的行业。因为发展厨房要跟饮食文化相结合，中国人是最擅长饮食的民族，中国八大菜系，我们出去旅游都没办法，反正就要吃中国菜，西餐有什么好吃的，所以对厨房要求应该是比较高的。人生活的目的是干什么呢？人为什么要这么奋斗呢？爱好厨房，实际上就是为了生活得更好，吃好、喝好，这也是整个理想生活重要的部分，所以一定会把这个厨房做得很好，有这种需求，我相信厨房的发展空间会越来越大。再把中国几千年的饮食文化跟中国现今的厨房理念相结合，就像奥运会开幕式一样，为什么让那么多人兴奋、那么震撼呢，就是因为中国灿烂的文化、悠久的历史，跟现代科技结合演绎，才能有这样一个无与伦比的盛会，我觉得厨房行业也一样，也一定会产生，而且最有可能产生一个世界级企业的行业，特别是在中国。

记者：感谢您带来那么多的观点和想法。谢谢！

第四节　蝶变华帝

1. 《赢家顾问》杂志专访

以变应变，以创促进

访谈嘉宾：华帝集团总经理姚吉庆

访谈时间：2001年6月

访谈主持：记者吴肇贵

记者：姚总，家用燃具是涉及到千家万户居民的生活必需用品，您是我国燃具行业一位享有盛誉的职业经理人，首先请您介绍一下中国家用燃具行业发展的概况。

中国燃具市场容量大　市场的竞争日趋激烈

姚吉庆：中国的家用燃具市场是一个很大的市场，家用燃具市场的年销量已经达到1500万—2000万台。据调查显示：未来5年仅燃气灶预期购买量就将达4240万台，平均年需求量为848万台。

中国的燃具市场经过几年发展，许多竞争对手的水平都有所提高，而且新兴品牌风起云涌，还有大家电品牌的纷纷涉足，因此，市场的竞争就日趋激烈。所以，我说我们现在是在与“狼”共舞，要想不被狼吃掉，只有先把自己训练成更厉害的狼甚至是虎。

记者：华帝是一家处于全国燃具行业领先地位的著名企业，我这次慕名而来希望您介绍一下华帝出类拔萃的创业历史。

华帝是燃具专业厂家　灶具销量全国六连冠

姚吉庆：广东华帝集团是以1992年4月创办的中外合资企业中山华帝燃具公司为主体，和多个紧密型企业群体集合组成，是从事燃气用具制造与经营的专业集团公司。

1992年到1998年，公司总资产从3000万元增加到1.8亿元，6年之间资产增长了4.5倍，年销售额增长率超过50％。目前，华帝的产品有燃气炉具、热水器、抽油烟机三大系列100多个品种，畅销全国各地，并远销东南亚、非洲各国，深受用户青睐。

华帝已经成为了亚洲最大的灶具生产厂家，年销量已经连续六年居全国之冠，2001年生产能力已经达600万台。近期，据国务院发展研究中心市场经济研究所、国家信息中心发展研究部、中国五金制品协会，三大权威机构公布全国灶具市场调查的结果，华帝灶具囊括了全国行业的市场占有率、消费者提及率和品牌知名度三项第一。

记者：您两年前在华帝营销部经理岗位上就做出过突出的贡献，因此，1999年华帝在实行两权分离的重大改革时，七位老板都退出经营管理的第一线，推选您出任总经理来执掌整个华帝帅印的重任，您是如何不负众望促使华帝锦上添花的呢？

实施目标聚焦的战略　走专业化的发展道路

姚吉庆：我1997年进入华帝担任市场总监，同年的11月份晋升为营销部经理。在我担任华帝营销部经理的两年中销售额保持了持续的高速增长，1998年增长率达58%，1999年在基数较大的条件下仍然达20%。1999年10月28日，华帝实行经营权与所有权分离的重大改革，在七位老板都退出经营管理第一线之后，我又被推上了负责集团经营管理的总经理领导岗位。

华帝摒弃各种诱惑实施目标聚焦战略，以“好火好生活”为品牌的经营理念，坚定不移地走燃具专业化的发展道路，着力创造高出对手的品牌、营销、人才、规模等核心竞争优势。

华帝坚持市场导向，重视市场调查研究，设立了专门的市场部。华帝品牌以2000年灶具为例，就取得了全国市场的三项第一名，其中，市场占有率接近20%，消费者提及率24.6%(比第二名高出8.4个百分点)，品牌知名度达40.8%。

“华帝营销共同体”拥有的1000多家专卖店和3000多个网点，与广大经销商在双赢的基础上结成了稳定的生命共同体，具有根基牢固货畅其流遍布全国各地的渠道优势。

在华帝的技术和营销系统中，造就和吸引了一批国内燃具行业中功底深厚经验丰富的一流管理和技术专家，具有在发展生产力中起决定性作用的人才优势。

华帝已经成为在国内燃具行业中处于领先地位的制造商，建成了亚洲最大的灶具生产基地，具有产销量大经营成本低的明显规模优势。

以高科技为生产先导　攻占燃具技术制高点

华帝坚持以高科技为生产先导，走高起点、高标准的路子，与国际先进企业SBF、肖特、意大利萨巴夫，以及国内名牌高等学府清华大学科研机构等建立了长期的合作关系，吸收国内外先进技术，努力创新生产工艺，提高产品技术含量，攻占了燃具技术的制高点。

今年4月8日，在中国轻工业联合会人民大会堂“淘汰直排式燃气热水器成果新闻发布会”上，华帝应邀展示了代表国内最新技术的超薄平衡强排式热水器，集成了独有的仿真技术、低氮技术，以及直流无刷电机驱动、数码恒温、电脑温控、高级液晶显示等多项先进技术。这种热水器装在浴室里无任何危险，而且用户可以直观水温、调节水温，燃烧的废气可以排出室外，新鲜空气取自室外，从根本上彻底杜绝了安全隐患。因此，该款高技术的新产品一经亮相，就得到了行业主管部门和与会专家的高度评价。

今年，华帝耗资100多万元为全国第九届运动会研制了迄今我国科技含量最高的火炬200把、火种盒70个。火炬运用了华帝独有的电脑仿真技术燃烧性能最佳，最环保的华帝低氮氧绿色火炬，最先进的电脉冲点火，最安全的双保险功能燃烧，最可靠的电磁阀点火，最先进的旋压制造工艺。4月25日，火炬火种盒在九运会筹委会主办的广州“中华人民共和国第九届运动会火炬研制捐赠新闻发布会”上问世，华帝东道主精神受到筹委会的热情赞扬。

华帝在管理上引进了ERP等软件，实现了管理全过程电脑化，加强了企业信息资源的管理。全方位地实施了以质量为核心的综合治理，按照高于国家标准的企业内控标准组织生产。华帝诸如以中国首批低污染环保灶具“康之杰”、全国最高档安全型玻璃面板嵌入式炉具、平衡强排热水器、油烟分离的88-7烟机等为代表的燃具新产品，都以其性能出众、用料讲究、外观典雅、工艺精良、质量稳定等优良特性，赢得了国内外广大消费者的喜爱。主导产品灶具生产形成了从气阀开关、外壳冲压、燃烧器铸造、装配到包装的全面配套能力。

记者：在中国即将加入WTO的新形势下，祝愿您带领华帝，把握机遇与迎接挑战，再创新优势更上一层楼。

后记

从华帝到慕思，我的心路历程

年年岁岁花相似，岁岁年年人不同。

20年弹指一挥间，当年自己虽非千呼万唤始出来、犹抱琵琶半遮面的羞涩青年，但也算是个彻头彻尾的技术男，低调内敛，如果那个年代有“宅男”这一说法，我算是一个不折不扣的典型。由于从事技术开发，我大部分时间都宅在软件研发室，不知窗外的灯红酒绿，只懂通宵达旦地埋头苦干。当我在军工企业开发的QE软件获部级科技进步奖时，我完全沉浸在未来技术人生的憧憬中。然而随着我南下广东，技术质量专家的梦想终成往事。

1994年初到广东时，我直奔中山市图书馆的人才招聘市场。匆忙赶到时，企业的招聘已接近尾声，大部分企业已鸣金收兵。当时看到乐百氏帅气的招聘负责人正在收拾资料准备打道回府，便上前攀谈。我们的话题既有对管理的探讨，也有对民营企业发展的思虑，看得出，那位负责人对我提及的东西还是挺感兴趣。临走之前，他问我有没有找到合适的工作，在得到我否定的回答后，他邀请我坐上他的车继续之前意犹未尽的交流。第二天，我便接到了乐百氏公司通知上班的电话，这就是我的营销之路的起点，作为企划的主管开始在中国的民营企业中摸爬打滚。后来我才知道，在招聘现场与我交流的是何伯权先生——乐百氏的老板，我人生的第一位贵人，也是我的营销启蒙老师。

20世纪90年代，中国的市场和营销均处于启蒙阶段，太阳神、乐百氏、小霸王等企业作为VI系统导入的先锋，开启了中国营销新气象。非常幸运，我见证了乐百氏的一系列战略运作，与此同时，我也把军工企业完善的管理体系引入到民营企业。经历过很多事情后，才知道自己真正喜欢什么，实践过才知道自己擅长什么。人生就是不断选择的过程，选择自己最喜欢的，找到自身的核心竞争优势，把这种优势发挥到极致，人生就无憾了。

在华帝，我实现了个人职业生涯的蝶变，从部门负责人到操盘手，不单纯是角色的转换，更是对驾驭企业的一次全方位挑战。华帝七个老板集体退出企业的运营事务管理，轰动一时，华帝被认为是中国民营企业践行股权分离的第一家，为此著名经济学家吴敬琏还专门南下到华帝深入调研，为华帝牵头的民营企业改制备注时代标签。这是一种什么样的胸怀和魄力，华帝七位老板的信任我一直感怀于心。

是的，“感恩”贯穿于我心路历程的每一站。无论是从华帝燃具到威莱音响，还是从欧派橱柜到慕思寝具；不管是职业总经理，或者曾经自立门户，大家都给了我很好的机会。我非常珍惜这种种际遇，给我提供企业运营管理的莫大空间。很多人说隔行如隔山，我每一次的选择，都是完全不同的行业，行业及市场的差异性对企业的操盘手而言是前所未有的挑战，更重要的是这些企业都是行业的第一品牌，需要操盘手具备引领企业持续成功的大智慧、大格局。既做过职业经理人也当过老板的两栖历练，让我更容易理解老板，也让我与每个老板的合作更加默契，从而带领企业的团队登顶一个又一个新高。

每一个企业的成长过程都是一道与众不同的别致风景，我庆幸能够和他们一同领略沿途的各种精彩。我进入每个企业时，他们刚好都处于不同的发展阶段，有的是创业初期，有的是成长扩张期，有的则实现了跨越二次创业。这些企业都经历了从粗放式增长到精细化运营，从人性化管理到规范化管理的转变。

20年7300天的企业日常经营管理，五六个不同行业的操作经验，遭遇并解决了企业运作中的各种困惑，这就是我的经历。为了让更多职业经理人少走弯路，特别将多年实践的一些心得和方法分享给大家：

1. 老板和职业经理人关系

在业界，我们经常看到一些令人惋惜的事情，老板是出色的老板，职业经理人士是优秀的职业经理人，当出色遇到优秀，应该产生1+1大于2的效果，然而结果却事与愿违，为什么？很多人都没有理清二者关系，有时候是老板越俎代庖，有时候是职业经理人无动于衷。我认为，老板和职业经理人就是制片人和导演的关系。成就一部大片，需要双方合力，既要市场投资决策的洞察，更要导演的卓越才能。作为导演，需要全局通盘的整合驾驭，从剧本的雕琢，到故事的整合；从演员的选取，到场景的敲定；从剧情的拍摄，到后期的剪辑，导演起到了决定性的作用。有些导演一生只导演一两部杰出作品，而有些导演在商业片、艺术片、历史片等不同类型题材的电影上取得持续成功，这反映了一个导演对不同电影素材的驾驭能力。冯小刚导演就是一个优秀的职业总经理，每拍一部，成功一部，而且不断调整自己、挑战自己，向全新的领域发力，如同把不同的企业做到了行业第一品牌，刷新了企业和人生的高度。

2. 如何当好空降兵

不少能征善战的空降兵进入一个企业后忽略了与原有团队的融合，对可能的人际关系挑战漫不经心，自己仓促布局带兵上阵。结果既得不到老板的首肯，也得不到团队的鼎力支持。作为空降兵，与原有企业文化融合比操盘能力更重要，这也是空降兵领导力的重要表现。

只有不断变革才能适应市场的变化，提升个人和企业的高度，但狂风暴雨般的变革却不可取，容易弄巧成拙反而引出大麻烦。我个人推崇循序渐进，比如以太极的方式进行变革，看似柔和实则刚劲，软中带硬。所有的空降兵的成功，都必须懂得用好企业现有的每一个人，并逐步引进优秀人才，进行团队融合，从而最终提升团队的整体实力，节奏是一年一小变，三年一大变。

3. 以老板为榜样

进入一个企业后，老板就是你最好的榜样！作为职业经理人，无论你功劳有多大，能力有多强，都必须有谦卑的心态、自省的觉悟。那些一进来就想着找问题的思维是应该摒弃的。职业经理人首先需要研究企业过往的成功之道，去挖掘一些与众不同的东西，发现企业核心优势和独特之处，再结合过去自身的管理经验，让企业如虎添翼，为企业提供持续的发展动力。成功之路各有千秋，绝非一成不变，条条大路通罗马，可以借鉴吸收消化为我所用，自然能够创造不凡的精彩。

我所服务过企业的老板，都有他们的过人之处，让我受益匪浅。乐百氏的何伯权睿智且远见，对市场的洞察超越同时代的很多企业家。他善于构建学习型组织团队，有力提升了乐百氏的战斗力。何伯权先生不仅向外资学习，也向身边的顾问和专家学习，特别邀请中国营销之父卢泰宏作为企业的战略顾问。他对企业文化建设有独到的见解，谦虚平和的企业家魅力，成就了凝聚力高战斗力强的乐百氏。

奥克斯空调老板郑坚江，能够在无序的行业竞争中率先推行精耕细作的信息化管理和无纸化办公管理。擅长将复杂的问题简单化，繁冗的流程高效化，粗犷的运作流程化。与此同时，郑先生在绩效管理方面在业界素有口碑，能够轻松将成本控制在科学的范围内。

华帝虽然有七个老板，但都让我钦佩不已。他们合作意识强，胸怀广，格局大。他们注重整个团队优势互补，更强调员工经销商合作共赢，对燃气具市场的专注难有人能出其右。

欧派老板姚良松能够让人性化管理和系统管理并驾齐驱，借助国内外先进企业发展的经验总结出一套独有的方法。姚董善于观察、勤于思考，企业运营的检查监督系统非常健全。在内部激励方面因人而异，满足员工的个性化需求。他个人对真诚合作的专注，赢得了众多商业伙伴的信赖和支持。

决策效率最高的当属慕思寝具老板王炳坤先生，他致力于将任何事情都做到最好，他的大手笔和快决策源自于他对市场敏锐与深入的洞察。他倾力打造营销人才培训系统，让慕思始终占据行业发展的制高点。

每个企业家都各具特点，各有优势，他们的成功绝对不是偶然的，他们必定有过人之处。他们为人处世、运作企业方法和思路或许截然不同，但都很成功。比如，有的人1万元也要求亲自审批，有的人3000万元以上才过目，这取决于企业发展的不同阶段、环境以及老板的精力。尽管如此，但他们对企业发展的终极追求是一致的。

4. 企业竞争核心是创新

没错，创新是企业核心的竞争力，一个丧失创新能力的企业永远无法赢得市场。企业的创新涉及到方方面面，比如说营销组织创新、管理流程创新、服务创新以及模式整合创新。在我看来，嫁接也是一种创新能力，从其他行业引入技术、资源、人才、理念、模式等为我所用，是为整合创新，也就是跨行业整合一切优势资源，融合创新，形成全新的产品和企业竞争力。

5. 合作共赢

当今时代你若期待赢取天下，首先要让经销商赢，更要让员工赢，要让合作伙伴赢，孤掌难鸣，共赢才能持久，懂得分享才能赢得满堂喝彩。合作共赢是一门艺术，需要有大舍的心态与气度，让你的合作伙伴都赢了，你就会实现你的大得。

一个企业的发展归根结底取决于团队的实力，你只有充分挖掘团队的潜能，让团队作战替代孤胆英雄，致力于企业文化塑造和科学化的管理建设，才能把企业做强做大。企业在发展过程中，充分授权也是必经之路，同时，引入的先进理论还必须接地气，通过不同发展阶段的实践进行优化总结，从而形成独特的商业模式。我个人认为，凡是比较新的东西和理论都值得去学习，但并不是马上全盘照搬。比如十年前对特劳特定位理论的运用，先在局部试用，取得成绩后再全面铺开。对于世界500强企业总结的管理运营经验，也不一定都适合中国的土壤，我们没必要去经历削足适履的痛苦，我们大可以结合本土的实际环境，边总结边提升，将理论与实践有机融合，相信必将取得超越预期的效果。

最后，我认为职业经理必须具备五大能力：

一是学习能力。不管你进入哪一个行业，都必须对行业了如指掌，熟悉行业成功规律。因此，作为职业经理人必须具备超强的学习能力，涉及产品基础知识、行业相关背景以及跨行业资源了解。我有一个习惯，每到一个全新的行业，首先至少花费三个月熟悉恶补相关知识，力求在半年之内达到一个相对专业的水准。我认为唯有自己先变成行业专家，你才能提出不同寻常的方法去引导企业顺利发展。

二是创新能力。这个世界唯一不变的就是变化，尤其在信息化如此发达的今天，日新月异的科技进步让我们无法因循守旧、固步自封，很多曾经先进的产品也只能“各领风骚数百天”，从“先进”到“过时”仅在一两年间。因此我们必须因时而变，提升自身创新力，以助力企业营销创新和变革。

三是领导能力。职业经理人的个人能力固然重要，打造团队的能力要求更高，你必须调动整个团队的力量和智慧，朝着企业的终极目标奋勇前行。如果你无法让团队形成向心力和凝聚力，那么团队无异于散兵游勇，企业终难成大气。

四是整合能力。这是一个全新的课题，也是一个全新的挑战，对优秀的职业经理人已经不再只是视野、魄力的单边考量，对供应链、经销渠道的整合能力，对技术、人才、资源的整合及鉴别能力已成新营销时代下的基本要求。

五是专业能力。我始终相信，外行领导内行必然会困难重重，你不对产品和专业了如指掌，你就难以驾驭企业，难以树立威信，难以帮助企业改写市场格局。专业源于专注，专业成就大业。

这个时代不是零和游戏，合作共赢是主流。在感恩之余，希望你也可以成为赢家，是为后记。